Fábrica de SOFTWARE

NEGÓCIOS
DIGITAL CÓDIGO
ANÁLISE
APLICAÇÃO PÓS-FORDISMO
PRODUÇÃO INFORMAÇÃO
GESTÃO CONHECIMENTO
PRODUTO ANÁLISE FORMATO
FORDISMO INFORMAÇÃO CÓDIGO

Fábrica de SOFTWARE

DESENVOLVIMENTO ORGANIZADORES COMPUTAÇÃO CÓDIGO BITES FERRAMENTAS
COMUNICAÇÃO INFORMÁTICA APLICAÇÃO FONTES FORMATO
SISTEMA INTERNET VIRTUAL TIPO ARQUIVO
INDÚSTRIA DIGITALIZAÇÃO INFORMATIZAÇÃO REDE
ATUALIZAÇÃO WIRELESS PROGRAMAÇÃO FONTE
DESIGN DVD BACKUP
HARDWARE

Fernando G. Tenório
Rogerio Valle

FGV
EDITORA

Copyright © Fernando G. Tenório e Rogerio Valle

Direitos desta edição reservados à
EDITORA FGV
Rua Jornalista Orlando Dantas, 37
22231-010 — Rio de Janeiro, RJ — Brasil
Tels.: 0800-021-7777 — (21) 3799-4427
Fax: (21) 3799-4430
editora@fgv.br — pedidoseditora@fgv.br
www.fgv.br/editora

Impresso no Brasil / *Printed in Brazil*

Todos os direitos reservados. A reprodução não autorizada desta publicação, no todo ou em parte, constitui violação do copyright (Lei nº 9.610/98).

Os conceitos emitidos neste livro são de inteira responsabilidade dos autores.

1ª edição, 2013.

Revisão de originais: Fernanda Villa Nova de Mello
Editoração eletrônica e capa: Ilustrarte Design e Produção Editorial
Revisão: Fátima Caroni e Cecilia Moreira

Ficha catalográfica elaborada pela Biblioteca Mario Henrique Simonsen/FGV

> Fábrica de software / Organizadores Fernando G. Tenório, Rogerio Valle. – Rio de Janeiro: Editora FGV, 2012.
> 328 p.
>
> Inclui bibliografia.
> ISBN: 978-85-225-1236-2
>
> 1. Software – Desenvolvimento. 2. Indústria de software. I. Tenório, Fernando Guilherme, 1948- . II. Valle, Rogerio. III. Fundação Getulio Vargas.

CDD – 005.3

Sumário

APRESENTAÇÃO	7
PREFÁCIO	11

CAPÍTULO I — 15
A unidade dos contrários: fordismo e pós-fordismo

Introdução	15
Fordismo	19
Pós-fordismo	41
Fábrica de software	45
Referências	68

CAPÍTULO II — 75
Aspectos metodológicos

O tema de interesse: a flexibilização organizacional	75
O objeto de análise: a produção de softwares	76
Hipóteses e objetivos específicos	77
Referências	85

CAPÍTULO III — 87
Fábrica de software sob a ótica da estrutura organizacional:
o caso de uma empresa pública

Introdução ao estudo de caso	87
Aspectos teóricos sobre divisão e especialização do trabalho	92
Análise e resultados do caso estudado	109
Referências	126

CAPÍTULO IV   129
Fábrica de software sob a ótica da gestão do conhecimento:
estudo comparado entre duas fábricas de um grande
fornecedor privado do setor público

Introdução ao estudo de caso   129
Aspectos teóricos sobre conhecimento na fábrica de software   150
Análise e resultados do caso estudado   153
Referências   172

CAPÍTULO V   173
Fábrica de software sob a ótica da flexibilização
organizacional e das relações de trabalho

Introdução ao estudo de caso   173
Aspectos teóricos sobre flexibilização e relações de trabalho   185
Análise e resultados do estudo de caso   196
Considerações finais   208
Referências   209

CAPÍTULO VI   213
Fábricas de software e a academia: análise da formação
acadêmica em informática no município do Rio de Janeiro

Introdução ao estudo de caso   213
Aspectos teóricos sobre formação acadêmica   217
Análise e resultados do estudo de caso   230
Conclusões   254
Referências   257

CAPÍTULO VII   259
A contribuição da fábrica de software e de seus produtos
para o processo de flexibilização organizacional
na empresa cliente

Introdução ao estudo de caso   259
Aspectos teóricos sobre flexibilização e relação com clientes
na indústria de software   266
Resultados   290
Referências   318

CONCLUSÃO   321

Apresentação

O presente texto é uma aproximação entre dois programas de pesquisa, o Laboratório de Sistemas Avançados de Gestão da Produção (Sage), do Instituto Alberto Luiz Coimbra de Pós-graduação e Pesquisa de Engenharia da Universidade Federal do Rio de Janeiro (Coppe/UFRJ), e o Programa de Estudos em Gestão Social (Pegs), da Escola Brasileira de Administração Pública e de Empresas da Fundação Getulio Vargas (Ebape/FGV). Ambos são convergentes nas suas leituras no que diz respeito ao modo como as relações de produção e do trabalho ocorrem no interior das organizações, notadamente aquelas provocadas pelos novos processos produtivos. Para tanto, o conteúdo disponível neste livro pretende dar continuidade a outro publicado em 2007, *Tecnologia da informação transformando as organizações e o trabalho*, no qual se discute a flexibilização das organizações por meio dos sistemas integrados de gestão da produção. Aqui, o intento foi apontar diferentes aspectos na produção de softwares, desde aqueles relacionados à elaboração de projetos, até aqueles de ordem acadêmica, como os currículos destinados ao aprendizado de tecnologia da informação (TI), considerando, no entanto, que tal produção ainda guarda coerência com os processos fordistas de relações de produção e do trabalho da era industrial. Daí que o título utilizado, *Fábrica de software*, tem como objetivo salientar

8 | FÁBRICA DE SOFTWARE

os ainda "fabris" processos de produção, mesmo que o produto final, ou a maneira como o trabalho é realizado, ocorra de forma imaterial.

À semelhança do livro publicado em 2007, é o resultado da participação de cinco ex-alunos dos cursos de mestrado da Coppe/UFRJ e da Ebape/FGV. À exceção dos capítulos I e II, elaborados pelos organizadores do livro, os demais têm origem no conteúdo de cada uma das dissertações defendidas, e são identificados pelo nome de seus respectivos autores. O fato metodológico que sobressai dessa experiência — envolvendo dois programas de pós-graduação *stricto sensu* e enfatizando uma mesma temática de estudo— ratifica a necessidade acadêmica de aproximação interinstitucional, uma vez que o conhecimento especializado, parcial, monológico, não tem potencial para compreender as contradições imanentes à sociedade contemporânea, notadamente no que diz respeito à complexidade de seus processos produtivos. Desse modo, o presente conjunto de estudos pautou-se, sob o ponto de vista epistemológico, na possibilidade da interdisciplinaridade que "se caracteriza pela intensidade das trocas entre os especialistas e pelo grau de integração real das disciplinas [ou áreas de conhecimento, Administração e Engenharia da Produção], no interior de um projeto específico de pesquisa".[1]

Um livro com essas características não pode ser elaborado sem o concurso de várias pessoas, e aqui gostaríamos de destacar, além da participação efetiva dos ex-alunos, hoje mestres, a colaboração de dois doutorandos, Anderson Felisberto Dias, da Ebape/FGV, e Lourenço Costa, da Coppe/UFRJ. A contribuição destes doutorandos foi vital porque as suas leituras dos originais do livro auxiliaram os organizadores na melhoria da compreensão de certos conceitos e/ou exemplos descritos. Contudo, os resultados aqui encontrados são de inteira responsabilidade dos organizadores desta edição. Finalmente, agradecemos a Carlos

---

[1] Japiassu, Hilton. *Interdisciplinaridade e patologia do saber*. Rio de Janeiro: Imago, 1976. p. 74 (grifos do original).

Alberto Nunes Consenza, professor emérito da Coppe/UFRJ, pela paciência e disponibilidade em prefaciar o livro.

Fernando G. Tenório
Professor da Ebape/FGV e coordenador do Pegs

Rogerio Valle
Professor do Coppe/UFRJ, e coordenador do Sage

Prefácio

Prefácios, breves ou longos, devem dar uma ideia do texto que os motiva, ao leitor que o procura. Este envolve considerações objetivas e algumas, até certo ponto, abstratas.

Uma espécie de guia, mapa do caminho. Assim, aqui se resume e se comenta o importante texto de Tenório e Valle.

As considerações iniciais bastante sublimadas dão o toque para a reflexão do leitor.

Paradigmas e contradições são esperados, onde a rigidez e a flexibilidade fazem parte de um campo minuciosamente estudado, e supõem-se contradições internas quando se objetiva a flexibilização organizacional.

Como a fabricação de softwares pode definir qualidade com pleno atendimento aos requisitos exigidos? Quais as implicações sociais de concepção tão aprimoradamente elaborada?

Depreende-se que a capacidade de inovação é a essência das empresas produtoras de software.

A produção de software, que começa artesanal, sem regras, nos anos 1960, hoje é um trabalho rigorosamente ordenado num esquema produtivo. É, também, muito mais eficiente. Como se dá tal mutação? Tenório e Valle fazem um paralelo entre a produção industrial tradicio-

12 | FÁBRICA DE SOFTWARE

nal, da manufatura ao fordismo e taylorismo, e a complexa organização produtiva que vemos hoje, e o que se deu, nas fábricas de software, com o processo de sua produção. Delineados os traços gerais da produção industrial convencional, temos um quadro para comparar tal evolução àquela do desenvolvimento do software, desde 1960 até hoje. Há paralelos entre um e outro desenvolvimento, e a extensão de tais paralelos é descrita em minúcias pelos autores no texto que se segue.

Texto necessário, porque pouco se tem escrito, no Brasil, sobre os sistemas de organização das indústrias de software; assim, necessário e pioneiro.

A produção intelectual é principalmente uma produção de ideias e conhecimentos que pode se materializar em softwares que facilitem o processo de informação e a difusão de conhecimentos. É a fase do capitalismo cognitivo. Deste estudo se apreendem as características do trabalho material com a envoltória do capitalismo cognitivo. Observa-se um longo passo que une o trabalho intelectual às operações ou tarefas, de todos os tipos. Os softwares se estruturam como um novo tipo de lógica, com orientações simbólicas.

A utilização do software em empresas públicas alterou valores consagrados, eliminando-os em prol da modernização de métodos e uma melhor distribuição de tarefas, distinguindo-se um novo processo de inclusão social, no qual as vantagens e desvantagens estão sendo ponderadas . Trabalhos científicos, como este, começam a levantar a questão.

Nas empresas privadas os softwares livres já não são mais promessas tecnológicas se ombreando com os softwares privados, nos quais as sofisticações dos aplicativos não se distanciam muito em eficiência do potencial dessas ferramentas. O empresário brasileiro se vê hoje diante de desafios da tecnologia da informação. Há uma crescente competitividade no mercado de softwares, exigindo reestruturações necessárias para implantação de um sistema flexível de trabalho, bem como a criação de processos inteligentes, além de um bom posicionamento com relação à responsabilidade social etc. Espaços que geram atributos que necessitam de uma hierarquia rigorosa, para um controle mais eficaz e os consequentes resultados exitosos na fabricação de softwares. Um espaço delicado para investidores potenciais nacionais. O texto nos dá elementos para um melhor entendimento dos reais problemas que derivam da organização das relações de trabalho.

O livro nos dá um panorama bem nítido da produção de softwares e da formação acadêmica.

Fica claro que a formação acadêmica não deve estar dissociada das organizações públicas ou privadas para a ampliação e consolidação do conhecimento. A criação de software não é uma ciência exata, os aspectos aparentemente intuitivos das concepções contêm na base a ideia de aplicar em espaços muito bem estruturados, permitindo não só trabalhar com protótipos, mas também atuar sobre várias etapas do processo produtivo. A abordagem do livro sobre esse aspecto é bastante rica.

Finalmente é um documento de geral interesse, no qual a academia vai encontrar conceitos que tratam, de forma bastante consistente, o ambiente de desenvolvimento de software e a indústria. Uma crítica bastante pertinente sobre um conjunto de processos e métodos que os autores identificaram na pesquisa.

Carlos Alberto Nunes Cosenza
Prof. Emérito — Coppe/UFRJ

CAPÍTULO I

A unidade dos contrários:
fordismo e pós-fordismo

Fernando G. e
Rogerio Valle

A ambiguidade é a manifestação imagética da dialética [...]. Tal imagem é representada também pela prostituta, que é vendedora e mercadoria numa só pessoa. (Benjamin, 2006:48)

INTRODUÇÃO

Parece que a lei dialética da unidade dos contrários começa com Heráclito de Éfeso (século VI-V a.C)[1] ao enunciar, por meio de um de seus fragmentos,[2] que "o contrário é convergente e dos divergentes nasce a mais bela harmonia, e tudo segundo a discórdia" (Souza, 1973:86). Do século V a.C vamos ao XIX d.C com Georg Wilhelm Friedrich Hegel (1770-1831),[3] que afirmou que "não existe frase de Heráclito que eu

---

[1] "Considerado o filósofo do devir, do vir a ser, do movimento, o grego (nascido em Éfeso) Heráclito é o mais importante pré-socrático" (Japiassu e Marcondes, 1990:117).

[2] "Eis agora o mais extraordinário dos 'pré-socráticos'. Da Antiguidade até os nossos dias ele foi compreendido nos sentidos mais divergentes; resta-nos hoje de seu livro menos de 130 fragmentos de uma a cinco linhas" (Châtelet, 1973:34).

[3] "O mais importante filósofo do *idealismo alemão pós-kantiano* e um dos filósofos que mais influenciaram o pensamento de sua época e o desenvolvimento posterior da filosofia, Hegel nasceu em Stuttgart, na Alemanha, estudou filosofia na Universidade de

não tenha integrado em minha *Lógica*" (Souza, 1973:98). "Heráclito também diz que os opostos são características do mesmo, [...] ser e não ser ligam-se ao mesmo" uma vez que o "infinito, que é em si e para si, é a unidade dos opostos e, na verdade, dos universalmente opostos, da pura oposição, ser e não ser" (Souza, 1973:99). Conclui Hegel: "Heráclito expressou de modo determinado este pôr-se numa unidade das diferenças" (Souza, 1973:99). "Saber que na unidade se encontra a contradição e na contradição a unidade, eis o saber absoluto; e a ciência consiste em conhecer por si mesma esta unidade no seu desenvolvimento global" (Hegel apud d'Hondt, 1984:88).[4] Portanto, partindo destes supostos heraclitianos e hegelianos entendemos que o pós-fordismo, apesar de sua aparência antitética, contém o fordismo, isto é, o conceito de pós-fordismo compreende o seu oposto, o fordismo.

Ao que parece, o surgimento do paradigma técnico pós-fordista, referência das recentes técnicas de gestão organizacional, propõe criar mecanismos no espaço das interações sociais. Técnicas integradas de produção que não só atendam às diferentes demandas do ambiente operacional das empresas, mas que também sugiram a promoção de condições democratizadoras nas relações sociais no interior das organizações. Com a finalidade de analisar essa proposição conceitual, desenvolveremos este capítulo por meio de dois tópicos: o primeiro será o "fordismo", que caracterizaremos como um modelo microeconômico

---

Tübingen e foi professor nas universidades de Iena (1801-1806), Heidelberg (1816-1818) e Berlim (1818-1831), chegando a reitor desta última (Japiassu, 1990:115, grifo nosso).

[4] "Hegel busca apoiar-se em diversos exemplos triviais: embaixo e em cima, direito e esquerdo, pai e filho, e fala em *Gegensatz* e *Entgegensetzung* — em contraposição. Direito é o que não é esquerdo, e só se determina enquanto não é esquerdo; o direito só é na medida em que o esquerdo é, e vice-versa. O pai é outro que não o filho, e o filho é outro que não o pai; pai e filho só são enquanto são 'esse outro do outro'. Sem a relação com o filho, o pai é simplesmente um homem: ao ser-pai pertence o ser-filho. Ou ainda: o pai é na medida em que ele não é filho, mas esse não ser filho revela-se essencial para que o pai seja pai. Assim, a negatividade pertence ao ser, e a validez da reflexão repousa precisamente nesse 'aprender e expressar a contradição'" (Bornheim, 1977:282).

que surge no início do século XX, se estende também como modelo macroeconômico até os anos 1970, e cuja substância social é determinada pela técnica; o segundo é o pós-fordismo, cujo surgimento será caracterizado como paradigma do final do século XX, quando se tornou "um compromisso social, aceito — por bem ou por mal — pelos dirigentes e trabalhadores" (Lipietz, 1991:102), e cuja substância social seria determinada não mais exclusivamente pela técnica, mas pela interação dos envolvidos no processo.

As expressões fordismo e pós-fordismo, da mesma forma que modernidade e pós-modernidade, sociedade industrial e pós-industrial, Estado de bem-estar social e neoliberalismo, têm gerado debates a respeito da validade ou não desses conceitos. Apesar disso, vamos utilizar esses pares como conceitos que são representados como antitéticos: fordismo versus pós-fordismo. Procurando manter coerência com a lei da unidade dos contrários, o processo de produção contemporâneo ocorreria sob o continuum:

$$\text{fordismo } (0) \text{ ----- } (1) \text{ pós-fordismo.}[5]$$

Nesse espaço, várias possibilidades ou combinações tecnológicas poderiam ocorrer, mas nunca absolutamente fordistas nem pós-fordistas. Exemplar para esta possibilidade é a expressão "fábrica de software", empregada naquelas empresas produtoras de programas computadorizados, tema que será aprofundado no próximo capítulo. A fim de dicotomizar os significados de fordismo e pós-fordismo, trabalharemos com cinco argumentos:

---

[5] Fixar a discussão entre dois pontos de um continuum significa trabalhar uma unidade dialética entre a continuidade e a descontinuidade. Isto é, na especificidade deste estudo, "fábricas de softwares" atuariam, dialeticamente, sob um continuum, pois práticas fordistas permanecem apesar de o trabalho ser, predominantemente, de natureza imaterial, e não material, como nas fábricas tradicionais. Assim, "entre um e outro ponto, as transições seriam mais sutis, e não excluiriam a inspiração de uma pelas outras" (Vergara e Caldas, 2005:71).

a) o conceito de fordismo como semelhante à *rigidez organizacional* e de pós-fordismo como semelhante à *flexibilização organizacional*, ambos como paradigmas técnico-gerenciais cuja periodização vai dos anos 1910 ao final dos anos 1960 — fordismo —, e dos anos 1970 aos dias de hoje — pós-fordismo. Essa periodização pode corresponder ao manuseio de máquinas-ferramentas (automação rígida) versus operacionalização de máquinas eletrônicas (automação flexível);

b) o conceito de fordismo para caracterizar o "gerenciamento tecnoburocrático de uma mão de obra especializada sob técnicas repetitivas de produção de serviços ou de produtos padronizados" (Tenório, 2008:61); e pós-fordismo ou modelo flexível de gestão organizacional para caracterizar a diferenciação integrada da organização da produção e do trabalho sob a trajetória de inovações tecnológicas em direção à democratização das relações sociais nas organizações;

c) o conceito de fordismo, sob o ponto de vista da história do pensamento organizacional, para aquelas teorias ou enfoques organizacionais que desde a publicação de *Princípios de administração científica* (1910)[6] divulgam suas propostas na perspectiva de as organizações atuarem como sistemas mecânicos; e pós-fordismo quando as organizações passam a ser estudadas como sistemas orgânicos, simultaneamente ao advento do modelo gerencial japonês (toyotismo, anos 1970) e, principalmente, à intensificação do uso da tecnologia de base microeletrônica.

O conceito de fordismo pode ser aplicado sob duas possibilidades: na primeira, mais genérica, o fordismo como uma manifestação de

---

[6] Publicado no Brasil em 1948 pelo então Departamento Administrativo do Serviço Público (Dasp), da Presidência da República. Originalmente editado em Nova York, por Harper & Bros., em 1911, com o título *Principles of Scientific Management*.

determinada etapa do capitalismo; na segunda, mais específica, o fordismo seria a operacionalização de um modelo de gestão da produção. Neste estudo, o interesse maior será descrever o fordismo mais como um paradigma de organização da produção e do trabalho, sob o espaço formal de empresas dedicadas à produção de softwares, do que como uma referência de organização socioeconômica de sociedades.

FORDISMO

Descrever o fordismo como paradigma de organização da produção e do trabalho sem mencionar o taylorismo é relatá-lo parcialmente, uma vez que o fordismo tem uma relação quase que umbilical com o taylorismo.[7] Na realidade, historicamente, antes de Taylor e Ford, outros momentos e outros autores contribuíram para o desenvolvimento de formas de gestão organizacional. Um texto clássico da literatura econômica mundial, e que contribui para reforçar a ideia de que antes de Taylor já se escrevia sobre formas gerencias de produção, é o livro de Adam Smith (1723-1790), *A riqueza das nações*, publicado em 1776. No primeiro capítulo do livro, Smith discute a divisão do trabalho e dá como exemplo o já conhecido caso da fábrica de alfinetes:

> Tomemos, pois, um exemplo, tirado de uma manufatura muito pequena, mas na qual a divisão do trabalho muitas vezes tem sido notada: a fabricação de alfinetes. Um operário não treinado para essa atividade [...] nem familiarizado com a utilização das máquinas ali empregadas [...] dificilmente poderia talvez fabricar um único alfinete em um dia, [...]. Entretanto, da forma como essa atividade é hoje executada, não somente o trabalho todo constitui uma indústria espe-

---

[7] Autores como Benedito Rodrigues de M. Neto observam que o fordismo deve ser entendido "como desenvolvimento da proposta taylorista" (Neto, 1989:35).

cífica, mas ele está dividido em uma série de setores [...]. Um operário desenrola o arame, outro o endireita, um terceiro o corta, um quarto faz as pontas, um quinto o afia nas pontas para a colocação da cabeça do alfinete; [...]. Assim, a importante atividade de fabricar um alfinete está dividida em aproximadamente 18 operações distintas, as quais, em algumas manufaturas, são executadas por pessoas diferentes, [...] parte daquilo que hoje são capazes de produzir, em virtude de uma adequada divisão do trabalho e combinação de suas diferentes operações. (Smith, 1983:41-42)

No século XIX, mais precisamente em 1832, Charles Babbage escreveu *On the Economy of Machinery and Manufactures* ("Sobre a economia das máquinas e manufaturas"), que incluía ideias sobre organogramas, divisão e relações de trabalho. Segundo Harry Braverman, Babbage "foi talvez o mais direto precursor de Taylor, que deve ter sido frequentador da obra de Babbage, muito embora jamais se tenha referido a ele" (Braverman, 1977:85).

Sem nos determos em fatos históricos ou em autores que ao longo do século pontuaram ou exerceram uma possível influência sobre o processo de gestão organizacional, visto que vários textos já foram publicados sobre o assunto,[8] faremos um corte na historiografia do pensamento gerencial no final do século XIX, momento da publicação da primeira obra de Taylor,[9] o real precursor do pensamento gerencial contempo-

---

[8] É grande a bibliografia estrangeira e nacional sobre o tema. Como introdução, citamos apenas alguns textos publicados por autores brasileiros. Chiavenato (1979); Lodi (1971); Motta (1979; 1986); Wahrlich (1983); Caravantes (1998); Clegg et al. (1999).

[9] O primeiro texto foi *A note on belting* (Notas sobre as correias), apresentado em 1895, quando Taylor ingressa na American Society of Mechanical Engineers (Asme); o segundo, *A piece rate system* (Um sistema de gratificação por peça), também de 1895, é exposto na mesma Asme. O terceiro foi *Shop management* (Administração de oficinas), publicado em Nova York, pela Harper & Bros., em 1903. Além dessas publicações, Taylor registrou cerca de 50 patentes de invenções sobre máquinas, ferramentas e processos de trabalho. Até agora o livro que melhor tem apresentado a biografia e o pensamento de Taylor é o de Kanigel (1997).

râneo. Essa afirmação é confirmada por autores como Braverman, que utiliza uma citação de Lyndall Urwick e de E. F. L. Brech (divulgadores do taylorismo, segundo Braverman) para reforçar essa tese:

> O que Taylor fez não foi criar algo inteiramente novo, mas sintetizar e apresentar ideias, num todo razoavelmente coerente, que germinaram e ganharam força na Inglaterra e nos Estados Unidos durante o século XIX. Ele deu uma filosofia e um título a uma série desconexa de iniciativas e experiências. (Braverman, 1977:85)

Dos textos elaborados por Taylor, o que o fez conhecido e se tornou um marco na história do pensamento gerencial foi, sem dúvida, *Princípios de administração científica*. O objetivo central desse texto foi divulgar a compreensão que o autor tinha sobre gestão empresarial. As experiências como aprendiz, operário, capataz, contramestre, chefe de oficina e engenheiro[10] o colocaram em contato direto com os problemas sociais e empresariais originados pela Segunda Revolução Industrial, momento de forte desenvolvimento das máquinas-ferramentas M-Fs).[11] Esses elementos biográficos[12] sistematizam ideias em um con-

---

[10] Taylor inicia "sua carreira na Enterprise Hydraulic Works, onde ingressou como aprendiz. Posteriormente, passou a trabalhar na Midvale Steel Company, onde começou como operário especializado, galgando rapidamente posições que o tornaram engenheiro-chefe de oficinas. Trabalhou ainda na Manufacturing Investment Co. e na Bethlehem Steel Co., caracterizando-se por uma vida profissional totalmente voltada para a iniciativa privada. Foi também consultor de várias empresas e frequentemente proferia conferências em estabelecimentos industriais e na universidade" (Wahrlich, 1983:301).

[11] A primeira das M-Fs (no sentido amplo do termo) foi o torno, máquina que faz girar as peças a serem trabalhadas para dar a elas determinada forma. Antes de sua automatização, em fins do século XX, era o próprio operário que regulava a pressão, o ângulo e a profundidade de corte, orientando-se por suas reações táteis e sua observação visual; o conhecimento direto do material era um fator decisivo. Muitas máquinas-ferramentas, também denominadas máquinas operatrizes, podem ser vistas como evoluções dos tornos, conforme a eles são incorporados novos eixos e ferramentas destinados à realização de trabalhos mais sofisticados (fresadoras, por exemplo).

[12] Um dos traços biográficos reconhecidos em Taylor, segundo Harry Braverman, era sua exagerada "personalidade obsessivo-compulsiva" em busca de eficiência, que o leva-

22 | FÁBRICA DE SOFTWARE

texto nacional (Estados Unidos, uma potência emergente do capitalismo industrial, em substituição à Inglaterra) e empresarial (não podemos esquecer desde já que, com exceção principalmente das técnicas ou da "onda" gerencial japonesa de final do século XX, as tecnologias e formas de gerenciamento da produção no Brasil têm, na sua maioria, origem nos Estados Unidos), que tinham como antecedente a produção administrada através de contratos com artífices ou grupos de operários especializados em determinado segmento produtivo.[13]

O taylorismo contribuiu para essa nova forma de gestão à medida que a concentração técnica permitiu, mediante um novo maquinário, utilizar mão de obra não necessariamente capacitada, como era o caso dos contratados ou dos trabalhadores de ofício que desempenhavam suas tarefas a partir de um conhecimento tácito e até consuetudinário. Agora, o trabalhador seria treinado sob o princípio do *one best way* ("melhor maneira") para desempenhar determinada tarefa na máquina em determinado tempo.[14] A gestão do conteúdo do trabalho não ficou restrita ao operário especializado ou semiespecializado do chão de fábrica, mas disseminou-se nas tarefas burocráticas tanto do setor secundário quanto do terciário. Bons exemplos são os datilógrafos, tipógrafos e mecanógrafos, que tinham o desempenho avaliado pelo número de toques dados nas máquinas de datilografar, de tipografia ou de fichas

---

va a analisar movimentos pessoais, como o número de passos que dava em determinada atividade. Ainda de acordo com Braverman, citando Sudhir Kakar, Taylor era, "no mínimo, maníaco neurótico" (Braverman, 1977:87).

[13] "Especialmente nesses primórdios, o conteúdo do trabalho não tinha nada de capitalista. Por sinal, o total controle do trabalhador sobre suas atividades de ofício (habilidades, conhecimentos práticos, informações objetivas sobre o processo de trabalho), características do que se chamou acima de base técnica artesanal, era um obstáculo para os objetivos dos capitais produtivos que iam se formando, no que diz respeito ao aumento da sua valorização. O oficial artesão determinava seu ritmo de trabalho e, logo, controlava sua produtividade" (Castro, Possas e Proença, 1996:26).

[14] "Através de quadros que associam microgestos a microtempos, os engenheiros e os técnicos dos métodos juntam perfis de tarefas correspondentes a uma agregação de alguns microgestos, aos quais são imediata e diretamente associados tempos de operação" (Coriat, 1994:67).

A UNIDADE DOS CONTRÁRIOS | 23

preenchidas nas máquinas contábeis. A proposta do taylorismo para o *one best way*, a análise e definição de como melhor executar a tarefa, pode ser resumida da seguinte forma:

- definição exata dos movimentos elementares necessários para executar o trabalho e das ferramentas e dos materiais utilizados;
- determinação por cronometragem, ou outros métodos de medida, dos tempos necessários para executar cada um desses movimentos;
- análise dos movimentos para conseguir sua simplificação e a maior economia de gestos;
- reunião dos movimentos em uma sequência que constitui uma unidade de tarefa (Durand, 1978:50).

As ideias de Taylor não ficaram restritas ao processo operacional ou, como muitos acreditam, ao estudo de tempos e movimentos.[15] Seu enfoque, sua intenção, quando da publicação dos *Princípios de administração científica*, foi definir a administração como um conhecimento sistematizado e abrangente. Na introdução ao livro, Taylor apresentou três objetivos, dos quais reproduziremos o terceiro:

> Para provar que a melhor administração é uma verdadeira ciência, regida por normas, princípios e leis claramente definidos, tal como uma instituição. Além disso, para mostrar que os princípios fundamentais da

---

[15] Fred E. Meyers diz que Taylor "é conhecido como o pai da administração científica e da engenharia industrial. Ele foi a primeira pessoa a usar um cronômetro para estudar o conteúdo do trabalho e, como tal, é chamado o Pai do Estudo de Tempo" (Meyers, 1992:7). No entanto, ainda segundo Meyers, "Frank (1868-1924) e Lilian Gilbreth (1878-1972) é que são conhecidos como os pais do estudo de movimentos", publicando, em 1911, o livro *Time and motion study* (Meyers, 1992:9). O casal Gilbreth introduziu, no processo de produção, a noção de micromovimentos analisados através de câmera de cinema. Antes dos Gilbreth, porém, o primeiro estudo sobre cálculos de precisão para produção foi feito em 1833, numa oficina em Manchester (Inglaterra), pelo engenheiro mecânico Joseph Whitworth (1803-1887). *Oxford Dictionary of National Biography*. Disponível em: <www.oxforddnb.com>. Acesso em: 3 maio 2011.

24 | FÁBRICA DE SOFTWARE

administração científica são aplicáveis a todas as espécies de atividades humanas, desde nossos atos mais simples até o trabalho nas grandes companhias, que reclama a cooperação mais apurada. E, em resumo, para convencer o leitor por meio duma série de argumentos de que, corretamente aplicados estes princípios, os resultados serão verdadeiramente assombrosos. (Taylor, 1948:12)

O enfoque de Taylor não estava restrito, como já observamos, à análise de tarefas, mas sim ao desenvolvimento de uma sistematização de ideias que vai da organização da produção à organização do trabalho.[16] Vejamos a primeira frase do capítulo 1 do livro *Princípios de administração científica*: "O principal objetivo da Administração deve ser assegurar o máximo de prosperidade ao patrão e, ao mesmo tempo, o máximo de prosperidade ao empregado" (Taylor, 1948:13). Teoricamente, portanto, ele se preocupou tanto com o capitalista e os seus resultados como investidor quanto com o operário e o seu bem-estar. No entanto, apesar dessa intenção, a história tem demonstrado que, no tocante ao trabalhador, notadamente àqueles de nível operacional ou de "chão de fábrica", o bem-estar passa ao largo do "ideal" taylorista.[17]

A análise da repercussão, a favor e contra, do pensamento de Taylor não se esgota em poucas páginas.[18] Seria preciso ainda fazer referência

---

[16] "A sua 'capacidade de inovar' permitiu também que seus métodos fossem difundidos para outros setores: vendas, finanças, escritórios e administração de pessoal" (Heloani, 1994:42).

[17] A expressão "trabalhador" será usada de forma indistinta: tanto pode ser aquele do "chão de fábrica" quanto o de escritório. O que tipifica esta categoria social é o fato de o indivíduo ser assalariado e atuar sob um "contrato ou acordo que estabelece as condições da venda da força de trabalho pelo trabalhador e sua compra pelo empregador" (Braverman, 1977:55).

[18] O texto que se tornou clássico no estudo crítico ao taylorismo é o de Harry Braverman (1977). Apesar da ácida crítica que faz ao taylorismo, ele reconhece a importância da obra de Taylor para a gestão empresarial: "É impossível superestimar a importância do movimento da gerência científica no modelamento da empresa moderna e, de fato, de todas as instituições da sociedade capitalista que executam processos de trabalho. A noção de que o taylorismo foi 'superado' [...] representa lamentável má interpretação da verdadeira

A UNIDADE DOS CONTRÁRIOS | 25

a vários outros autores que complementaram a sua obra e ao trabalho de pensadores coetâneos com o movimento da administração científica, caso do francês Henry Fayol, que publica, em 1916, *Administração industrial e geral*.[19]

No Brasil, ao que parece, o taylorismo entrou por dois caminhos: o privado e o público. Para confirmar essa possibilidade há o livro de Beatriz Marques de Souza Wahrlich, *Reforma administrativa na era Vargas*.

---

dinâmica do desenvolvimento da gerência" (Braverman, 1977:83). Os princípios tayloristas foram também empregados na ex-União Soviética logo após o triunfo da Revolução Bolchevique de 1917. Ver Heloani (1994:36-41) e Lipietz (1991:113). Jeffrey Herf, ao comparar o nazismo com o marxismo, diz: "tanto Lênin quanto subsequentemente o marxismo-leninismo tinham grande entusiasmo por ciência e tecnologia, mas sem o resíduo do irracionalismo filosófico que onerava o nacional-socialismo. [...] O entusiasmo de Lênin pelo taylorismo é manifestação, uma apenas, da visão marxista-leninista de que o comunismo acontece como desdobramento das tendências tecnológicas e científicas de dentro do capitalismo" (Herf, 1993:248). András Hegedüs, ao analisar a NEP (Nova Política Econômica) adotada no início dos anos 1920 por Lênin na ex-União Soviética, diz: "A organização científica do trabalho — taylorismo, antes de tudo — adquiriu popularidade muito grande junto aos dirigentes soviéticos, o que fez de novo emergir a exigência da técnica e aumentou ao mesmo tempo a necessidade de ampliação dos aparelhos de direção especializada" (Hegedüs, 1986:40). Texto que amplia a análise da relação entre o taylorismo e leninismo também pode ser observado em Finzi (1986). No setor das artes, destacaremos dois filmes: *Tempos modernos* (1936), de Charles Chaplin, exemplo contundente de crítica às propostas de Taylor, e *A classe operária vai ao paraíso* (1971), de Elio Petri, vencedor da Palma de Ouro em Cannes, que retrata a permanência do modelo taylorista de produção ainda nos anos 1970. Vale lembrar também que o Congresso americano criou, em 1911, uma comissão especial (chamada de investigação Hoxie, professor da Universidade de Chicago) para analisar as ideias de Taylor. As conclusões foram críticas ao modelo taylorista. Ver Braverman (1977:88); Heloani (1994:33-36); Leite (1994:59-73); Vergara (1971:15); Coriat (1994:115) e Ramos (2009:53).

[19] Segundo David Hervey, esse livro de Fayol teve maior repercussão na Europa do que o de Taylor (Harvey, 1992:123). Apesar dessa observação, José M. Vergara diz que as ideias de Taylor entraram na Europa através da Inglaterra por volta de 1905, na fábrica J. Hopkinson e na França, em 1912, nas oficinas de Arbel Berliet e Renault (Vergara, 1971:15). "Mesmo se sua posteridade teórica é bem menos solidamente estabelecida — e inventariada —, Fayol, tanto quanto Taylor, é um dos fundadores da arte gerencial norte-americana e da constituição da empresa moderna. Como Taylor, mas a sua maneira e em seu próprio domínio, Fayol fez com que se realizasse um salto no *saber-fazer* de empresa" (Coriat, 1994:75). Benjamin Coriat identifica algumas contribuições de Fayol ao pensamento gerencial: definição do papel da *direção geral* de uma empresa e criação do *organograma* funcional (Coriat, 1994:75-76).

Nesse texto a autora faz o seguinte comentário: "Já na criação do Conselho Federal do Serviço Público Civil (CFSPC), em 1936, mas mais diretamente na definição dos objetivos do Dasp, em 1938, há visíveis influências do movimento taylorista, que no Brasil possuía, desde 1931, seu órgão próprio, o Instituto de Organização Racional do Trabalho (Idort)" (Wahrlich, 1983:302). Em seguida, Beatriz Wahrlich complementa seu comentário citando a revista comemorativa do quinto aniversário do Idort (1936): "Completa o primeiro lustro de existência o Instituto de Organização Racional do Trabalho, de São Paulo. Fundado em 1931 por um grupo de entusiastas capacitados da oportunidade de criação, em nossa terra, de uma entidade destinada a propugnar pela aplicação dos princípios de organização científica do trabalho" (Wahrlich, 1983:302). Quanto ao setor público, diz a autora:

> Na definição da competência do CFSPC evidencia-se a influência do taylorismo nas seguintes atribuições a ele conferidas pela Lei nº 284, de 1936:
>
> Art. 1º:
>
> estudar a organização dos serviços públicos e propor ao Governo qualquer medida necessária ao seu aperfeiçoamento;
>
> [...];
>
> i) opinar sobre propostas, normas e planos de racionalização de serviços públicos, elaborados pelas comissões de eficiência. (Wahrlich, 1983:303)

Fordismo como modelo de gestão da produção

O fordismo é um método de organização da produção e do trabalho complementar ao taylorismo, e emprega mão de obra especializada na aplicação de técnicas repetitivas de produção de serviços ou de produ-

A UNIDADE DOS CONTRÁRIOS | 27

tos padronizados (Tenório, 2008). Como paradigma gerencial, o fordismo surge no setor secundário da economia e mais especificamente na indústria automobilística. O seu conteúdo é originado em uma fábrica de veículos, passando a fazer "escola" nos demais setores econômicos.[20] Portanto, o fordismo é

> um princípio geral de organização da produção (compreendendo paradigma tecnológico, forma de organização do trabalho e estilo de gestão). Neste plano, podem ser destacados os seguintes traços característicos ou princípios constitutivos do paradigma fordista: a) racionalização taylorista do trabalho: profunda divisão — tanto horizontal (parcelamento das tarefas) quanto vertical (separação entre concepção e execução) — e especialização do trabalho: b) desenvolvimento da mecanização através de equipamentos altamente especializados; c) produção em massa de bens padronizados; d) a norma fordista de salários: salários relativamente elevados e crescentes — incorporando ganhos de produtividade — para compensar o tipo de processo de trabalho predominante. (Ferreira et al., 1991:5)

A indústria automobilística antes do fordismo produzia veículos através de uma organização da produção que dependia da habilidade da mão de obra envolvida. Desde a etapa da elaboração do projeto até sua execução e distribuição, o processo era artesanal. A industrialização de veículos dependia de trabalhadores que conheciam detalhadamente os princípios de mecânica e os materiais com que trabalhavam. "Além do mais, muitos eram seus próprios patrões, muitas vezes trabalhando como empreiteiros independentes, [...] o que era ainda mais frequente — proprietários independentes de instalações fabris às quais a com-

---

[20] Até os dias de hoje as referências gerenciais modernizadoras, quer no processo de produção industrial, quer de prestação de serviços, são, na sua maioria, originalmente elaboradas na indústria automobilística.

panhia encomendava componentes ou peças específicas" (Womack et al., 1992:9-10). Em resumo, a produção de veículos era artesanal e possuía as seguintes características:

- Uma força de trabalho altamente qualificada em projeto, operação de máquinas, ajuste e acabamento. Muitos trabalhadores progrediam através de um aprendizado que abrangia todo um conjunto de habilidades artesanais. Muitos podiam esperar administrar suas próprias oficinas, tornando-se empreendedores autônomos trabalhando para firmas de montagem.
- Organizações extremamente descentralizadas, ainda que concentradas numa só cidade. A maioria das peças e grande parte do projeto do automóvel provinham de pequenas oficinas. O sistema era coordenado por um proprietário/empresário em contato direto com todos os envolvidos: consumidores, empregados e fornecedores.
- O emprego de máquinas de uso geral para realizar a perfuração, o corte e as demais operações em metal ou madeira.
- Um volume de produção baixíssimo, de mil automóveis por ano, ou menos, poucos dos quais (50 ou menos) conforme o mesmo projeto. E, mesmo entre estes 50, não havia dois que fossem idênticos, pois as técnicas artesanais produziam, por sua própria natureza, variações (Womack et al., 1992:12).

Como os autores de *A máquina que mudou o mundo* observam, esse tipo de produção, apesar de ainda existir para o atendimento de pequenos e sofisticados nichos de mercado, tem um custo unitário elevado, se comparado ao de produção em massa implementado pelo fordismo. Neste, o custo unitário decresce conforme aumenta o volume de produção. Outra objeção diz respeito às diferenças de produtos resultantes desse processo artesanal, fato que ocorria porque não era usado "sistema de metrologia, e as máquinas-ferramentas dos anos 1890 eram incapazes de cortar aço com alta dureza" (Womack et al., 1992:10).

A UNIDADE DOS CONTRÁRIOS | 29

Semelhante ao taylorismo, o fordismo como técnica de gestão da produção surgiu a partir das ideias de Henry Ford, que de mecânico a engenheiro-chefe e proprietário de fábrica adquire experiência suficiente para elaborar um método de produção que supera o de tipo artesanal. Entre 1892 e 1896, constrói um automóvel peça por peça. Em 16 de junho de 1903 fundou a Ford Motor Co., com aproximadamente 125 empregados, colocando à venda, em outubro do mesmo ano, o primeiro carro. Cinco anos depois produz o famoso modelo T (no Brasil ficou conhecido como Ford Bigode), atingindo entre 1908 e 1926 o recorde em vendas de 15 milhões de unidades. Em 1913 sua empresa já fabricava 800 carros por dia e em 1926, 23 anos após a inauguração da Ford Motor Co., possuía 88 usinas e empregava 150 mil pessoas, fabricando então 2 milhões de carros por ano. Ford teve outros méritos além de

> haver construído o primeiro carro em larga escala e ter feito fortuna principalmente por haver formulado um punhado de ideias e de teorias próprias a respeito da administração. Utilizou um sistema de concentração vertical e horizontal, produzindo desde a matéria-prima inicial ao produto final acabado, além de uma cadeia de distribuição comercial. (Chiavenato, 1979:59)

Três foram os princípios básicos sobre gestão da produção elaborados por Ford: intensificação, economicidade e produtividade.

1. *Princípio de intensificação*:
Consiste em diminuir o tempo de produção com o emprego imediato dos equipamentos e da matéria-prima e a rápida colocação do produto no mercado.

2. *Princípio de economicidade*:
Consiste em reduzir ao mínimo o volume de estoque da matéria-prima em transformação. Por meio desse princípio, Ford conseguiu fazer com

que o trator ou o automóvel fossem pagos a sua empresa antes de vencido o prazo de pagamento da matéria-prima adquirida e de salários.

3. *Princípio de produtividade*:

Consiste em aumentar a capacidade de produção do homem no mesmo período através da especialização e da linha de montagem. Assim, o operário pode ganhar mais, num mesmo período de tempo, e o empresário ter maior produção. (Chiavenato, 1979:60)[21]

Henry Ford notabilizou-se pela criação da linha de montagem, sistema pelo qual as peças circulam no interior da fábrica ao longo de esteiras. Em vez de o operário se deslocar do seu posto de trabalho para ir buscar a peça, como se fazia no processo artesanal, com a linha de montagem o trabalhador espera a peça no seu posto de trabalho:[22] Para Ford (1964:65), o primeiro passo no aperfeiçoamento da montagem consistiu em "trazer o trabalho ao operário ao invés de levar o operário ao trabalho. Hoje todas as operações se inspiram no princípio de que nenhum operário deve ter mais que um passo a dar; nenhum operário deve ter que se abaixar". Para ele, os princípios da montagem são:

---

[21] A *intensificação* e a *produtividade* sob o fordismo são bem exploradas por Dal Rosso (2008). Para o autor, a intensificação é caracterizada por "processos de quaisquer naturezas que resultam em um maior dispêndio das capacidades físicas, cognitivas e emotivas do trabalhador com o objetivo de elevar quantitativamente ou melhorar qualitativamente os resultados. Em síntese, mais trabalho" (Dal Rosso, 2008:23). Por sua vez, "intensidade e produtividade são conceitos diferentes com conteúdos distintos, e [...] a noção de intensidade desvela o engajamento dos trabalhadores significando que eles produzem mais trabalho, ou trabalho de qualidade superior, em um mesmo período de tempo considerado e que a noção de produtividade restringe-se ao efeito das transformações tecnológicas" (Dal Rosso, 2008:29).

[22] Um sistema semelhante à linha de montagem foi empregado pela primeira vez no início do século XIX, na Marinha inglesa, para a produção de biscoitos. No entanto, foi a tecnologia de abatedouro de animais que inspirou Henry Ford, em 1870, a projetar a sua primeira linha de montagem para produção de magnetos. Na indústria automobilística, o processo de produção por esteiras foi implantado em 1913 por Ford para a produção do modelo T na sua fábrica de Highland Park, em Michigan (Hirschhorn, 1984:9).

A UNIDADE DOS CONTRÁRIOS | 31

1. Trabalhadores e ferramentas devem ser dispostos na ordem natural da operação, de modo que cada componente tenha a menor distância possível a percorrer da primeira à última fase.
2. Empregar planos inclinados ou aparelhos concebidos de modo que o operário sempre ponha no mesmo lugar a peça que terminou de trabalhar, fazendo com que ela vá à mão do operário imediato por força do seu próprio peso sempre que isso for possível.
3. Usar uma rede de deslizadeiras por meio das quais as peças a montar se distribuam a distâncias convenientes.

Ressalta, ainda, que "o resultado dessas normas é a economia de pensamento e a redução ao mínimo dos movimentos do operário, que, sendo possível, deve fazer sempre uma só coisa com um só movimento" (Ford, 1964:65).

Com o taylorismo os tempos e movimentos eram individuais. Com o processo fordista, tal prática se dará de forma coletiva: o ritmo de produção deverá ser acompanhado pelo ritmo da esteira, ou do plano inclinado, e não mais pela capacidade do trabalhador, o que implica, por um lado, disciplinamento do trabalhador e, por outro, impede a sua participação e/ou criatividade. A linha de montagem impõe o seu próprio e inflexível ritmo: cada ação deve seguir a precedente de acordo com o tempo previsto, identificando, assim, "os princípios fundamentais da mecanização: padronização, continuidade, coação e redução do trabalho a uma simples tarefa" (Hirschhorn, 1984:14).

Em resumo, a esteira mecânica parcela o trabalho, especializa o trabalhador e intensifica as suas ações com o objetivo de eliminar os tempos mortos, o que significa dizer que a diferença entre o taylorismo e o fordismo é que as normas de produção são incorporadas, no caso do fordismo, aos dispositivos automáticos das máquinas. Assim, o movimento das máquinas define a operação e o tempo necessário para a sua execução.

No entanto, a principal contribuição de Ford à organização da produção e do trabalho talvez seja a produção em massa.[23]

[A] chave para a produção em massa não residia — conforme muitas pessoas acreditavam ou acreditam — na linha de montagem em movimento contínuo. *Pelo contrário, consistia na completa e consistente intercambialidade das peças e na facilidade de ajustá-las entre si.* Essas foram as inovações na fabricação que tornaram a linha de montagem possível. (Womack et al., 1992:14, grifos do original)

As implicações do fordismo na organização da produção e do trabalho são de dois tipos:

a) *social,* visto que diferencia a concepção da execução, institui normas de supervisão imediata e controla o ritmo de trabalho pela máquina; b) *técnico,* visto que estabelece métodos lineares de trabalho, fragmenta e simplifica operações, usa equipamentos especializados e poucos flexíveis através de linha de montagem ou processos semelhantes. (Tenório, 1994:88)

Esse procedimento social e técnico exige uma divisão de trabalho consoante com o taylorismo, no qual o planejamento fica distanciado da execução, e surge um novo tipo de mão de obra, diferente daquele até então.

Profissionais como o engenheiro de produção, ao lado do engenheiro de produtos e de outras especialidades, irrompem no mercado de trabalho em substituição aos antigos donos de oficinas e ao supervisor dos tempos da produção artesanal. O antigo "proprietário operário" fazia de

---

[23] Assim como Frederick W. Taylor idealizou conteúdos gerenciais que estimularam Henry Ford na sua proposta de produção em massa, Alfred Pritchard Sloam Jr. (1875-1966), na General Motors, complementou as ideias de Ford (Womack et al., 1992:27).

A UNIDADE DOS CONTRÁRIOS | 33

tudo: recebia a encomenda da montadora, projetava a peça, desenvolvia a máquina para fabricá-la e, em muitos casos, supervisionava a operação da máquina na oficina. Já a missão fundamental desses novos especialistas consistia em projetar tarefas, peças e ferramentas que pudessem ser manuseadas pelos trabalhadores desqualificados que formavam o grosso da nova força de trabalho na indústria automobilística. No novo sistema, o trabalhador do chão de fábrica não tinha uma carreira pela frente, podendo no máximo chegar a supervisor. Mas, nas novas profissões de engenharia, havia uma carreira a ser escalada. Tampouco se limitava a uma só companhia, como teria sido do agrado de Ford (Womack et al., 1992:20-21).

A partir do processo de produção em massa fordista é então possível elaborar grandes quantidades de produtos padronizados sob uma organização da produção e do trabalho que emprega matéria-prima, máquinas, equipamentos, desenho e mão de obra estandardizados ao menor custo possível. O objetivo desse modo de gerenciamento foi, portanto, promover a economia de escala a fim de diminuir os custos e ampliar o mercado. A condição para implementar um sistema de produção dessa natureza é a existência de um mercado latente ou planejado para o consumo de massa. Para tanto, Ford imaginava que, pagando melhores salários e criando boas condições de trabalho (foi ele que introduziu o trabalho de oito horas e o salário de US$ 5 por dia), os operários teriam renda e tempo de lazer para consumir os produtos por eles produzidos. A conquista de mercado pela empresa estaria baseada na obtenção de economias de escala através da verticalização do sistema, desde a matéria-prima até a distribuição, e no aumento da velocidade do processo de produção, que passa a ser controlado pelo ritmo da linha de montagem e do movimento das máquinas.

O processo de produção fordista, como modelo ampliado do taylorismo e semelhante a ele, não ficou restrito ao ambiente norte-americano, embora este tenha sido o "exportador" do modelo. Inglaterra,

Itália, França, Alemanha e Rússia, nos anos 1920, e de maneira mais acentuada após a II Guerra Mundial, empregaram o fordismo como método de gestão empresarial. De acordo com Jeffrey Herf, na Alemanha, "Henry Ford [...] era o apóstolo do gerenciamento científico e das técnicas de linha de montagem" ou reconhecido por alguns teóricos da época como um revolucionário "não menos revolucionário que o próprio capitalismo" (Herf, 1993:55). No Brasil, desde o primeiro período Vargas (1930-1945), os princípios fordistas não foram totalmente estranhos: "o capital nacional pôs em prática uma política de substituição de importações — conduzidas pelo Estado — no setor urbano" (Lipietz, 1991:119) que vai se acentuar, como paradigma, nos anos 1950,[24] "associada ao primeiro grande movimento das multinacionais na direção da manufatura no estrangeiro", gerando "uma onda de industrialização fordista competitiva em ambiente inteiramente novo" (Harvey, 1992:135).

Assim, a despeito de opiniões contrárias à existência do fordismo como modo de gestão da produção, somos partidários de que tanto Frederik W. Taylor quanto Henry Ford[25] (obviamente não esquecendo outras figuras importantes, como Henry Fayol, Lilian Gilbreth e Mary Parker Follet, por exemplo) foram figuras centrais na proposição de conceitos e propostas de como melhorar a eficiência dos sistemas sociais organizados, sem distinção entre privados e públicos. Essa opinião foi extraída da bibliografia corrente sobre o tema gestão da produção, bem como daquela que tem interface com o tema, como é o caso, por exemplo, da literatura que discute modos de gestão econômica no qual o conceito de fordismo se aproxima daquele de Estado de bem-estar social e keynesianismo.

---

[24] Exemplo disso é a tese apresentada em 1949 pelo sociólogo Alberto Guerreiro Ramos, para ocupar o cargo de técnico de administração no então Departamento Administrativo do Serviço Público (Dasp) (Ramos, 2009).

[25] O suplemento quinzenal *Fortune Américas* (*Jornal do Brasil*, 1999) elegeu Henry Ford "o empresário do século" XX.

A UNIDADE DOS CONTRÁRIOS | 35

Portanto, como paradigma organizacional, o fordismo se caracteriza como um modelo de gestão da produção para grandes quantidades de produtos padronizados, o que exige um "consumo de massa, um [...] sistema de reprodução da força de trabalho, uma [...] política de controle e gerência do trabalho, uma [...] estética e uma [...] psicologia, em suma, um [...] tipo de sociedade democrática, racionalizada, modernista e populista" (Harvey, 1992:121).

Citando Antonio Gramsci (1891-1937), David Harvey faz o seguinte comentário sobre a percepção do fordismo por Gramsci:

> O americanismo e o fordismo, observou ele em seus Cadernos do cárcere, equivaliam ao "maior esforço coletivo até para criar, com velocidade sem precedentes, e com uma consciência de propósito sem igual na história, um novo tipo de trabalhador e um novo tipo de homem". Os novos métodos de trabalho "são inseparáveis de um modo específico de viver e de pensar e sentir a vida". Questões de sexualidade, de família, de formas de coerção moral, de consumismo e de ação do Estado estavam vinculadas, ao ver de Gramsci, ao esforço de forjar um tipo particular de trabalhador "adequado ao novo tipo de trabalho e de processo produtivo". (Harvey, 1992:121-2)[26]

Crise do fordismo

A oposição ao fordismo como paradigma técnico-organizacional ou técnico-econômico surge de diferentes maneiras entre os anos 1950 e 1960 em países como Japão,[27] Itália, França e Estados Unidos atra-

---

[26] "Caderno 22 (1934): Americanismo e fordismo" (Gramsci, 2001:241-282). Para uma melhor compreensão dos estudos de Gramsci em relação ao fordismo, ver também Ruy Braga (apud Katz et al., 1995:87-91).

[27] "A partir desse momento [o começo dos anos 1950], *uma via própria japonesa, de organização e de gestão da produção, se põe em curso de se afirmar. Seu traço central e distin-*

vés da reação de estudantes, trabalhadores, governos, empresários e estudiosos em gestão organizacional. O movimento estudantil articula uma reação político-cultural contra a presença do fordismo na sociedade de então:[28] os operários rebelam-se contra a monotonia das tarefas rotinizadas da linha de montagem,[29] através do aumento do absenteísmo — ausência ao trabalho pelos mais diversos motivos, aumento do *turnover* —, da rotação da mão de obra por diversas empresas e de baixas qualidade e produtividade — crescimento nos defeitos de fabricação ou do atendimento ao cliente, bem como nos desperdícios de insumos; os governos implementam políticas de

---

tivo, em relação à via taylorista norte-americana, é que em lugar de proceder através da destruição dos saberes operários complexos e da decomposição em gestos elementares, a via japonesa vai avançar pela *desespecialização dos profissionais* para transformá-los não em operários parcelares, mas em plurioperadores, em 'trabalhadores multifuncionais', como dirá Monden (1983)" (Coriat, 1994:53, grifos nossos).

[28] "*O movimento estudantil dos anos 1960* foi o grande articulador da crise político-cultural do fordismo e a presença nele, bem visível, de resto, da crítica marcusiana é expressão da radicalidade da confrontação que protagonizava. São três as facetas principais dessa confrontação. Em primeiro lugar, opõe ao produtivismo e ao consumismo uma ideologia antiprodutivista e pós-materialista. Em segundo lugar, identifica as múltiplas opressões do quotidiano, tanto no nível da produção (trabalho alienado), como no da reprodução social (família burguesa, autoritarismo da educação, monotonia do lazer, dependência burocrática) e propõe-se alargar a elas o debate e a participação políticos. Em terceiro lugar, declara o fim da hegemonia operária nas lutas pela emancipação social e legitima a criação de novos sujeitos sociais de base transclassista" (Souza Santos, 1995:249).

[29] Semelhante a Chaplin com o filme *Tempos modernos*, Elio Petri dirigiu, em 1971, *A classe operária vai ao paraíso*, filme que critica o processo taylorista-fordista de produção fabril vigente na Itália. No Brasil, essa reação foi identificada por Márcia Paula Leite, que diz: "O aspecto fundamental a ser recuperado nesse processo consiste no fato de que, a partir das greves de 1978, não só a 'abertura' política que se vinha desenvolvendo desde meados da década ganhou um novo impulso, como o padrão vigente de consumo da mão de obra industrial foi profundamente questionado pelos trabalhadores, num movimento em que desempenharam papel importante as demandas relacionadas às condições e relações de trabalho". A seguir a autora cita algumas dessas reivindicações: "relativas à disciplina de trabalho, ritmos e cadências impostos pelas empresas; critérios de demissão, recrutamento e promoções, escalas salariais; autoritarismo das chefias, horas extras e estabilização da mão de obra" (Leite, 1994:141).

A UNIDADE DOS CONTRÁRIOS | 37

austeridade econômica que desmobilizam o Estado de bem-estar;[30] os empresários reagem à diminuição do lucro, causada pela desaceleração da produtividade e do crescimento da relação capital/produto, com a internacionalização da produção; e os estudiosos de sistemas organizacionais, a partir dos enfoques comportamental e sistêmico, procuraram mostrar a necessidade de as organizações, para sua sobrevivência, interagirem com o ambiente.

Portanto, o paradigma gerencial fordista foi posto em questão,[31] e novas formas de gestão da produção foram exploradas e apresentadas como uma necessidade tecnológica na qual a substituição do fordismo é justificada por uma destruição criadora *a la* Schumpeter. Podemos resumir essa crise com o auxílio de três descrições analíticas do fenômeno, respectivamente a de Alain Lipietz com Daniele Leborgne, a de Paulo Fleury com Rebecca Arkader e a de Cláudio Salvadori Dedecca:

> Primeiro, uma crise latente do paradigma industrial, como uma desaceleração da produtividade e um crescimento da relação capital/ produto, conduziu a uma queda da lucratividade nos anos 1960. A reação dos empresários (via internacionalização da produção) e do Estado (generalização das políticas de austeridade) levou a uma crise do emprego e daí à crise do Estado-previdência. A internacionalização e a estagnação dos rendimentos detonaram por sua vez a crise "do lado da demanda", no fim dos anos 1970. A "flexibilidade" surgiu

---

[30] A reação ao Estado de bem-estar ficou bem marcada pelos governos de Margaret Thatcher, na Inglaterra, em 1979, e de Ronald Reagan, nos Estados Unidos, em 1981. Essa reação provoca o ressurgimento do liberalismo ou, como tem sido chamado, neoliberalismo, que identifica o poder público como ineficaz na solução dos problemas estruturais das sociedades. Possivelmente essa leitura tenha sido revista a partir dos acontecimentos financeiros ocorridos no final do ano de 2009, quando, na realidade, foi o Estado, por meio de recursos públicos, que "salvou" as finanças do sistema financeiro, principalmente do norte-americano.

[31] Em abril de 1973, em relatório sobre política social da então denominada Comunidade Econômica Europeia (CEE), hoje União Europeia (UE), recomendava-se a eliminação do trabalho sob linha de montagem (Durand, 1978:72).

então como uma adaptação a este último aspecto da crise, que é tão fundamental quanto o aspecto "lucratividade". (Lipietz e Leborgne, 1988:16)

As causas do declínio foram atribuídas a cinco conjuntos de filosofias e práticas gerenciais: i) estratégias ultrapassadas, fortemente influenciadas pelos princípios da massa e por um arraigado paroquialismo; ii) tendência a uma ênfase exagerada nos aspectos de curto prazo, em prejuízo do longo prazo; iii) fragilidade tecnológica no que diz respeito ao desenvolvimento de produtos e processos; iv) negligência com os recursos humanos, principalmente no que diz respeito ao chão de fábrica; v) falhas generalizadas na cooperação, tanto interna quanto externa, vertical e horizontalmente. (Fleury e Arkader, 1996:259)

Os argumentos apresentados para justificar — positiva ou negativamente — o processo de flexibilização das relações de trabalho estão relacionados às características particulares que marcam a atual crise econômica e a certas particularidades do padrão de estruturação das relações de trabalho no pós-guerra. A financeirização do capital industrial, em um contexto de crescente instabilidade econômica e de globalização financeira, e a disponibilidade de novas tecnologias e métodos organizacionais desestabilizaram, a partir da segunda metade dos anos 1960, os padrões de concorrência intercapitalista vigentes nos mercados nacionais e internacionais. (Dedecca, 1996:58)

Embora "ainda esteja no limiar da discussão contemporânea, existe a possibilidade de as relações de comando — uma característica profundamente estabelecida e aceita da empresa industrial desde a Revolução Industrial e o nascimento da economia clássica — estarem obsoletas. [...] Eis, portanto, o destino da Revolução Keynesiana", diríamos do fordismo, que, como "tantas outras coisas na economia" e na gestão da produção, "foi bom para sua época; mas teria inevitavelmente que sofrer

A UNIDADE DOS CONTRÁRIOS | 39

com o passar do tempo. Pois o tempo revelou uma assimetria política e uma dinâmica microeconômica num mundo altamente organizado para as quais" o keynesianismo-fordismo "não tem mais nada a dizer" (Galbraith, 1989:252-253). Paulo B. Tigre conclui:

> O remédio keynesiano [...] não se mostrou eficaz nos anos 1980, pois a natureza da crise estava justamente no esgotamento do modelo de produção em massa, apoiado no uso intensivo de energia e matérias-primas. Um novo paradigma técnico-econômico entrava em cena, envolvendo não apenas novas tecnologias e práticas produtivas, mas também novo arcabouço institucional, regulatório e até mesmo novas teorias econômicas. (Tigre, 1993:29)

A transição do modelo de racionalização de trabalho rígido para um mais flexível se dá sob três "gerações": a primeira a partir da proposta taylorista-fordista-fayolista; a segunda a partir da Escola de Relações Humanas, associada posteriormente às demais ciências sociais que predominaram no mundo dos negócios até o final dos anos 1960;[32] e a terceira geração de racionalização do trabalho vai coincidir com o advento das técnicas japonesas de gestão da produção (Valle e Peixoto,

---

[32] Essa "segunda geração" estaria submetida àquilo que Alberto Guerreiro Ramos denominou, criticamente, "síndrome comportamentalista", tema do capítulo 3 de seu livro *A nova ciência das organizações: uma reconceituação da riqueza das nações*. Esse autor conclui o citado capítulo da seguinte forma: "Por impressionante que se afigurem os traços básicos do comportamento, deve-se compreender que os mesmos não estão afetando remotamente a vida das pessoas. Na realidade, constituem o credo não enunciado de instituições e organizações que funcionam na sociedade centrada no mercado. Para ter condições de enfrentar os desafios de uma tal sociedade, a maioria de seus membros interioriza a síndrome comportamentalista e seus padrões cognitivos. Essa interiorização ocorre, geralmente, sem ser notada pelo indivíduo, e assim a síndrome comportamentalista transforma-se numa segunda natureza. A disciplina administrativa padrão, ela própria admitindo que os seres humanos são individualistas fluidos, e capturada pelos pressupostos do perspectivismo, do formalismo e do operacionalismo não pode ajudar o indivíduo a superar essa situação" (Ramos, 1981:67).

1994:2-3) e com o desenvolvimento acelerado de novas tecnologias da informação e equipamentos de base microeletrônica.

Semelhante ao fordismo, as tecnologias de terceira geração, que também transcendem o setor industrial, operacionalizam-se através de uma organização política e social e de um novo modo de produção capitalista, a acumulação flexível, que é referenciado pelo confronto direto com a rigidez do fordismo. Esse modo de produção "se apoia na *flexibilidade* dos processos de trabalho, dos mercados de trabalho, dos produtos e padrões de consumo. Caracteriza-se pelo surgimento de setores de produção inteiramente novos, novas maneiras de fornecimento de serviços financeiros, novos mercados e, sobretudo, taxas altamente intensificadas de inovação comercial, tecnológica e organizacional" (Harvey, 1992:140).

Esse novo modo de organização da produção e do trabalho é uma tentativa de se caminhar para um modelo de gestão organizacional que privilegie a *flexibilização* interna e externa à empresa, em relação a um contexto internacional que percebeu o esgotamento do taylorismo-fordismo e que se assenta na tríade *globalização da economia, progresso científico-técnico* e *valorização da cidadania.*

No Brasil esse paradigma ainda está em transição, uma vez que a flexibilização organizacional comporta-se como a trajetória de uma situação fordista para outra, pós-fordista. Essa situação pode ser observada porque as decisões centram-se na polarização produtividade-flexiblidade ou padronização-personalização, em que as expressões *produtividade* e *padronização* são os pares da busca da eficiência empresarial. No entanto, com o advento das tecnologias da informação, os pares que importam são flexibilidade-personalização, já que promovem uma nova lógica gerencial sob a qual a diferenciação importa mais que a padronização. Portanto, é a partir desses pares que vamos tentar expor o pós-fordismo como método referencial de gestão da produção na sua relação com o significado de "fábrica de software".

PÓS-FORDISMO

Como já havíamos definido na introdução deste capítulo, o pós-fordismo, ou modelo flexível de gestão organizacional, caracteriza-se pela diferenciação integrada da organização da produção e do trabalho sob a trajetória de inovações tecnológicas em direção à democratização das relações sociais nas organizações. Concepção que contraria a fordista uma vez que esta se baseia na previsão de um mercado em crescimento, o que justificava o uso de equipamentos especializados a fim de obter economia de escala. Agora surgem equipamentos flexíveis cuja finalidade é atender a um mercado diferenciado, tanto em quantidade quanto em composição. Segundo as concepções de Martin Boddy e de Paulo Fleury com Rebecca Arkader, a seguir apresentadas, eis por que o novo paradigma de gestão da produção distingue-se do anterior:

> O sistema pós-fordista de produção se caracteriza, sobretudo, pela sua flexibilidade. [...] Os mercados são cada vez mais volúveis e imprevisíveis. [...] A empresa individual, portanto, põe ênfase na flexibilidade, na sua capacidade de reagir a, e de procurar mudanças de mercado. A flexibilidade se manifesta de várias formas: em termos tecnológicos; na organização da produção e das estruturas institucionais; no uso cada vez maior da subempreitada; na colaboração entre produtores complementares. À flexibilização na produção corresponde uma flexibilização dos mercados de trabalho, das qualificações e das práticas laborais. (Boddy, 1990:46)
>
> Os novos padrões emergentes foram agrupados em seis características básicas: i) um esforço permanente para a melhoria simultânea da qualidade, dos custos e dos serviços de entrega; ii) manter-se muito próximo dos clientes, para entender suas necessidades e ser capaz de se adaptar para satisfazê-las; iii) busca de uma maior aproximação com os fornecedores; iv) utilização estratégica da tecnologia, visando à obten-

ção de vantagens competitivas; v) utilização de estruturas organizacionais mais horizontalizadas e menos compartimentalizadas; vi) utilização de políticas inovadoras de recursos humanos. (Fleury e Arkader, 1996:259)

No livro *La flexibilidad del trabajo en Europa*, coordenado por Robert Boyer e sob os auspícios da Federación Europea de Investigaciones Económicas (Fere), é feito o seguinte comentário:

> Arriscando caricaturar as coisas, poderíamos dizer que a figura emblemática dessa forma de organização industrial seria a fábrica flexível, amplamente automatizada e que incorpora em seu próprio princípio de organização uma variabilidade mais ou menos completa ao volume e à definição dos produtos requeridos pelos mercados. (Boyer, 1986:278)

Os autores identificaram nessa publicação da Fere cinco definições para o termo flexibilidade: a) maior ou menor adaptabilidade da organização da produção — opções técnicas e organizacionais condicionadas às dimensões e demandas do mercado; b) a atitude dos trabalhadores para mudar de posto de trabalho — competência técnica e atitude da mão de obra para dominar diversos segmentos de um mesmo processo produtivo; c) debilidade das restrições jurídicas que regulam o contrato de trabalho — dizem respeito aos aspectos institucionais relacionados às leis trabalhistas e que facilitem, inclusive, ao empregador a dispensa dos empregados sem qualquer garantia adicional; d) sensibilidade dos salários (nominais ou reais) — significa a dependência dos salários em relação à situação econômica da empresa ou ao mercado de trabalho em geral; e) possibilidade de as empresas subtraírem uma parte das deduções sociais e fiscais — liberação das empresas das regulações do Estado quanto ao seu funcionamento.

A UNIDADE DOS CONTRÁRIOS | 43

Esse novo modelo é implementado não mais sob a base de equipamentos ou processos mecânicos e lineares de produção, mas de sistemas eletrônicos que flexibilizam o processo produtivo das organizações com o objetivo de atender às diferentes demandas de um mercado cada vez mais seletivo em quantidade e qualidade. De acordo com Benjamin Coriat, esse novo processo de produção apoia-se em três princípios interdependentes:

- distribuir o trabalho, não mais em postos individuais e tarefas fragmentadas, mas sim em pequenas "ilhas" [células] de trabalhadores, em pequenos grupos que administram um conjunto homogêneo de tarefas;[33]

- romper o caráter unidimensional das linhas de montagem e de fabricação, para conceber a oficina como uma rede de minilinhas entre as quais circula o produto seguindo trajetórias que se tornam complexas;

- finalmente, substituir a linha transportadora de ritmo por carretilhas que se deslocam pela rede com ritmos flexíveis, e capazes de selecionar — graças a um sistema guiado por cabos —, no que concerne a tarefas-padrão, colocando nas linhas correspondentes, ou no tocante a tarefas específicas, de encaminhar-se até as partes da rede especialmente concebidas para elas. Em poucas palavras, passamos de linhas unidimensionais de ritmo

---

[33] "Muitos sociólogos contrapõem o parcelamento individual de tarefas — próprio do 'gerenciamento científico' [taylorismo] — à organização grupal em 'círculos de qualidade', que caracteriza o pós-taylorismo. Sem dúvida, Perrin demonstra que esse contraste é fictício em todos os casos em que subsiste a cadeia de montagem. É a forma de supervisão patronal, que passa do controle individual ao coletivo, a única coisa que se altera com estas reconversões. Frequentemente, os 'grupos autônomos' coexistem com a fabricação fragmentária tradicional, conformando um esquema justaposto de pessoas e grupos submetidos à mesma subordinação departamental e ao mesmo controle gerencial do passado. A sequência despótica dos ritmos e movimentos que Taylor implantou desenvolveu-se aqui mediante sofisticados sistemas computadorizados" (Katz et al., 1995:31-32).

a organizações multidimensionais, em rede a ritmos flexíveis (Coriat, 1993:22).

Tal modelo de gestão da produção não está sendo implementado, como já observamos, exclusivamente no setor secundário. Ele é também reproduzido no setor terciário ou nos espaços técnico-administrativos das empresas fabris. Fato que pode ser percebido nos próprios processos produtivos dos escritórios. "Num escritório, a padronização, a atualização de dados em tempo real e a armazenagem ordenada do histórico das transações possibilitadas pelos computadores reforçam o controle e a continuidade das funções do escritório" (Zuboff, 1994:82).

Em uma estrutura de produção com essa nova configuração tecnológica, em rede ou não, de equipamentos microeletrônicos,[34] ajustes podem ser feitos em um pequeno espaço de tempo para atender a diferentes demandas de serviços ou produtos. Sob o modelo taylorista-fordista de automação rígida, cuja base técnica é a mecânica ou a eletromecânica,[35] existiam nos sistemas de apoio administrativo, por exemplo, os seguintes tipos de mão de obra: trabalhadores especializados em escrever à máquina (datilógrafos), trabalhadores especializados em operar máquinas contábeis (mecanógrafos), trabalhadores especializados em manejar máquinas impressoras (tipógrafos) etc. Hoje, com a flexibilização técnica de base microeletrônica,[36] ou de automação flexível, uma só pessoa pode operar (ajustar) um equipamento (por

---

[34] Na cronologia histórica da flexibilização técnica e/ou organizacional, que começa com o surgimento dos microcomputadores no início dos anos 1970, esses equipamentos vão desempenhar um papel fundamental no processo produtivo do terciário. O caso do sistema bancário é um exemplo concreto da ação dessas novas tecnologias.

[35] Os equipamentos com essa base técnica não podem ser alterados no tipo ou nas etapas do processo de produção. Demandas diferenciadas ficarão dependentes de um novo equipamento.

[36] Os equipamentos com essa base técnica podem ser alterados porque aceitam mudanças na sua programação. Demandas diferenciadas não ficarão dependentes de um novo equipamento.

exemplo, um microcomputador) que está apto, através de diferentes programas (softwares), a produzir, por exemplo, textos, registros contábeis, editoração, desenhos. A flexibilização do sistema bancário é outro exemplo típico desse novo modelo no setor terciário. O contato do cliente com o balcão de serviços (por exemplo, com o caixa) tende a diminuir, pois equipamentos eletrônicos atendem praticamente a todas as demandas de rotina de um banco.

A propósito do uso pelo setor terciário da tecnologia produzida pelo setor secundário, Mário Sérgio Salerno comenta que a indústria de transformação "é produtora de inovações organizacionais, e que exporta paradigmas para outras áreas da economia — da mesma forma como se falava nos anos 1960 em 'taylorismo' nos escritórios e bancos, fala-se hoje em 'just in time' bancário'" (Salerno, 1994:21). Passadas já algumas décadas desde os anos 1970, esse processo de mudança continua no início do século XXI, atingindo simultaneamente aspectos técnicos, econômico-financeiros, organizacionais e de relações sociais nos mais diferentes setores produtivos (agrícola, industrial ou de serviço, público ou privado), promovendo uma nova divisão social do trabalho. Essa divisão, engendrada pelo conjunto da tecnologia da informação (TI) — hardware e software —, tem protagonizado o significado de *fábrica de software*. "Fábrica" que parece ser administrada entre o continuum:

$$\text{fordismo } (0) \text{ ----- } (1) \text{ pós-fordismo,}$$

objeto de estudo do presente livro.

FÁBRICA DE SOFTWARE

Ao visitar uma fábrica de software, não vamos encontrar trabalhadores uniformizados operando maquinários ruidosos, nem esteiras pelas quais se vê circular o produto inacabado em seus diversos estágios de produção. Não vamos identificar tampouco um supervisor circulando pelas estações de trabalho para verificar a produtividade de cada um dos empregados ou de um grupo deles. Ao contrário, de modo geral vamos nos deparar com um salão silencioso, subdividido por divisórias que delimitam o espaço de pequenos grupos de empregados, e na mesa de cada um deles existe um computador no qual estão trabalhando. A associação metafórica entre fábrica e esteira de produção no desenvolvimento de software sugere a aplicação de técnicas para produção em larga escala (fordista), de forma coordenada e com qualidade. Assim, a alternância de características de rigidez e flexibilidade dos modelos de gestão dessas fábricas, observadas sob o continuum fordismo (0) ------ (1) pós-fordismo, bem como as limitações dessa metáfora,[37] dada a natureza do produto software, instigaram o presente estudo, considerando que:

- o produto software é de natureza abstrata praticamente durante todo o ciclo de desenvolvimento;
- cada software desenvolvido é um produto único, que uma vez pronto serve de matriz para inúmeras cópias, que por sua vez são fabricadas em processos mais simples que o de construção do software original;
- a qualificação exigida da mão de obra de uma fábrica de software vem acompanhada do inconformismo com tarefas repetitivas.

---

[37] Metáforas são utilizadas para gerar uma imagem que permita estudar um objeto; essa imagem (parcial e unilateral) pode fornecer a base para uma pesquisa científica fundada nas tentativas de descobrir até que ponto as características da metáfora podem ser encontradas no objeto da investigação. "A metáfora é, então, baseada numa realidade parcial; ela requer das pessoas que utilizem uma abstração um tanto unilateral em que determinadas características sejam enfatizadas e outras, suprimidas, em uma comparação seletiva (Morgan, 2005:63). Assim, "a fábrica de software para ser considerada dessa forma deve possuir alguns atributos oriundos de uma fábrica industrial" (Fernandes e Teixeira, 2004:116). Quanto mais a imagem que a metáfora pretende criar sugere o objeto, em vez de identificá-lo, maior seu sentido. No entanto, se a imagem criada pela metáfora aproxima-se demais da "realidade", ela se torna uma identificação extra, deixando de ser uma comparação, isto é, deixando de ser metáfora.

Segundo Fernström et al. (apud Medeiros et al., 2004:2), a fábrica clássica taylorista-fordista, onde as pessoas atuam como extensão de máquinas na realização de tarefas predeterminadas, não é um modelo nem desejável nem correto para fabricação de software. No contexto da produção de software, a analogia com a fábrica pode ser aplicada apenas aos objetivos da produção baseada no estilo industrial e não na sua implementação. A manufatura de software envolve pouca ou nenhuma produção tradicional, padronizada; todo sistema é único, apenas partes individuais podem aparecer repetidamente em mais de um sistema. E para melhor contextualizar o estágio da indústria de TI, em que a força de uma metáfora (fábrica) impulsionou organizações a reestruturar seu modelo de produção, apostando em maiores lucros, faremos um breve histórico desse processo.

Quando surgiram os computadores e a informática, a maioria da mão de obra alocada nos serviços de desenvolvimento e manutenção de sistemas (software)[38] era percebida como formada por pessoas "diferentes" das demais. Analistas de sistemas[39] e programadores[40] eram vistos como "seres iluminados", altamente criativos. Muitos inclusive eram identificadas pela sua forma de vestir, descontraída e despojada, não raro excêntrica, quase sempre destoando dos empregados de outros departamentos da organização onde trabalhavam. O horário de trabalho era, geralmente, diferenciado dos demais, mais flexível em função das inúmeras "noites viradas" e "finais de semana dobrados". Tinha-se a impressão de que os serviços que lhes eram encomendados, tanto pela complexidade quanto pela extensão, sempre extrapolavam o prazo requerido, dada a permanente tensão, fruto do empirismo e da inexistência, na época, de métodos de apoio ao raciocínio e de otimização de tarefas. Essa era a realidade obser-

---

[38] Sistema (software) corresponde a um conjunto de programas.
[39] Analistas de sistemas projetam lógica e fisicamente o software, e especificam cada programa (regras de negócio a serem implementadas, modelos de telas, relatórios, dados de entrada e de saída).
[40] Programadores modelam o fluxo lógico de cada programa, criam algoritmos e implementam a solução, codificando o programa na linguagem de programação predeterminada pela arquitetura do software.

vada nos centros de processamento de dados (CPDs), unidades técnicas onde esses serviços eram realizados. Desses profissionais eram exigidas boas ideias a cada momento, o que lhes conferia o bônus do reconhecimento, mas também o ônus do desgaste físico e emocional.

Contudo, gradativamente, as metodologias de programação e modelagem de sistemas foram disciplinando o processo de desenvolvimento, e os analistas e programadores passaram a depender cada vez menos da inspiração. Podemos aqui fazer uma analogia entre os primórdios da informática e o trabalho artesanal pré-fordista. Este também dependia muito da inspiração e da habilidade do trabalhador; nele, cada produto era único, o que dificultava a manutenção. A utilização de técnicas estruturadas e a componentização equivalem a uma "fordização" da fabricação de softwares, mas com uma diferença: trata-se, agora, de um produto intangível. Embora todo sistema seja único, os softwares são compostos em grande parte por componentes que podem ser desenvolvidos separadamente, ou comprados de terceiros, e depois montados para obter o resultado final desejado.

A utilização de técnicas estruturadas passou a ser fundamental para viabilizar a contínua manutenção dos sistemas desenvolvidos, tanto corretiva quanto evolutivamente, dado que os sistemas precisam refletir as mudanças do campo das necessidades dos usuários. Indo aos extremos, aquela criatividade que anteriormente chegou a ser "endeusada" passou a ser "malvista", pois produzia aqueles sistemas e programas cuja manutenção muitas vezes só o desenvolvedor era capaz de efetuar. Conforme descrito por Jean-Dominique Warnier (1986), a especificação do programa a ser desenvolvido que o analista de sistemas repassava ao programador, às vezes acompanhada de uma vaga descrição do problema, usualmente consistia apenas em um fluxograma, que demonstrava a sequência de instruções a codificar na linguagem de programação.

Um grande avanço no trabalho dos programadores ocorreu em meados dos anos 1960, consolidando-se nos anos 1970: a teoria de programação *top-down*, ou estruturada, método dos refinamentos su-

A UNIDADE DOS CONTRÁRIOS | 49

cessivos ou "método em cascata". Os programas se tornaram mais claros, escritos mais rapidamente e mais fáceis de modificar. O processo inicialmente empírico de modelagem de sistemas também evoluiu, a partir do advento das metodologias de análise estruturada (abordagem funcional) e análise essencial (abordagem orientada a eventos). Ainda nesse campo das técnicas aplicadas a desenvolvimento de software, a metodologia de análise orientada a objetos, que é praticada desde os anos 1990, parte do paradigma de que o mundo é formado por objetos e de que desenvolver um sistema nada mais é do que criar uma simulação dos objetos e de seu comportamento. A evolução da informática a partir dos anos 1960 pode ser representada pelo quadro a seguir:

Quadro 1: Evolução do desenvolvimento do software

	1960-1970	1970-1980	1980-1990	1990-2000	Século XXI
Operações	Artesanal	Artesanal	Fábrica Sw	Fábrica Sw Integrated Outsourcing	SPL
Processos	Processos Proprietários		CMM	PMI, Asap, RUP, ISO	XP, ASD, LD
Plataformas	Fortran, Assembler	Cobol, PL1	Natural C, C++, Clipper	VB, Delphi, Oracle	Java, .NET, XML
Metodologias	Waterfall	Estruturada, Essencial	Estruturada, Essencial	OO, UML, Componentes	?

Fonte: Fernandes e Teixeira (2004:23).

O mercado de TI cresceu e continua crescendo à medida que softwares vêm sendo incorporados a quase todos os produtos e atividades (bens ou serviços) da sociedade contemporânea. Além da evolução das técnicas de execução, o crescimento desse mercado tornou necessário também que a gestão do processo de desenvolvimento de software

50 | FÁBRICA DE SOFTWARE

viabilizasse a produção em larga escala, com qualidade e a menor custo. Daí a iniciativa de organizar a produção de software de acordo com o modelo fabril taylorista-fordista é uma realidade de nossos dias. Com a crescente disseminação das práticas de Gestão de Qualidade Total (Total Quality Management) nos Estados Unidos nos anos 1980, começou um forte movimento por parte do governo norte-americano, mais notadamente do Departamento de Defesa, para introduzir esses conceitos na gestão da produção de softwares. Dos trabalhos de Watts Humphrey junto com o Software Engineering Institute da Carnegie Mellon University, nasceu o modelo denominado *Capability Maturity Model* (CMM), que é uma das principais referências em gestão de processos de software (Fernandes e Teixeira, 2004).

As empresas de software, principalmente as norte-americanas, têm buscado as fábricas de software da Índia para a construção de partes de seus programas em razão da escassez de mão de obra de programadores. Com o crescimento e amadurecimento das fábricas de software indianas (Kripalani, 2003), as iniciativas brasileiras têm se multiplicado e apresentado um crescimento considerável nos últimos anos (Cesar, 2003), especialmente graças a fatores competitivos, uma vez que o próprio mercado nacional se torna mais exigente em termos de qualidade do produto e de redução de custos. De acordo com Lai (apud Zahran, 1998), o desenvolvimento de software progride ao longo das seguintes ondas:

- primeira onda: ciclo de vida representado pelo modelo cascata e métodos estruturados;
- segunda onda: movimento de maturidade do processo de software (CMM), motivado pelas altas taxas de insucesso em projetos de software desenvolvidos na primeira onda;
- terceira onda: industrialização do software viabilizada pela evolução da tecnologia de orientação para objetos.

O desafio que a engenharia de software vem enfrentando desde os primórdios permanece o mesmo, ou seja, como construir um software

A UNIDADE DOS CONTRÁRIOS | 51

que atenda satisfatoriamente às necessidades dos usuários, principalmente nos aspectos de qualidade, prazo e custo de desenvolvimento, custos de produção e manutenção, sendo que a dificuldade aumenta quando se pretende ampliar a escala de produção. Isso exige que, na busca da esperada alta produtividade, o formalismo e o controle do processo sejam rigorosos, e sejam especializados os técnicos que vão atuar em cada uma das etapas de fabricação.

Entre os processos, ferramentas e organizações alternativas, a literatura consolida experiência e inovação resultantes do trabalho de pesquisadores motivados a descrever (e prescrever) formas mais eficazes de lidar com os problemas inerentes à construção de softwares. Resulta desses esforços um conjunto de modelos e normas, como o CMM. Tais modelos, ao decompor processos e colocá-los em sequência, remetem ao modelo fordista. Porém, diferentemente do modelo fordista, no qual a qualidade do produto era de responsabilidade do supervisor/gerente, o CMM se baseia no princípio de que cada empregado é diretamente responsável pelo produto. Ou seja, a gestão pela qualidade do período denominado pós-fordista faz parte desse novo processo.

Por dentro da "fábrica"

Para Greenfield (2003) o conceito de fábrica de software pressupõe o desenvolvimento de sistemas baseado em componentes, direcionado a modelos e a linhas de produto de software, o que caracteriza uma iniciativa de fábrica, barateando a montagem de aplicações por conta da reutilização sistemática, que possibilita a formação de cadeias de produção. Por sua vez, Fernandes e Teixeira (2004:117) definem fábrica de software de outra forma:

> Processo estruturado, controlado e melhorado de forma contínua, considerando abordagem de engenharia industrial, orientado para o atendimento a múltiplas demandas de natureza e escopo distintas, vi-

52 | FÁBRICA DE SOFTWARE

sando à geração de produtos de software, conforme os requerimentos documentados dos usuários e/ou clientes, da forma mais produtiva e econômica possível.

Como a expressão sugere, a fábrica de software deve possuir atributos oriundos de uma fábrica industrial e ter como objetivo, segundo Fernandes e Teixeira (2004:116), "a geração de produtos requeridos pelos usuários e/ou clientes, com o mínimo de defeitos possível e a um preço (ou custo) competitivo e compatível que forneça a margem necessária para os investimentos em manutenção e melhoria da fábrica".

Ou, ainda, na visão desses autores: agregação de valor na abordagem de desenvolvimento de softwares que utilizam preceitos de engenharia associados à manufatura, isto é, produzir software de qualidade com baixo custo e produtividade.

Figura 1: Influências na conceituação de fábrica de software

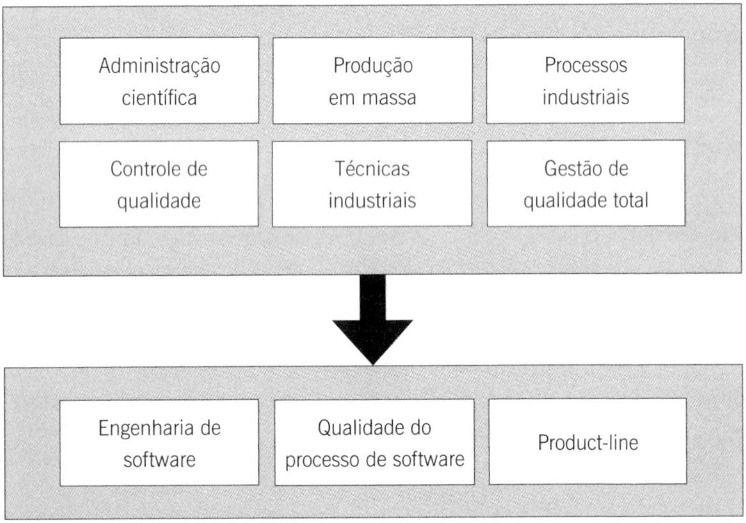

Administração científica	Produção em massa	Processos industriais
Controle de qualidade	Técnicas industriais	Gestão de qualidade total

Engenharia de software	Qualidade do processo de software	Product-line

Fonte: Fernandes (2005:3).

A UNIDADE DOS CONTRÁRIOS | 53

Especificamente em relação ao conceito de fábrica de software, Fernandes e Teixeira (2004:31) mostram outras abordagens sobre o conceito: para Johnson, um modelo focado em componentes e não em processos; para Evans, o ambiente de software enxerga o processo de engenharia como linha de montagem; uma experiência brasileira associou o conceito à codificação de programas em larga escala. Ainda segundo os autores, a evolução da fábrica de software ocorre em estágios. O quadro 2 apresenta o processo evolutivo da fábrica de software.

Quadro 2: Evolução da fábrica de software

FASE 1	**Organização básica e gerência da estrutura (meados de 1960 e início de 1970)** • objetivos da manufatura de software são estabelecidos; • foco no produto é determinado; • começa a coleta de dados sobre o processo.
FASE 2	**Customização da tecnologia e padronização (início de 1970)** • objetivos dos sistemas de controle são estabelecidos; • métodos-padrão são estabelecidos para o desenvolvimento; • desenvolvimento em ambiente on-line; • treinamento de empregados para padronizar as habilidades; • bibliotecas de código-fonte são introduzidas; • começam a ser introduzidas metodologias integradas e ferramentas de desenvolvimento.
FASE 3	**Mecanização e suporte ao processo (final dos anos 1970)** • introdução de ferramentas para apoio ao controle de projetos; • introdução de ferramentas para a geração de código, teste e documentação; • integração de ferramentas com banco de dados e plataformas de desenvolvimento.

continua

FASE 4	**Refinamento do processo e extensão** • revisão dos padrões; • introdução de novos métodos e ferramentas; • estabelecimento de controle de qualidade e círculos da qualidade; • transferência de métodos e ferramentas para subsidiárias e terceiros.
FASE 5	**Automação flexível** • aumento da capacidade das ferramentas existentes; • introdução de ferramentas de apoio à reutilização; • introdução de ferramentas de automação de design; • introdução de ferramentas de apoio à análise de requisitos; • integração de ferramentas em plataformas de desenvolvimento.

Fonte: Cusumano apud Swanson et al., 1991.

De acordo com Swanson et al. (1991), há agregação de valor quando se aplicam preceitos de engenharia associados à manufatura aos processos de desenvolvimento de software. Segundo eles, na mudança de paradigma do desenvolvimento de software de forma artesanal para uma ciência, as abordagens de engenharia de software devem compreender: 1. métodos e ferramentas-padrão; 2. apoio automatizado para o desenvolvimento; 3. planejamento disciplinado, análise e controle de processos; e 4. códigos e componentes reutilizáveis. Tal afirmação nos permite fazer uma analogia entre a introdução de processos de desenvolvimento de software pelo paradigma da fábrica de software e a introdução das primeiras fábricas de manufatura que produziam segundo o paradigma taylorista-fordista: ambos transformam o processo de produção, de um esquema artesanal para um baseado em uma linha de produção que se apoia em tarefas repetitivas e padronizadas; assim como Ford criou o conceito de intercambialidade entre as partes do automóvel, o conceito da reutilização de programas tenta aumentar a produtividade e melhorar a qualidade através da reutilização de componentes de software por mais de um projeto.

A UNIDADE DOS CONTRÁRIOS | 55

As fábricas de software requerem os seguintes atributos, de acordo com Fernandes e Teixeira (2004:116):

- processo definido e padrão (desenvolvimento, controle e planejamento);
- interação controlada com o cliente (entrada e saídas da fábrica);
- padronização das solicitações de serviço;
- estimativa de custos e prazos baseados no conhecimento real da capacidade produtiva através de registros históricos;
- controle rigoroso dos recursos alocados em cada demanda da fábrica;
- controle e armazenamento dos artefatos[41] e do conhecimento produzido em cada etapa em bibliotecas de itens de software;
- controle permanente e em tempo real de todas as demandas;
- produtos gerados de acordo com os padrões estabelecidos pela organização;
- equipe treinada e capacitada nos processos organizacionais e produtivos;
- controle da qualidade do produto;
- processo de atendimento ao cliente;
- métricas definidas e controle dos acordos de nível de serviço (cuja sigla em inglês é SLA)[42] definidos com o cliente.

---

[41] Artefato é um produto criado ou modificado durante um processo. Tal produto é o resultado de uma atividade e pode ser utilizado, posteriormente, como "insumo" para a mesma ou outra atividade a fim de gerar novos produtos (Rocha, 2001).

[42] SLA (*service level agreement*). Um acordo de nível de serviço é um contrato entre um fornecedor de serviços de TI e um cliente especificando, em geral em termos mensuráveis, quais serviços o fornecedor vai prestar.

56 | FÁBRICA DE SOFTWARE

Nos resultados das fábricas de software, interferem diretamente os fatores: gestão de pessoas, gestão empresarial, processos de desenvolvimento de software, padrões de qualidade de software, ferramentas e *frameworks* de soluções fabris. De acordo com Fernandes e Teixeira (2004:118), a figura 2 delineia as principais fases de desenvolvimento de um projeto de software e os possíveis escopos de fornecimento de uma fábrica de software.

Figura 2: Escopo de fornecimento da fábrica

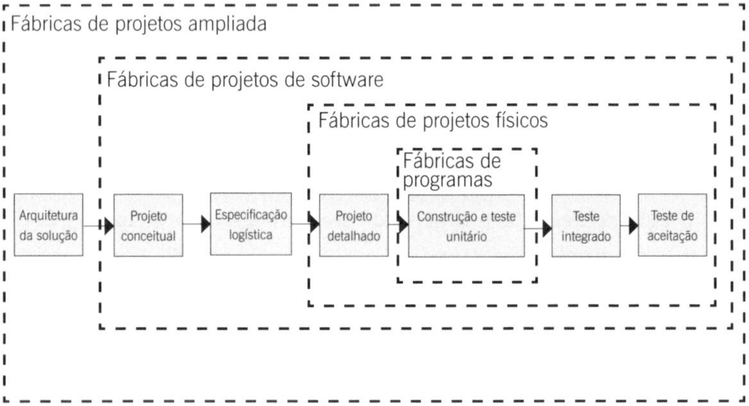

Fonte: Fernandes e Teixeira (2004:118).

A seguir definiremos cada uma dessas fases:

- *Fábrica de programas* — é a menor unidade da fábrica e tem por objetivo codificar e testar programas de computador. Seu processo produtivo é formado pela construção e por testes unitários.
- *Fábrica de projetos físicos* — atua num âmbito mais amplo do processo de produção, englobando, além das atividades inerentes à fábrica de programas, uma fase anterior de projeto detalhado e fases posteriores de testes de integração e aceitação. O

conhecimento do negócio do cliente nessas fábricas não é tão requerido, dado que tal fábrica já recebe como entrada um projeto lógico (projeto conceitual e especificação lógica).

- *Fábrica de projeto de software* — estende a sua atuação, iniciando seu processo a partir das fases de projeto conceitual e especificação lógica. Para tanto é fundamental que o conhecimento do negócio de seus clientes seja dominado; nesse momento, a gestão do conhecimento é fator mais importante do que outros recursos, a fim de evitar a rotatividade de sua mão de obra.

- *Fábrica de projeto ampliada* — atua desde a concepção da arquitetura da solução até a entrega do software pronto e testado, apto a entrar em produção. Essa fase requer o conhecimento de soluções mais abrangentes na área de TI, relativas a configurações de hardware e software básico, redes de comunicação, plataformas de desenvolvimento e de produção, soluções de gerenciamento de bases de dados. No caso dessas fábricas, o software é apenas um dos produtos fabricados.

Quanto à classificação *fábrica de componente*, apenas citada por Fernandes e Teixeira (2004) na discussão sobre *software product line* (SPL), se estivesse representada na figura acima, deveria constar como um subconjunto da fábrica de programas. Cabe observar que a viabilidade de sua individualização como interface ligada ao cliente depende diretamente do grau de rigor desse cliente na adoção do conceito de reúso, proveniente do método análise orientada a objetos.[43]

Como já observado, em uma fábrica de software não encontraremos a figura do tradicional trabalhador fabril, uniformizado geralmente com

---

[43] O conceito de componentização está de acordo com a atual filosofia SOA (*service-oriented architecture*), em que cada componente de software é concebido como um serviço e pode ser disponibilizado para reúso para o restante da fábrica ou para terceiros mediante contrato. De acordo com o Gartner Group (2007, n.p.), "SOA é uma abordagem arquitetural corporativa que permite a criação de serviços de negócio interoperáveis que podem facilmente ser reutilizados e compartilhados entre aplicações e empresas".

macacão azul; na realidade, encontraremos o "colarinho branco" trabalhando em equipe e não em linhas de produção. As equipes que trabalham nas fábricas de software atuam em espaços delimitados por divisórias, nas quais cada membro da equipe desenvolve suas atividades em um computador, como pode ser observado na figura 3. O tamanho e/ou os integrantes desses grupos variam ao longo do processo de desenvolvimento de um produto (software), e tal modo de operar é um fator decisivo para que a planta física da fábrica não esteja atrelada à estrutura formal da organização. Isso ocorre porque a tecnologia empregada permite que o funcionário continue instalado na mesma mesa quando instado a trabalhar em outro grupo ou software. Dado esse processo de organização da produção, dificilmente se consegue identificar como estão estruturadas as equipes, qual delas atua em que etapa, quais seriam essas etapas, ou qual o papel de cada empregado no processo, uma vez que todos parecem fazer a mesma coisa, isto é, observar a tela e/ou digitar no teclado do computador. Virtualmente, porém, estão presentes tanto a "esteira de produção" quanto a figura do "capataz".

Figura 3: Ambiente de uma fábrica de software

Fonte: Acervo dos autores.

A esteira é a própria rede de comunicação de dados sendo utilizada para a transferência de artefatos produzidos por cada técnico, seja de uma equipe para outra, seja entre os diversos ambientes virtuais que coexistem numa fábrica de software. O capataz se materializa num software que monitora, por meio da rede de comunicação de dados que interliga os computadores, a tarefa que cada um dos empregados está realizando, o quanto dela foi realizado e a quantidade de tempo despendido. Desse modo, através de relatórios que o próprio software disponibiliza, os líderes de equipe e o gerente da fábrica podem acompanhar o andamento do trabalho sem a necessidade de se levantarem de suas mesas.

Os ambientes de trabalho ou virtuais nos quais se processam todo o ciclo de desenvolvimento de um software ficam "hospedados" em computadores denominados "servidores de desenvolvimento". Tais ambientes de trabalho podem obedecer à seguinte configuração:

- ambiente de desenvolvimento, onde residem os artefatos enquanto estão sendo desenvolvidos ou corrigidos;
- ambiente de testes, onde os artefatos dados como prontos são submetidos a avaliações;
- ambiente de homologação, onde os artefatos prontos e aprovados nos testes são submetidos à aprovação do cliente.

O percurso dessa esteira pode variar de fábrica para fábrica, seja na divisão de responsabilidades e atribuições por mais estações, seja na nomenclatura. Basicamente são encontradas as estações representadas na figura 4:

Figura 4: Diagrama da esteira de produção da fábrica

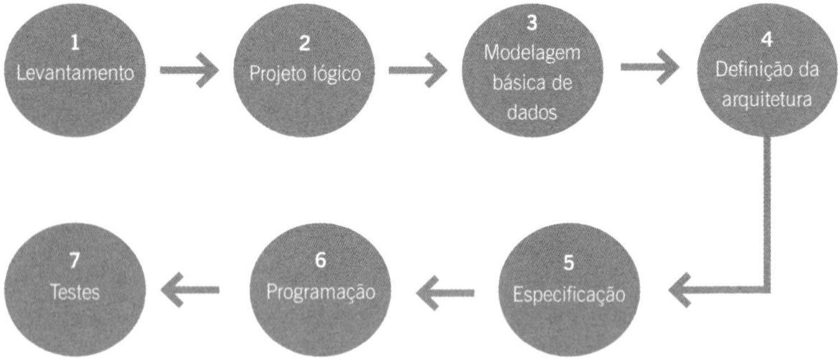

Fonte: Elaborada pelos autores.

Em cada uma das estações dessa esteira, são produzidos artefatos que circulam virtualmente. Até o momento da programação, quando enfim é produzido o software propriamente dito, os artefatos produzidos apenas registram concepções, por exemplo, de atores do mundo real que vão interagir com o software, normas de negócio a serem observadas em cada uma das funcionalidades que vão ser disponibilizadas aos usuários, modelos lógico e físico dos dados armazenados nas bases, descrição de algoritmos e configuração de ambiente de produção (onde será executado o software). Terminada a fase de testes e com o software pronto, as cópias necessárias são reproduzidas.

Considerando o cenário atual de comercialização de produtos de software, no qual desponta como realidade o mercado de software livre, alvo de grande discussão no meio acadêmico e comercial, devemos reconhecer a *smart factory*. Esse tipo de fábrica é composto por uma equipe fixa, geograficamente distribuída, responsável pela captação de

A UNIDADE DOS CONTRÁRIOS | 61

negócios e pelo desenvolvimento inicial de um produto de software livre, que poderá ser posteriormente disponibilizado para uma comunidade de desenvolvimento que participará do processo de melhoria do mesmo (Spindola et al., 2004).

Por sua vez, uma fábrica de software, independentemente de seu tipo, quando dedicada a um único cliente é dita especializada e atende ao modelo de *outsourcing*[44] de sistemas. Seu diferencial reside:

- nas interfaces de entrada e saída da fábrica com o cliente, regidas por regras, restrições, procedimentos para o caso de mudança de escopo e critérios de avaliação preestabelecidos em conjunto, de modo geral determinados através de um SLA;
- na possibilidade de negociar a demanda com o cliente, o que permite estabelecer a capacidade da operação.

Fazendo uma analogia com a racionalização taylorista do trabalho, aplicada aos modelos de fábrica de software que atuam nas fases de efetivo desenvolvimento do software (o que exclui a fábrica de projeto ampliada), podemos observar a clara separação entre o planejamento do projeto e a sua execução.

---

[44] Basicamente, *outsourcing* nada mais é do que delegar serviços a terceiros. Em tecnologia da informação, *outsourcing* pode incluir qualquer coisa, até mesmo terceirizar todo o gerenciamento de TI para uma empresa terceirizar um serviço muito pequeno e facilmente definido.

62 | FÁBRICA DE SOFTWARE

Figura 5: Fronteira projeto-execução

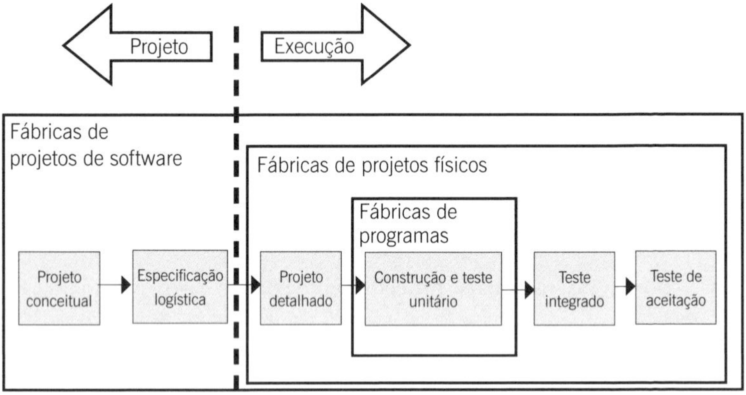

Fonte: Elaborada pelos autores.

Para o perfeito funcionamento das atividades de uma fábrica de software, é fundamental a adoção de um processo de desenvolvimento em que, uma vez determinado seu ciclo de vida, estejam definidas as tarefas e os produtos (artefatos) gerados em cada etapa, bem como os responsáveis por cada uma delas. Assim, à luz do modelo fordista, cumpridos tais requisitos e com a alta especialização dos profissionais alocados, a produtividade de cada estação da "esteira de produção" estaria garantida, bem como a do artefato produzido para a etapa seguinte. Cabe observar que essas questões surgem com intensidade diretamente proporcional ao escopo da fábrica de software, isto é, fábricas de programas estão menos sujeitas a elas, enquanto nas fábricas de projeto de software tais riscos são altos. Sob outro aspecto, a fábrica de programas requer controle rigoroso de tarefas e recursos, a fim de obter flexibilidade de entrega e volume, e nesse caso a gestão da produtividade é crucial.

Processos de desenvolvimento de software

O conceito de fábrica de software baseia-se na ideia de prover uma linha de produção de soluções que atendam às necessidades específicas de cada cliente. Isso ocorre quando há a formalização de todas as atividades e seus produtos, trabalhados sob a forma de linhas de produção, com etapas e tarefas definidas para cada tipo de profissional, indo das tarefas básicas da "esteira" até rotinas de controle de qualidade (Brito, 2004).

Em uma fábrica de software, diferentes processos podem coexistir, adequados a diferentes projetos. Para organizar e disciplinar o desenvolvimento de software é importante determinar as atividades fundamentais que deverão estar presentes em qualquer processo definido. A definição de processo-padrão estabelece uma estrutura comum a ser utilizada pela organização nos seus projetos de software e constitui a base para a definição de todos os processos (Rocha, 2001). Assim, o processo-padrão estabelecido dever ser tomado como referencial no necessário planejamento e definição das estratégias de cada fábrica e deve ser genérico o suficiente para atender na maioria dos casos. A existência desse padrão também proporciona economia de tempo e esforço a cada necessidade de customização do processo de desenvolvimento, dadas as particularidades de cada projeto.

Segundo Humphrey (1989), um processo de desenvolvimento de software pode ser entendido como um conjunto de passos (atividades) necessários para transformar os requisitos do usuário em software. Ele aponta, porém, distinções entre um processo de desenvolvimento de software e um processo de manufatura típico:

- O produto software geralmente é mais complexo do que outros produtos manufaturados;
- Em virtude de a engenharia de software ser relativamente recente, o mercado não dispõe de muitos gerentes e profissionais com

o necessário conhecimento nem com experiência suficiente para avaliar e calibrar um processo de desenvolvimento de software;

- O custo insignificante de reproduzir o software leva à descoberta tardia de problemas.

Fernandes e Teixeira (2004) acrescentam outra importante distinção: embora os produtos gerados em cada passo do processo de produção de software estejam definidos em termos de método de construção, forma de apresentação, precedência de construção e agregação, sua tangibilidade fica a dever àquela de outros produtos manufaturados. O processo de trabalho é imaterial, e não material. Contribui para isso o fato de, durante as fases que antecedem à codificação dos programas (o produto final), os artefatos gerados serem representações de ideias, com acentuado cunho subjetivo — trabalho imaterial,[45] cujo nível de detalhe varia conforme a profundidade da análise realizada. Também contribui para essa subjetividade o fato de que comumente o cliente não consegue visualizar e externalizar com clareza suficiente suas necessidades, a ponto de que sejam captadas com precisão pelos responsáveis pela montagem do projeto do software.

Até agora, tratamos o processo de software quanto à "engenharia do produto", ou "construção do produto" ou, ainda, "processo produtivo de operação", denominações adotadas por Fernandes e Teixeira (2004), que ressaltam o fato de um processo produtivo estar sempre associado a um processo gerencial. Esse gerenciamento se traduz na gestão de uma ou várias demandas e na gestão de uma ou mais operações estratégicas.

---

[45] "O capitalismo moderno, centrado sobre a valorização de grandes massas de capital fixo material, é cada vez mais rapidamente substituído por um capitalismo pós-moderno de 'capital humano', 'capital do conhecimento' ou 'capital de inteligência'. Essa mutação se faz acompanhar de novas metamorfoses do trabalho. O trabalho abstrato simples, que desde Adam Smith era considerado como a fonte do valor, é agora substituído por trabalho complexo. O trabalho de produção material, mensurável em unidades de produtos por unidades de tempo, é substituído por trabalho dito imaterial, ao qual os padrões clássicos de medida não mais podem se aplicar" (Gorz, 2005:15).

A UNIDADE DOS CONTRÁRIOS | 65

Para Zahran (1998) o processo é o elo entre pessoas, equipes, tecnologia, estruturas organizacionais e a gestão em um todo coerente que focaliza os objetivos e as metas de um negócio. Portanto:

- o processo e a forma de apoiá-lo devem nortear a definição dos papéis organizacionais e suas responsabilidades, das práticas gerenciais, das habilidades requeridas e da seleção e instalação da tecnologia;
- a organização deve especificar as funções a desempenhar e monitorar as atividades do processo;
- a gerência deve prover a direção estratégica e gerenciar o desempenho do processo;
- os técnicos devem ter habilidades para desempenhar com competência as atividades do processo, e a tecnologia deve automatizá-las e apoiá-las.

Para Lonchamp (1993), um processo de software é formado por um conjunto de passos (atividades) parcialmente ordenados, associados a papéis, ferramentas e artefatos, tendo como objetivo produzir e manter os produtos de software requeridos, ou seja, gerar ou modificar um conjunto de artefatos. Atividades incorporam e implementam procedimentos, normas e políticas; podem ser executadas por agentes humanos com o apoio de ferramentas, ou executados de forma totalmente automática (sem intervenção humana).

Uma atividade aloca recursos (por exemplo, máquinas e orçamento), é escalonada, monitorada e atribuída a desenvolvedores (agentes), que podem utilizar ferramentas para executá-las. Um "agente" está relacionado às atividades de um processo e pode ser um funcionário ou uma ferramenta automatizada. Diferentes agentes terão percepções diferentes acerca do que acontece durante o processo de produção de software. Por sua vez, cada artefato resulta de uma atividade (Rocha, Oliveira e Vasconcelos, 2004).

66 | FÁBRICA DE SOFTWARE

Vários tipos de informação devem ser integrados em um modelo de processo para indicar quem, quando, onde, como e por que os processos são realizados. Podemos classificar um processo de desenvolvimento de software em dois tipos, segundo sua forma de execução.

- *Tradicional* (ou processo "pesado") — tem como foco principal o levantamento e o detalhamento rigoroso dos requisitos do sistema antes do início do desenvolvimento. Nesse levantamento, todas as necessidades do cliente são definidas e documentadas, sendo que para cada um dos requisitos são gerados documentos agregados, tornando os processos de análise e projeto bastante demorados e de difícil manutenção, caso alguma especificação seja alterada. É caracterizado pelo planejamento detalhado das fases sequenciais de processo e pela disponibilização de artefatos gerados numa fase para a fase seguinte (Pressman, 2000).

- *Ágil* (ou processo "leve") — tem como foco principal a eficiência, ficando no meio-termo entre a inexistência e o rigor de um processo tradicional. Trabalha com a premissa de que as mudanças são inevitáveis e propõe que a análise de requisitos seja extremamente mutável (Beck, 2000). Assim, os replanejamentos são constantes, não havendo uma etapa exclusiva para tal, e o foco está na versatilidade da codificação. Pressupõe que cada atividade deve agregar valor ao processo, à comunicação, à adaptabilidade e ao aprendizado constante. Sendo sua gestão orientada a pessoas, é esperado um ciclo de vida curto, durante o qual a rotatividade seja mínima. Como exemplo de *processo ágil* temos o Extreme Programming (XP), metodologia de desenvolvimento de software nascida nos Estados Unidos no final da década de 1990 (Jeffries, 2001).

Quanto ao *processo tradicional*, que pode ser instanciado e customizado de acordo com o porte da aplicação ou da organização, a burocracia lhe agrega uma quantidade de tarefas maior do que aquelas previstas no *processo ágil*, com previsível impacto no prazo de execução. Porém, a informalidade do *processo ágil* dificulta o desenvolvimento de software quando as regras do negócio são complexas, ou cujo escopo é grande, ou desenvolvido por uma equipe numerosa e/ou distribuída geograficamente, uma vez que a arquitetura do software pode ser definida e refinada a todo o momento.

As "fábricas" que atendem ao modelo de *outsourcing* de sistemas são orientadas ao *processo tradicional*. Em muitos casos, o próprio cliente exige a certificação da fábrica em um modelo de qualidade mundialmente reconhecido, o que força a necessidade de clara definição dos processos, bem como da metodologia de coleta e acompanhamento das métricas de produção. Cabe fazer referência a uma experiência, relatada por Fowler (2006), de implantação de um *processo ágil* em *outsourcing* de sistemas. Assim, a concepção desse processo de desenvolvimento em cada fábrica de software não é genérica, e deve estar adequada ao tipo e contexto dessa fábrica, considerando:

- finalidade da fábrica de software: desenvolver pacotes (tais como sistemas de gestão — ERP[46]) ou software sob encomenda;
- processos básicos de produção de software: desenvolvimento e/ou manutenção (corretiva, evolutiva ou legal);
- características do cliente, como, por exemplo, sua precisão ao enunciar requisitos;
- perfil das equipes, em termos de conhecimento e experiência não apenas nas ferramentas utilizadas na fábrica, mas no negócio do cliente;
- disponibilidade de recursos *versus* paralelismo de projetos encomendados à fábrica;
- diversidade das plataformas de desenvolvimento.

---

[46] *Enterprise resource planning* é um pacote de aplicações que integra todos os departamentos de uma empresa. A grande vantagem dessa tecnologia é que todos os dados passam a fluir pela companhia, eliminando relatórios em papel e fornecendo informações, em tempo real, da operação para a tomada de decisão.

68 | FÁBRICA DE SOFTWARE

Tais fatores também são determinantes na escolha das ferramentas automatizadas de apoio aos processos de construção e gestão de software, do tratamento de defeitos e falhas a ser adotado, da infraestrutura computacional e de rede necessária.

REFERÊNCIAS

BECK, K. *Extreme Programming Explained*: Embrace Change. Boston: Addison-Wesley, 2000.

BENJAMIN, W. *Passagens*. Belo Horizonte: UFMG; São Paulo: Imprensa Oficial do Estado de São Paulo, 2006.

BODDY, M. Reestruturação industrial, pós-fordismo e novos espaços industriais: uma crítica. In: VALLADARES, L.; PRETECEILLE, E. (org.). *Reestruturação urbana*: tendências e desafios. São Paulo/Rio de Janeiro: Nobel/Iuperj, 1990.

BORNHEIM, G. *Dialética*: teoria, práxis. Porto Alegre: Globo; São Paulo: Edusp, 1977.

BOYER, R. (coord.). *La flexibilidad del trabajo en Europa*. Un estudio comparativo de las transformaciones del trabajo asalariado en siete países, entre 1973 y 1985. Madri: Ministério de Trabajo y Seguridad Social, 1986.

BRAVERMAN, H. *Trabalho e capital monopolista*: a degradação do trabalho no século XX. Rio de Janeiro: Zahar, 1977.

BRITO, J. A. J. *Metodologia para gestão do processo de qualidade de software para incremento da competitividade da mobile*. S.l.: s.n., 2004. Disponível em: <http://www.mct.gov.br>. Acesso em: 1 jan. 2008.

CARAVANTES, G. R. *Teoria geral da administração*: pensando e fazendo. Porto Alegre: AGE, 1998.

CASTRO, A. B.; POSSAS, M. L.; PROENÇA, A. *Estratégias empresariais na indústria brasileira*: discutindo mudanças. Rio de Janeiro: Forense Universitária, 1996.

CESAR. R. Fábrica de software: uma vocação nacional? *Computerworld*, 28 abr. 2003. Disponível em: http://computerworld.uol.com.br/nego-

A UNIDADE DOS CONTRÁRIOS | 69

cios/2003/04/28/idgnoticia.2006-05-15.3220032523/>. Acesso em: 1 jan. 2008.

CHÂTELET, F. *História da filosofia*: ideias, doutrinas. Rio de Janeiro: Zahar, 1973. v. 1.

CHIAVENATO, I. *Teoria geral da administração*. São Paulo: McGraw-Hill, 1979. 2 v.

CLEGG, S. R. et al. (org.). *Handbook de estudos organizacionais*. São Paulo: Atlas, 1999. v.1.

CORIAT, B. *El taller y el robot*: ensayos sobre el fordismo y la producción en masa en la era de la electrónica. 2. ed. Madri: Siglo Veintiuno, 1993.

_____. *Pensar pelo avesso*: o modelo japonês de trabalho e organização. Rio de Janeiro: Revan/UFRJ, 1994.

DAL ROSSO, S. *Mais trabalho!* A intensificação do labor na sociedade contemporânea. São Paulo: Boitempo, 2008.

DEDECCA, C. S. Racionalização econômica e heterogeneidade nas relações e nos mercados de trabalho no capitalismo avançado. In: MATTOSO, J. E. L.; OLIVEIRA, C. A. B. (org.). *Crise e trabalho no Brasil*: modernidade ou volta ao passado? São Paulo: Scritta, 1996. p. 55-79.

D'HONDT, J. *Hegel*. Lisboa: Edições 70, 1984.

DICTIONARY OF NATIONAL BIOGRAPHY. S.n.t. Disponível em: <www.oxforddnb.com>. Acesso em: 3 maio 2011.

DURAND, C. *Le Travail enchainé*. Paris: Seuil, 1978.

FERNANDES, A. A. *Fábrica de software*: fatores motivadores, restrições e tendências. S.l.: s.n., 2005. Disponível em: <http://www.redepro.rs.gov.br/docs/11177116862Seminario_redepro_palestra_1.pdf>. Acesso em: 22 abr. 2007.

_____; TEIXEIRA, D. S. *Fábrica de software*: implantação e gestão de operações. São Paulo: Atlas, 2004.

FERREIRA, C. et al. Alternativa sueca, italiana e japonesa ao paradigma fordista: elementos para uma discussão sobre o caso brasileiro. *Cadernos do Cesit*. Texto para discussão n. 4. Campinas: Unicamp, 1991. Disponível em: <http://www.cesit.org/arquivos/04CadernosdoCESIT.pdf>. Acesso em: 31 ago. 2011.

FINZI, R. Lênin, Taylor, Stakhanov: o debate sobre a eficiência econômica após outubro. In: HOBSBAWM, E. (org.). *História do marxismo*: o marxismo na época da Terceira Internacional — a URSS da construção do socialismo ao stalinismo. Rio de Janeiro: Paz e Terra, 1986. p. 137-157.

FLEURY, P. F.; ARKADER, R. Ameaças, oportunidades e mudanças: trajetórias de modernização industrial no Brasil. In: CASTRO, A. B.; POSSAS, M. L.; PROENÇA, A. (org.). *Estratégias empresariais na indústria brasileira*: discutindo mudanças. Rio de Janeiro: Forense Universitária, 1996. p. 253-288.

FORD, H. *Os princípios da prosperidade*: minha vida e minha obra. São Paulo/ Rio de Janeiro: Freitas Bastos, 1964.

FOWLER, M. *Using an Agile Software Process with Offshore Development*. S.l.: s.n., 18 July 2006. Disponível em: <http://martinfowler.com/articles/agileOffshore.html>. Acesso em: 31 ago. 2011.

GALBRAITH, J. K. *O pensamento econômico em perspectiva*: uma história crítica. São Paulo: Pioneira/Edusp, 1989.

GARTNER GROUP. Site oficial. S.l.: s.n., 2007. Disponível em: <www.gartner. com.>. Acesso em: 22 jun. 2007.

GORZ, André. *O imaterial*: conhecimento, valor e capital. São Paulo: Annablume, 2005.

GRAMSCI, A. *Cadernos do cárcere*. Rio de Janeiro: Civilização Brasileira, 2001. v. 4.

GREENFIELD, J.; SHORT, K. *Software Factories*: Assembling Applications with Patterns, Models, Frameworks and Tools. Indianápolis: Wiley, 2003.

HARVEY, D. *Condição pós-moderna*. São Paulo: Loyola, 1992.

HEGEDÜS, A. A construção do socialismo na Rússia: o papel dos sindicatos, a questão camponesa, a nova política econômica. In: HOBSBAWM, E. (org.) *História do marxismo*: o marxismo na época da Terceira Internacional — a URSS, da construção do socialismo ao stalinismo. Rio de Janeiro: Paz e Terra, 1986.

HELOANI, R. *Organização do trabalho e administração*: uma visão multidisciplinar. São Paulo: Cortez, 1994.

HERF, J. *O modernismo reacionário*: tecnologia, cultura e política na República de Weimar e no Terceiro Reich. São Paulo: Ensaio; Campinas: Editora da Unicamp, 1993.

A UNIDADE DOS CONTRÁRIOS | 71

HIRSCHHORN, L. *Beyond mechanization*. Cambridge, MA: MIT Press, 1984.

HUMPHREY, W. *Managing the Software Process*. Reading, MA: Addison-Wesley, 1989.

JAPIASSU, H.; MARCONDES, D. *Dicionário básico de filosofia*. Rio de Janeiro: Jorge Zahar Editor, 1990.

JEFFRIES R. *What is Extreme Programming?* S.l.: s.n., 2001. Disponível em: <http://xprogramming.com/book/whatisxp/>. Acesso em: 15 out. 2008.

KANIGEL, R. *The One Best Way, Frederick Winslow Taylor and the enigma of efficiency*. Nova York: Viking, 1997.

KATZ, C. et al. *Novas tecnologias*: crítica da atual reestruturação produtiva. São Paulo: Xamã, 1995.

KRIPALANI, M. The Rise of India: Growth Is Only Just Starting. *Business Week Magazine*, Dec. 8, 2003. Disponível em: <www.businessweek.com/magazine/content/03_49/b3861001_mz001.html>. Acesso em 29 ago. 2006.

LEITE, Márcia de Paula. *O futuro do trabalho*: novas tecnologias e subjetividade operária. São Paulo: Scritta, 1994.

LIPIETZ, A. As relações capital-trabalho no limiar do século XXI. *Ensaios FEE*, Porto Alegre, v. 12, n. 1, p. 101-130, 1991.

LIPIETZ, A.; LEBORGNE, D. O pós-fordismo e seu espaço. *Espaço & Debates*, São Paulo, v. 8, n. 25, p. 12-29, 1988.

LODI, J. B. *História da administração*. São Paulo: Pioneira, 1971.

LONCHAMP, P. A Structured Conceptual and Terminological Framework for the Software Process Engineering. In: INTERNATIONAL CONFERENCE ON THE SOFTWARE PROCESS, 2, Berlim, 1993. *Proceedings...* Berlim: s.n., 1993.

MEDEIROS, V. et al. Construindo uma fábrica de *software*: da concepção às lições aprendidas. In: LATIN AMERICAN CENTER OF STUDIES IN COMPUTER SCIENCE (Clei), 30, 2004. *Anais...* Arequipa, Peru: Clei, 2004.

MEYERS, F. E. *Motion and Time Study:* Improving Work Methods and Management. Nova Jersey: Regente/Prentice-Hall, 1992.

MORGAN, G. Paradigmas, metáforas e resolução de quebra-cabeças na teoria das organizações. *Revista de Administração de Empresas*, São Paulo, v. 45, n. 1, p. 58-71, jan./mar. 2005.

MOTTA, F. P. *Teoria geral da administração*: uma introdução. São Paulo: Pioneira, 1979.

_____. *Teoria das organizações*: evolução e crítica. São Paulo: Pioneira, 1986.

NETO, B. R. de M. *Marx, Taylor, Ford*: as forças produtivas em discussão. São Paulo: Brasiliense, 1989.

PRESSMAN, R. S. *Software Engineering*: a Practitioner's Approach. Nova York: McGraw-Hill International Edition, 2000.

RAMOS, A. G. *A nova ciência das organizações*: uma reconceituação da riqueza das nações. Rio de Janeiro: FGV, 1981.

_____. *Uma introdução ao histórico da organização racional do trabalho*. Brasília: Conselho Federal de Administração, 2009.

ROCHA, A. R. C. et al. *Qualidade de software:* teoria e prática. São Paulo: Prentice Hall, 2001.

ROCHA, T. A.; OLIVEIRA, S. R. B.; VASCONCELOS, A. M. L. Adequação de processos para fábrica de software. In: SIMPÓSIO INTERNACIONAL DE MELHORIA DE PROCESSOS DE SOFTWARE, 6, 2004, São Paulo. *Anais...* S.n.t. Disponível em: <http://www.simpros.com.br/apresentacoes_pdf/artigos/art_12_simpros2004.pdf>. Acesso em: 15 out. 2008.

SALERNO, M. S. Mudança organizacional e trabalho direto em função de flexibilidade e performance da produção industrial. *Produção*, São Paulo, v. 4, n. 1, p. 5-22, jun. 1994.

SMITH, A. *A riqueza das nações*: investigação sobre sua natureza e suas causas. São Paulo: Abril, 1983.

SOUZA, J. C. *Os pré-socráticos*: fragmentos, doxografia e comentários. São Paulo: Abril Cultural, 1973.

SOUZA SANTOS, B. *Pela mão de Alice*: o social e o político na pós-modernidade. São Paulo: Cortez, 1995.

SPINDOLA, B. et al. Definição e melhoria de processo de software em uma fábrica de software livre. In: SIMPÓSIO INTERNACIONAL DE MELHORIA DE PROCESSOS DE SOFTWARE, 6, 2004, São Paulo. *Anais...* S.n.t. Disponível em: <http://www.cin.ufpe.br/~in953/publications/papers/DefinicaoeMelhoriaDeProcessosEmUmaFabricaEmDeSoftwareLivre.pdf >. Acesso em: 15 out. 2008.

A UNIDADE DOS CONTRÁRIOS | 73

SWANSON, K. et al. Application Software Development: Applying Total Quality Techniques to System Development. *MIS Quarterly*, Minneapolis, v. 15, n. 4, p. 567-579, Dec. 1991.

TAYLOR, F. W. *Princípios de administração científica*. Rio de Janeiro: Presidência da República/Dasp, 1948.

TENÓRIO, F. G. A flexibilização da produção significa a democratização do processo de produção? In: ENCONTRO ANUAL DA ANPAD, 18, 1994, Curitiba. *Anais...* Curitiba: Anpad, 1994. v. 9.

_____. *Tem razão a administração?* Ensaios de teoria organizacional. 3. ed. Ijuí: Editora Unijuí, 2008.

TIGRE, P. B. Informática como base técnica do novo paradigma. *Revista São Paulo em Perspectiva*, São Paulo, v. 7, n. 4, p. 26-33, out./dez. 1993.

VALLE, R.; PEIXOTO, J. A. Certificação da qualidade e opções organizacionais: histórico e estudo de caso no Brasil. In: ENCONTRO ANUAL DA ANPOCS, 18, 1994, Caxambu. *Anais...* Caxambu: Anpocs, 1994, p. 1-25.

VERGARA, J. M. *La organización científica del trabajo*: ciencia o ideología? Barcelona: Fontanella, 1971.

VERGARA, S. C.; CALDAS, M. P. Paradigma interpretacionista: a busca da superação do objetivismo funcionalista nos anos 1980 e 1990. *Revista de Administração de Empresas*, São Paulo, v. 45, n. 4, p. 66-72, out./dez. 2005.

WAHRLICH, B. M. S. *Reforma administrativa na era Vargas*. Rio de Janeiro: Editora FGV, 1983.

WARNIER, J. *Computers and Human Intelligence*. Englewood, Cliffs, NJ: Prentice-Hall, 1986.

WOMACK, J. P. et al. *A máquina que mudou o mundo*. Rio de Janeiro: Campus, 1992.

ZAHRAN, S. *Software Process Improvement*: Practical Guidelines for Business Success. Harlow, England: Addison-Wesley, 1998.

ZUBOFF, S. Autonomizar/informatizar: as duas faces da tecnologia inteligente. *Revista de Administração de Empresas*, São Paulo: FGV, v. 34, n. 6, p. 80-91, nov./dez. 1994.

CAPÍTULO II

Aspectos metodológicos

Fernando G. Tenório e
Rogerio Valle

O TEMA DE INTERESSE:
A FLEXIBILIZAÇÃO ORGANIZACIONAL

O interesse teórico que conduziu a pesquisa tem como foco a flexibilização organizacional inerente ao pós-fordismo. Esse conceito designa o afastamento das empresas em relação ao fordismo, entendido como o gerenciamento tecnoburocrático de uma mão de obra especializada (ou seja, preparada especificamente para o desempenho de alguma tarefa simples e delimitada), que trabalha sob técnicas repetitivas de produção de objetos padronizados. Os trabalhos realizados buscaram examinar a hipótese, detalhadamente descrita em Tenório (2002), de que não há rupturas bruscas na passagem do fordismo ao pós-fordismo, mas, em vez disso, um continuum entre esses dois extremos. Portanto, várias formas organizacionais diferentes, todas reivindicando ser pós-fordistas, podem ser localizadas ao longo de um mesmo continuum.

Essa flexibilização se dá em diversas dimensões das organizações. Neste capítulo, concentramo-nos nas seguintes mudanças em direção ao pós-fordismo:

- flexibilização da estrutura organizacional;
- flexibilização do conhecimento organizacional;
- flexibilização das relações de trabalho.

O estudo buscou investigar como cada uma dessas dimensões se flexibilizou nas duas últimas décadas graças à adoção de soluções organizacionais ou de paradigmas que vão na direção do pós-fordismo. Buscou também verificar quais as consequências operacionais e sociais mais significativas dessa flexibilização.

O OBJETO DE ANÁLISE: A PRODUÇÃO DE SOFTWARES

Nosso tema de interesse foi investigado no setor de softwares. Na década de 1990, havia, segundo Cusumano (apud Motta e Vasconcelos, 2006), três modelos de produção predominantes no desenvolvimento de softwares, cada um correspondendo a um tipo de produto.

- Produção *job-shop*: empresas que desenvolviam produtos individualizados, por meio de projetos únicos adaptados especificamente às necessidades de cada cliente. Assim, cada projeto exigia regras, componentes e ferramentas próprios. As equipes de trabalho eram montadas e desfeitas constantemente, de acordo com o projeto em que atuavam. Os profissionais, altamente qualificados, eram especialistas em um tipo específico de sistema. A mão de obra não podia ser facilmente intercambiada.

- Fábricas flexíveis de projeto e produção de softwares: nesse caso, os produtos eram semipadronizados. Produtos semiprontos eram mantidos em estoque e, no momento adequado, finalizados, adaptados e configurados de acordo com as necessidades específicas dos clientes.

- Fábricas convencionais de projeto e produção de softwares: desenvolviam apenas produtos totalmente padronizados e com componentes intercambiáveis. A estratégia aqui era a economia de escala, graças à utilização de procedimentos e de formas de produção inteiramente padronizados.

Note-se que esses três modelos de desenvolvimento de softwares se inspiravam abertamente na indústria. O primeiro deles é a forma clássica de organização de pequenas oficinas mecânicas. O terceiro corresponde exatamente às fábricas fordistas. O segundo, como forma intermediária, mesclava um início fordista e um encerramento *job-shop*.

HIPÓTESES E OBJETIVOS ESPECÍFICOS

O trabalho empírico debruçou-se sobre três fábricas de softwares, fornecedores de recursos humanos e um cliente. Na escolha dessas organizações, buscou-se garantir uma razoável distribuição geográfica pelo país, para reduzir a possibilidade de vieses logísticos e culturais.

A cada uma das três fábricas de software analisadas, fez-se corresponder apenas uma das três dimensões organizacionais acima listadas. Evidentemente, teria sido possível adotar outro procedimento, analisando em cada fábrica eventuais flexibilizações tanto de estruturas quanto de formas de conhecimento e de relações de trabalho. Contudo, julgamos mais conveniente concentrar a análise apenas na dimensão que mais se destacasse em cada caso.

O estudo do fornecimento de recursos humanos se restringiu à formação de profissionais de nível superior. Foram levantados dados em oito instituições de ensino, com o intuito de verificar em que medida elas preparavam o futuro pessoal das fábricas de software para trabalhar em organizações flexíveis.

Finalmente, buscamos comprovar o desempenho das fábricas de software, levantando a avaliação de seus produtos por usuários de uma grande empresa. O produto, nesse caso estudado, era um sistema de gestão, aliás, tido como ferramenta para a flexibilização organizacional do próprio cliente.

Daremos, a seguir, uma descrição mais detalhada de cada uma dessas subpesquisas.

Flexibilização da estrutura organizacional numa fábrica de softwares

Quando o processo de desenvolvimento de softwares de uma empresa é alterado, há mudanças radicais no modo como as pessoas trabalham e mesmo no modo como elas veem e valorizam seu trabalho. Tais mudanças são muito mais marcantes do que a substituição de tecnologias ou de ferramentas, que muitas vezes não chegam a alterar o processo.

Entre novembro de 2005 e maio de 2008, a empresa objeto deste estudo passou por esse tipo de mudanças radicais. Uma mudança na estrutura organizacional — a extinção da Diretoria de Negócios e a criação da Diretoria de Relacionamento, Desenvolvimento e Informações — criou a oportunidade para a introdução do conceito de fábrica de softwares. De fato, a nova diretoria foi departamentalizada segundo os diferentes processos de desenvolvimento de software, ao contrário da antiga, que era departamentalizada por linhas de negócio.

Em conformidade com o interesse teórico de todo o trabalho, os pesquisadores investigaram se, nesse caso, a estruturação da nova diretoria em torno do conceito de fábrica de softwares significaria um retorno ao modelo fordista de organização. Aparentemente, a nova forma organizacional parecia se aproximar mais do modelo *job-shop* do que do fordista.

Para obter uma resposta, os pesquisadores levantaram o nível de aumento da especialização dos trabalhadores envolvidos diretamente nas tarefas de desenvolvimento de software e verificaram eventuais manifestações dos princípios fordistas de intensificação e produtividade.

Antes, porém, foi preciso analisar a implantação da fábrica de software, mapeando as alterações na gestão do processo e nas técnicas de desenvolvimento, bem como avaliando seu nível de automatização.

Foram realizadas nove entrevistas individuais, todas gravadas, com os principais ocupantes de cargos técnicos e de chefia diretamente envolvidos com o processo de desenvolvimento de software. As entrevistas eram abertas, e foi solicitado ao entrevistado que explanasse sua visão das transformações no processo de desenvolvimento de softwares provocadas pela mudança na estrutura organizacional da empresa.

A seguir, foi aplicado um questionário numa amostra dos trabalhadores que atuam nos processos de desenvolvimento de software localizados nas unidades do Ceará, Paraíba e Santa Catarina. O questionário foi enviado por e-mail para 222 potenciais respondentes, obtendo-se 20 respostas.

O trabalho pôde se valer também de importantes documentos e relatórios, disponibilizados pela nova diretoria.

Flexibilização da gestão de conhecimentos:
estudo comparado entre duas fábricas de software
de um grande fornecedor privado do setor público

A segunda pesquisa envolveu duas fábricas de softwares de uma mesma empresa. Cada uma delas atende hoje a um único cliente com diversos projetos, mas a empresa deseja que futuramente elas passem a receber outras grandes demandas. A primeira fábrica segue um modelo fordista, mas para a segunda, criada dois anos mais tarde, optou-se por soluções semiflexíveis. Ambas são estruturadas pelas diversas competências requeridas pelo processo de desenvolvimento (requisitos e escopo, projeto lógico e físico, implementação, testes etc.), podendo, eventualmente, uma competência estar subdividida em células para *mainframes* e células para baixa plataforma.

Ambas são fábricas de projeto de softwares e não apenas de programas, como a maior parte das fábricas de softwares. Mais ainda, não são específicas para um dado projeto de software, como é comum. Esse escopo mais amplo requer das equipes maior conhecimento do negócio ao qual se destina o software. Por haver essa intensidade de conhecimento, qualquer aumento na rotatividade de pessoal se torna um grave problema para a gestão de fábricas de projeto de software, com mais forte razão se estas lidam, como nos dois casos estudados, com vários projetos, cada um deles com seus próprios pré-requisitos em termos de conhecimento do negócio a ser atendido pelo software. Em fábricas de programas, o quadro não é tão ameaçador para a gestão, pois basta ao trabalhador conhecer as ferramentas utilizadas para desenvolvimento: a tarefa a ser por ele executada já vem detalhada a tal ponto que ele pode até mesmo desconhecer as características do usuário, da rotina operacional a ser atendida pelo software e das regras aplicadas.

Em consonância com o interesse teórico de toda a pesquisa, desejava-se estudar, por um lado, como processos de produção compostos por tarefas criativas e intensivas em conhecimento se adaptam ou não aos mecanismos de controle fordistas da primeira fábrica; por outro, por que esses mecanismos não foram adotados na segunda fábrica, cuja criação foi inspirada, em vários outros aspectos, pela experiência da fábrica anterior.

Trata-se, portanto, de um estudo comparativo. Em cada fábrica, foram entrevistados os cargos de mais alto nível e os coordenadores de cada competência, num total de 12 pessoas. Foram também levantados em campo dados sobre os processos: gestão, ferramentas, indicadores e passagem de conhecimento.

A seguir, foram aplicados dois modelos de questionário, análogos, mas adaptados ao conjunto de competências de cada fábrica. Os ques-

ASPECTOS METODOLÓGICOS | 81

tionários foram enviados a todos os membros das equipes de competências (exceto aos responsáveis e coordenadores, que já haviam sido entrevistados). Os questionários buscavam a ótica dos empregados a respeito dos processos. Assim, além de seu perfil, pediam informações sobre a troca de conhecimentos com trabalhadores atrás e à frente na linha de desenvolvimento, sobre o grau de satisfação com o trabalho realizado e sobre as possibilidades de criação de conhecimentos. Os dados levantados passaram por tratamento estatístico.

Flexibilização das relações de trabalho
na fábrica de softwares de uma média empresa privada

A hipótese que norteou o terceiro estudo foi que a flexibilização organizacional no ambiente das fábricas de softwares brasileiras pode gerar conflitos e degradação das relações de trabalho. Ele não se propôs analisar possíveis alterações no clima e na cultura organizacional decorrentes da flexibilização, nem a reação de trabalhadores e de clientes. Buscou:

- verificar as formas de contratação dos trabalhadores diretamente envolvidos nas tarefas da fábrica de software;
- verificar quais benefícios (além dos definidos na CLT) são oferecidos e como são distribuídos entre os colaboradores, nas diferentes formas de contratação e grupos de funções existentes na fábrica;
- verificar as relações entre as funções e a existência de flexibilidade de horário no cumprimento das tarefas, assim como no gozo de férias e de trabalho nos finais de semana;
- finalmente, identificar como os funcionários consideram as relações de chefia.

Por meio de questionários e entrevistas, buscamos identificar e analisar essas relações de trabalho, sem preocupações históricas nem prescritivas. O universo foi uma empresa brasileira, representativa desse mercado, situada no Rio de Janeiro. Em suas entrevistas, o diretor-presidente e o gerente de RH responderam a um questionário, explicado pelos pesquisadores, cujo foco era a tipificação da empresa e a sua adesão à flexibilização organizacional. Foram também selecionados trabalhadores diretamente envolvidos com o processo de desenvolvimento de software, lotados nas linhas de produção de software de três grandes clientes. Eles responderam, também com a ajuda dos pesquisadores, a um questionário tendo como foco seu nível de especialização, as relações de trabalho entre eles e a empresa e sua visão quanto à flexibilização organizacional e à flexibilização das relações de trabalho. Os dados levantados com o questionário foram tratados quantitativamente, por meio de procedimentos estatísticos paramétricos, e, em seguida, interpretados. Os dados obtidos nas entrevistas foram tratados qualitativamente, através da técnica de análise de conteúdo.

O ensino superior e as fábricas de softwares

Este quarto estudo teve como objetivo descobrir se os principais cursos de Ciência da Computação, Informática e Engenharia de Sistemas da cidade do Rio de Janeiro formam profissionais adequados às necessidades das fábricas de software. Para isso, buscamos:

- identificar como o meio acadêmico (professores e alunos) situa o fenômeno fábrica de softwares no continuum fordismo/pós-fordismo, no que diz respeito às características de operação e às qualificações necessárias;
- identificar as grades curriculares dos cursos de graduação oferecidos;

ASPECTOS METODOLÓGICOS | 83

- comparar as informações coletadas com o perfil profissional recomendado pelo referencial teórico, apontando afinidades e lacunas.

O universo do estudo compreendeu todos os cursos com grau igual ou superior a três no Enade (Exame Nacional de Desempenho dos Estudantes) realizado em 2005 pelo Inep (Instituto Nacional de Estudos e Pesquisas Educacionais). Dos 12 cursos selecionados, quatro não responderam aos contatos dos pesquisadores ou haviam sido fechados. A pesquisa não objetivou produzir nenhuma classificação dos cursos analisados.

As fontes de informações e suas respectivas formas de tratamento foram as seguintes:

- Documentos das instituições de ensino (currículos de curso, ementas das disciplinas, e-mails etc.) permitiram a organização de uma planilha relacionando as qualificações previstas pela teoria e os conteúdos oferecidos pelos cursos. Com base nas ementas, foi identificado o principal tema abordado em cada disciplina. A adequação da grade curricular de cada curso foi avaliada pelo número de disciplinas ofertadas para cada qualificação no modelo de referência. Foram feitas duas análises, uma considerando tanto as disciplinas obrigatórias quanto as opcionais (optativas ou eletivas) e outra considerando apenas as obrigatórias.
- Entrevistas com coordenadores e professores propiciaram evidências que confirmassem a orientação do curso. Pela análise do conteúdo das respostas, foram identificados os pontos que confirmassem ou contradissessem o resultado obtido com a análise da grade curricular de cada curso.
- Questionários foram aplicados a alunos em vias de concluir seus cursos. Optou-se por uma versão eletrônica, de modo a que os estudantes pudessem responder no horário que lhes fosse mais

conveniente. Não houve preocupação com a representatividade estatística. Foram feitas duas tabulações: uma de corte geral, a fim de se medir a percepção do conjunto dos alunos da amostra em relação ao fenômeno fábrica de softwares e à formação recebida nos cursos, e outra de corte por curso, para que fosse verificada a distribuição dessa percepção por cada curso. A análise valeu-se de estatística descritiva simples.

Avaliação dos produtos de uma fábrica de softwares por usuários de uma grande empresa privada

O objetivo deste capítulo foi descrever a percepção dos funcionários de uma grande empresa quanto à utilização, em sua rotina de trabalho, de produtos oriundos de uma fábrica de softwares. Na arquitetura geral dessa pesquisa, o estudo visava, portanto, ao ponto de vista dos usuários. Ele levantou dados em uma grande empresa privada, concessionária de energia elétrica na região Norte, que possui 4.300 funcionários (entre próprios e terceirizados) e atende a mais de 1 milhão de unidades consumidoras em mais de 100 municípios do estado em que atua. A empresa possui uma estrutura organizacional baseada na gestão por processos, com apenas três níveis hierárquicos.

O universo de pesquisa foi composto por todos os usuários de softwares de gestão, incluindo a média gerência da empresa. A amostra estratificada, representando aproximadamente 10% do universo, era composta por 26 usuários gerentes e 64 usuários de nível operacional. Foram aplicados questionários semiestruturados com uma única questão aberta e várias perguntas objetivas cujas respostas estavam modeladas em escala Likert. Na questão aberta os usuários foram solicitados a exprimir suas opiniões sobre a influência dos produtos de software no seu trabalho. As respostas foram tratadas por análise de conteúdo e serviram de base para a interpretação dos dados quantitativos obtidos por meio das perguntas objetivas.

Os capítulos seguintes apresentarão, separadamente, cada um desses elementos constituintes da pesquisa realizada.

REFERÊNCIAS

MOTTA, F. C. P.; VASCONCELOS, I. F. F. G. de. *Teoria geral da administração*. São Paulo: Pioneira Thomson Learning, 2006.

TENÓRIO, F. G. *Flexibilização organizacional*: mito ou realidade? Rio de Janeiro: Editora FGV, 2002.

Capítulo III

Fábrica de software sob a ótica da estrutura organizacional: o caso de uma empresa pública

Claudio de Souza Osias

INTRODUÇÃO AO ESTUDO DE CASO

Como vimos no capítulo 1, mudanças significativas ocorridas em todos os setores de desenvolvimento de software determinaram sua evolução. A busca pela excelência empresarial — associada à evolução das operações, dos processos, das plataformas e das metodologias de desenvolvimento —, e as pressões do mercado por mais qualidade e menores custos na prestação de serviços de TI demandaram a mudança do paradigma do desenvolvimento de software. Conceitos como fábrica de software, "*outsourcing* de sistemas", tecnologia da informação (TI) e *software product line* (SPL); processos como a *extreme programming* (XP), *adaptative software development* (ASD) e *lean development* (LD); plataformas como *Java*, *.NET* e *XML*; e análise estruturada, análise essencial e análise orientada para objetos associam-se a outros requisitos, como maturidade, segurança e *compliance* para marcarem esse processo evolutivo do desenvolvimento de software.

O processo determinou uma mudança no paradigma do desenvolvimento do software, a fábrica de software, que, a partir da utilização dos preceitos de engenharia associados à manufatura, tem na agregação de valor sua principal referência (Fernandes e Teixeira, 2007). Essa perspectiva compreende, segundo Fernandes e Teixeira: a) métodos e ferramentas-padrão; b) apoio automatizado para o desenvolvimento; c) planejamento disciplinado, análise e controle de processos; d) códigos e componentes reutilizáveis.

A busca pela qualidade, produtividade e o baixo custo de produção são requisitos perseguidos pelas fábricas de software, tal como orientaram as organizações fabris preconizadas por Taylor, Fayol e Ford no século XX. Taylor demonstrou as grandes vantagens produtivas da divisão do trabalho e da especialização, quando comparadas aos tradicionais sistemas que não empregavam tais princípios. Fayol apresentou uma divisão das operações da empresa de acordo com as funções essenciais que precisam ser desempenhadas em qualquer organização e estabeleceu 14 princípios (tais como: divisão do trabalho, unidade de comando, unidade de direção, centralização e hierarquia) que devem ser observados para o bom desempenho das funções administrativas. Ford aperfeiçoou o sistema de trabalho em linhas de montagem, a produção em massa, e fundamentou sua metodologia de gestão do trabalho em três princípios básicos: intensificação, economicidade e produtividade (Tenório, 2007).

Foi sob essa ótica que este capítulo se propôs estudar os impactos produzidos pela mudança do processo de desenvolvimento de software.

No ambiente de negócios, significativas e aceleradas transformações têm provocado mudanças na forma como as empresas organizam suas atividades internamente, mais evidenciadas nas alterações das estruturas organizacionais. A implantação desses novos arranjos combina ativos e recursos produtivos a fim de se alcançarem melhores resultados para a sociedade em geral e, em particular, para os acionistas. Ou seja: a finalidade de uma empresa é atingir os objetivos para os quais foi criada, sejam eles o lucro ou a oferta de bens públicos. Para tal, a eficiência na utilização dos recursos demanda um arranjo estrutural da empresa que vá além dos organogramas e da descrição de atribuições, mas que defina uma série de aspectos que delineiam a estrutura organizacional.

Segundo Vasconcellos e Hemsley (2003),

a estrutura de uma organização pode ser definida como o resultado de um processo através do qual a autoridade é distribuída, as atividades desde os níveis mais baixos até a Alta Administração são especificadas e um sistema de comunicação é delineado permitindo que as pessoas realizem as atividades e exerçam a autoridade que lhes compete para o atingimento dos objetivos organizacionais. (Vasconcellos e Hemsley, 2003:3)

É tema recorrente nesse universo que mudanças no processo de desenvolvimento de software de uma empresa impactam a forma como as tarefas são realizadas pelos profissionais que nele atuam, bem como na maneira como estes o compreendem e dão valor ao resultado de seu trabalho. Mudanças dessa natureza afetam os profissionais e a cultura organizacional muito mais profundamente do que a mudança de tecnologia ou de ferramentas.

Como exemplo desse processo, podemos citar as mudanças implementadas na estrutura organizacional da empresa estudada entre novembro de 2005 e maio de 2008. Desde a extinção de sua Diretoria de Negócios e toda a sua estrutura funcional, que em sua departamentalização utilizava o critério de linhas de negócio, espelhando a organização do seu principal cliente, a empresa passa a adotar na nova diretoria criada, a Diretoria de Desenvolvimento, o paradigma da fábrica de software, ou seja, adota como critério de departamentalização o processo de desenvolvimento de software.

Essas e outras reflexões, questionamentos e constatações instigaram esta pesquisa, cuja finalidade era responder à seguinte pergunta: em que medida a estruturação da Diretoria de Desenvolvimento da Empresa, segundo o conceito de fábrica de software, reflete um retorno ao modelo taylorista-fordista de organização da produção?

Objetivo

O objetivo final da pesquisa nessa empresa foi identificar e analisar os impactos da nova divisão e especialização do trabalho por ela adotadas na produção de softwares. Buscou-se atingir também objetivos intermediários: identificar o nível de aumento da especialização dos trabalhadores envolvidos diretamente nas tarefas de desenvolvimento de software; verificar a manifestação dos princípios de intensificação e de produtividade elaborados por Ford; mapear as alterações ocorridas na gestão de processo de software; identificar as mudanças adotadas nas técnicas de desenvolvimento; e conferir o nível de automatização da plataforma de desenvolvimento.

Segundo Tenório (2008:61), o fordismo é

> um método de organização da produção e do trabalho complementar ao taylorismo, que se caracteriza pelo gerenciamento tecnoburocrático de uma mão de obra especializada sob técnicas repetitivas de produção de serviços ou de produtos padronizados.

Para Cusumano (apud Motta e Vasconcelos, 2006:235), existiam três modelos de produção predominantes no desenvolvimento de software na década de 1990, variando segundo o tipo de produto oferecido ao mercado, conforme apresentado no capítulo 2.

Dessa forma, a pesquisa partiu do pressuposto de que a empresa objeto deste estudo de caso, por intermédio de sua Diretoria de Desenvolvimento e mais especificamente por meio das unidades de desenvolvimento, em função das características dos serviços e produtos fornecidos, se encaixaria no tipo *job-shop organizations*, contrariando a perspectiva fordista de "mão de obra especializada sob técnicas repetitivas de produção de serviços ou de produtos padronizados" (Tenório, 2008:61).

FÁBRICA DE SOFTWARE SOB A ÓTICA DA ESTRUTURA ORGANIZACIONAL | 91

Como foi feita a pesquisa

Foram utilizadas entrevistas abertas e aplicados questionários aos trabalhadores ligados ao processo de desenvolvimento de software, a fim de se identificarem e analisarem os impactos da nova divisão e especialização do trabalho na produção de software da empresa.

O estudo não consistiu em uma análise histórica, pois tratou apenas da transição ao contexto atual da estrutura organizacional, nem se propôs fazer prescrições sobre a mudança e sobre o processo de desenvolvimento de software adotado, já que esta pesquisa teve caráter descritivo e explicativo.

Também não foram tratadas neste estudo possíveis alterações no clima e na cultura organizacional, decorrentes de mudanças ocorridas, bem como a reação dos trabalhadores e clientes.

O método de pesquisa adotado foi o estudo de caso, por se caracterizar como uma investigação empírica acerca de um fenômeno contemporâneo sobre o qual o pesquisador teve pouco controle. O estudo de caso tem a capacidade de examinar um fenômeno contemporâneo dentro do contexto da vida real e "é útil para gerar conhecimento sobre características significativas de eventos vivenciados" (Minayo, 2006:164), podendo esse conhecimento ser adquirido "a partir da exploração intensa de um único caso" (Becker, 1993:117).

O caso estudado

A empresa foi instituída por lei como uma empresa pública em 1974, com personalidade jurídica de direito privado, patrimônio próprio, autonomia administrativa e financeira e ação em todo o território nacional.

Tem como finalidades iniciais a análise de sistemas, a programação e execução de serviços de tratamento da informação e o processamento

92 | FÁBRICA DE SOFTWARE

de dados através de computação eletrônica, bem como a prestação de serviços correlatos.

Como estabelece o seu estatuto, tem por objetivo estudar e viabilizar tecnologias de informática, compreendendo sistemas operacionais e equipamento de computação, prestação de serviços de processamento e tratamento de informações, bem como o desempenho de atividades correlatas. As Unidades de Desenvolvimento de Software, objetos deste estudo, estão localizadas no Ceará, na Paraíba e em Santa Catarina.

Em 2007, contava com 3.274 trabalhadores, e, segundo dados do Relatório de Gestão 2007, em relação ao tempo na empresa, 82% dos empregados têm pelo menos 16 anos de vínculo empregatício e, apenas, 10% do contingente de trabalhadores têm até três anos de tempo de serviço. Quanto à faixa etária, 83% dos trabalhadores têm idade acima de 40 anos e 2% menos de 25 anos de idade.

Esses dados mostram que apenas 2%, ou cerca de 60 trabalhadores, saíram recentemente dos bancos escolares e foram capacitados segundo as novas tecnologias e metodologias praticadas pelo mercado no que diz respeito ao desenvolvimento de software, indicando o grande esforço que está sendo (ou deverá ser) feito pela empresa para atualizar o seu quadro de profissionais ligados a esse processo.

ASPECTOS TEÓRICOS SOBRE DIVISÃO E ESPECIALIZAÇÃO DO TRABALHO

Para atenderem às demandas da sociedade, as organizações planejam, coordenam, dirigem e controlam a produção de bens e serviços que, além de satisfazer essas necessidades, proporcionam remuneração ao investimento realizado para viabilizar o negócio. Para tal, contam com pessoas, recursos financeiros, tecnológicos, físicos e materiais, entre outros. São atores predominantes na sociedade moderna.

FÁBRICA DE SOFTWARE SOB A ÓTICA DA ESTRUTURA ORGANIZACIONAL | 93

Para Max Weber (apud Hall, 2004:27), "as organizações realizam um tipo específico e contínuo de atividades direcionadas a um propósito" e, diferenciando o "grupo corporativo" das demais organizações sociais, define que aquele

> envolve uma relação social que é fechada ou limita a admissão de novos membros por meio de regras, [...] até o ponto em que sua ordem seja imposta pela ação de indivíduos específicos que ocupam essa função usual de um chefe ou "superior" e, usualmente, também uma equipe administrativa. (Apud Hall, 2004:27)

Hall define organização como

> uma coletividade com uma fronteira relativamente identificável, uma ordem normativa (regras), níveis de autoridade (hierarquia), sistemas de comunicação e sistemas de coordenação dos membros (procedimentos); essa coletividade existe em uma base relativamente contínua, está inserida em um ambiente e toma parte de atividades que normalmente se encontram relacionadas a um conjunto de metas; as atividades acarretam consequências para os membros da organização, para a própria organização e para a sociedade. (Hall, 2004:30)

Além dessas definições que nos ajudam a entender e observar as organizações, a tipologia, assim como outras formas de classificação, nos ajuda não só a categorizá-las, como também a compreender sua razão de existir e seus propósitos. Como exemplos de tipologia, poderíamos classificar as organizações como lucrativas ou sem fins lucrativos; públicas ou privadas; do setor agrícola, educacional ou de saúde. Podemos perceber que essas classificações se sobrepõem.

Parsons (apud Hall, 2004) classifica as organizações de acordo com a contribuição que trazem para a sociedade, conforme podemos verificar no quadro 1.

94 | FÁBRICA DE SOFTWARE

Quadro 1: Tipologia das organizações, segundo Parsons

Tipo	Contribuição
Organização de produção	Fabrica os bens consumidos pela sociedade.
Organização orientada a metas políticas	Assegura que a sociedade atinja as metas e atribui valor, gerando e distribuindo poder no âmbito da sociedade.
Organização integradora	Resolve conflitos, direciona as motivações para a concretização de expectativas institucionalizadas e assegura que as partes da sociedade operem juntas.
Organização de manutenção de padrões	Proporciona a continuidade da sociedade por meio de atividades educacionais, culturais e expressivas.

Fonte: Adaptado de Parsons (apud Hall, 2004:37).

Já Mintzberg (2006) baseia sua tipologia no modo pelo qual as organizações são estruturadas para enfrentar as várias contingências que se apresentam, conforme resumido no quadro 2.

Quadro 2: Tipologia de Mintzberg

Configuração estrutural	Primeiro mecanismo de coordenação	Parte-chave da organização	Tipo de descentralização
Estrutura simples	Supervisão direta	Cúpula estratégica	Centralização vertical e horizontal
Burocracia mecanizada	Padronização dos processos de trabalho	Tecnoestrutura	Descentralização horizontal limitada
Burocracia profissional	Padronização das habilidades	Núcleo operacional	Descentralização vertical e horizontal
Forma divisionalizada	Padronização dos *outputs*	Linha intermediária	Descentralização vertical limitada
Adhocracia	Ajustamento mútuo	Assessoria de apoio	Descentralização seletiva

Fonte: Mintzberg (2006:174).

Uma análise resumida da literatura clássica sobre organização administrativa das empresas nos leva a identificar diversas formas, sustentadas por diferentes autores.

Os estudos de Burns e Stalker sobre os "tipos ideais" de organização administrativa trouxeram um olhar sobre a vinculação entre as formas organizacionais e o ambiente no qual as organizações estão inseridas. Nela se observa a ideia de um contínuo de formas organizacionais, no qual grande parte das organizações poderia ser alocada entre os extremos, o que os autores chamaram de sistemas mecânico e orgânico, ou forma mecanicista até orgânica.

O sistema mecânico, muito próximo do tipo ideal de burocracia preconizado por Weber, seria adequado a situações relativamente estáveis de mercado e tecnologia. Já o sistema orgânico aproxima-se do seu oposto e seria adequado às condições de mercado turbulentas, quando existirem grande concorrência e mudanças tecnológicas rápidas (Motta e Vasconcelos, 2006).

O estudo de Lawrence e Lorsch (1977) complementa essa concepção a partir de duas ideias principais: a) diferentes tipos de organizações são necessários para lidar com diferentes condições de mercado e tecnologia; b) organizações que operam em ambientes incertos e turbulentos precisam atingir um grau mais alto de diferenciação interna, ou seja, entre departamentos, do que aquelas que estão em ambientes menos complexos e estáveis; esse estudo demonstrou, segundo Morgan (1996:57), "ser necessário variar os estilos de organização entre as subunidades organizacionais em função de determinadas características dos seus respectivos subambientes".

Estrutura organizacional

Segundo Araújo (2007:149), o "termo original para estruturação é a palavra inglesa 'departamentation' ou 'departamentalization', que por dificuldade de tradução passou a significar departamentalização, confundindo-se com as frações organizacionais rotuladas de departamentos".

Para o autor, "estruturação é uma forma sistematizada de agrupar atividades em frações organizacionais definidas seguindo um dado critério, visando à melhor adequação da estrutura organizacional e sua dinâmica de ação" (Araújo, 2007:150).

Os objetivos da estruturação são os seguintes: aproveitar a especialização, maximizar os recursos disponíveis, controlar, coordenar, descentralizar, integrar ambiente e organização, reduzir conflitos, entre outros.

Focados na divisão do trabalho, os autores clássicos estudaram a estruturação dos órgãos, a organização formal e a estrutura organizacional; já os precursores da Administração Científica focaram seus estudos na especialização do trabalho, seus métodos e processos.

Restritos às questões formais da organização, os autores clássicos dirigiram sua atenção a aspectos como: divisão do trabalho, especialização, hierarquia, autoridade, responsabilidade, coordenação etc. Segundo Chiavenato. (2000:219)

> Organização formal é a determinação dos padrões de inter-relações entre os órgãos ou cargos, definidos logicamente por meio de normas, diretrizes e regulamentos da organização, para o alcance dos seus objetivos. Assim, a estrutura organizacional é um meio de que se serve a organização para atingir eficientemente seus objetivos. (Chiavenato, 2000:219)

Objetivos, porte, segmento em que atua e conjuntura determinam a estrutura organizacional de uma organização. Mas, de modo geral, os autores definem três tipos tradicionais de organização: a organização linear, a organização funcional e a organização linha-staff, cada qual com suas próprias características, vantagens, desvantagens e aplicações.

De modo complementar, a Teoria Neoclássica retoma o conceito de departamentalização que, segundo Chiavenato (2000:246), "é uma divisão do trabalho em termos de diferenciação entre os diversos tipos de tarefas executados pelos órgãos". Ainda, segundo esse autor, "é o meio pelo qual se atribuem e se agrupam atividades diferentes por meio da especialização dos órgãos, a fim de se obterem melhores resultados no conjunto".

A estrutura organizacional é muito mais que a simples departamentalização, é a combinação das partes organizacionais. Segundo Hall (2004), as estruturas organizacionais executam três funções básicas:

> Primeiro e mais importante, as estruturas têm por finalidade produzir resultados organizacionais e atingir metas organizacionais — em outras palavras, ser eficazes. Segundo, as estruturas são criadas para minimizar ou, ao menos, regular a influência das variações individuais na organização. As estruturas são impostas para assegurar que os indivíduos se adaptem às exigências das organizações, e não o contrário. Terceiro, as estruturas são os cenários nos quais o poder é exercido (elas também fixam ou determinam que posições possuem o maior poder), as decisões são tomadas (o fluxo de informações para uma decisão é, em grande parte, determinado pela estrutura) e as atividades são realizadas (a estrutura é o espaço para as ações organizacionais). (Hall, 2004:47)

Max Weber descreveu um tipo ideal de estrutura, a burocracia. Ideal no sentido de puro e não de perfeito. Segundo Weber (apud Motta e Vasconcelos, 2006:8), a estrutura burocrática pura é baseada nos seguintes princípios:

- a existência de funções definidas e competências rigorosamente determinadas por leis ou regulamentos. A divisão de tarefas é feita racionalmente, baseando-se em regras específicas, a fim de permitir o exercício das tarefas necessárias à consecução dos objetivos da organização;
- os membros do sistema têm direitos e deveres delimitados por regras e regulamentos. Essas regras se aplicam igualmente a todos, de acordo com seu cargo ou sua função;
- existe uma hierarquia definida por regras explícitas, e as prerrogativas de cada cargo e função são determinadas legalmente e regulam o exercício da autoridade e seus limites;
- o recrutamento é feito por regras previamente estabelecidas, garantindo-se a igualdade formal na contratação. Portadores de diplomas legalmente estabelecidos têm o mesmo direito de concorrer ao exercício de determinado cargo;
- a remuneração deve ser igual para o exercício de cargos e funções semelhantes;
- a promoção e o avanço na carreira devem ser regulados por normas e com base em critérios objetivos, e não em favoritismos ou relações pessoais;
- há uma separação completa entre a função e as características pessoais do indivíduo que a ocupa.

Quanto maior for o grau de presença desses princípios em uma burocracia, mais próxima ela estará do tipo ideal proposto por Weber pela ótica da eficiência e confiabilidade.

Segundo Motta e Vasconcelos (2006:9) a figura 1 representa a estrutura burocrática weberiana.

FÁBRICA DE SOFTWARE SOB A ÓTICA DA ESTRUTURA ORGANIZACIONAL | 99

Figura 1: Representação da estrutura burocrática weberiana

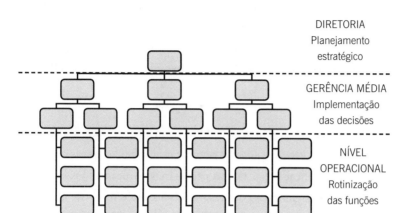

Fonte: Adaptada de Motta e Vasconcelos (2006:9).

Apresentados, preliminarmente, alguns dos aspectos mais relevantes da estrutura organizacional, busquemos algumas definições, a partir de diversas concepções, segundo diferentes autores:

> A estrutura de uma organização pode ser definida como o resultado de um processo através do qual a autoridade é distribuída, as atividades desde os níveis mais baixos até a Alta Administração são especificadas e um sistema de comunicação é delineado permitindo que as pessoas realizem as atividades e exerçam a autoridade que lhes compete para o atingimento dos objetivos organizacionais. (Vasconcellos e Hemsley, 2003:3)

> A estrutura de uma organização pode ser definida simplesmente como a soma total das maneiras pelas quais o trabalho é dividido em tarefas distintas e, depois, como a coordenação é realizada entre essas tarefas. (Mintzberg, 2006:12)

100 | FÁBRICA DE SOFTWARE

Estrutura organizacional é o instrumento administrativo resultante da identificação, da análise, da ordenação e do agrupamento das atividades e dos recursos das empresas, incluindo os estabelecimentos dos níveis de alçada e dos processos decisórios, visando ao alcance dos objetivos estabelecidos pelos planejamentos das empresas. (Oliveira, 2006:12)

Na concepção de Oliveira (2006), as principais contribuições da estrutura organizacional adequadamente estabelecida para as organizações são: identificação das tarefas necessárias ao alcance dos objetivos estabelecidos; organização das responsabilidades e níveis de autoridade; estruturação do processo decisório ideal, incluindo o estabelecimento dos relatórios gerenciais; contribuição direta para a otimização das comunicações internas e externas da empresa; estabelecimento de indicadores de desempenho compatíveis com os objetivos pretendidos; e contribuição direta para o incremento motivacional e o maior comprometimento com os resultados esperados.

Para Vasconcellos e Hemsley (2003) é necessário que um conjunto de aspectos seja definido para que a estrutura seja delineada, a saber: definição das atividades; definição quanto à centralização/descentralização de áreas de apoio; localização de assessorias; decisão quanto à amplitude de controle e quanto ao número de níveis hierárquicos; definição do nível de descentralização de autoridade; sistemas de comunicação; definição quanto ao grau de formalização; e escolha dos critérios de departamentalização.

Quanto aos critérios de departamentalização, os principais tipos estão apresentados no quadro 3, com suas respectivas características, vantagens e desvantagens.

FÁBRICA DE SOFTWARE SOB A ÓTICA DA ESTRUTURA ORGANIZACIONAL | 101

Quadro 3: Características, vantagens e desvantagens dos diferentes tipos de departamentalização

Tipos de departamentalização	Características	Vantagens	Desvantagens
FUNCIONAL	Agrupamento por atividades ou funções principais. Divisão do trabalho interna por especialidade. Auto-orientação, introversão.	Maior utilização de pessoas especializadas e recursos. Adequada para atividade continuada, rotineira e estabelecida a longo prazo.	Pequena cooperação interdepartamental. Contraindicada para circunstâncias ambientais imprevisíveis e mutáveis.
PRODUTOS OU SERVIÇOS	Agrupamento por resultados quanto a produtos ou serviços. Divisão de trabalho por linhas de produtos/serviços. Ênfase nos produtos e serviços. Orientação para resultados.	Define responsabilidades por produtos ou serviços, facilitando a avaliação dos resultados. Melhor coordenação interdepartamental. Maior flexibilidade. Facilita inovação. Ideal para circunstâncias mutáveis.	Enfraquecimento da especialização. Alto custo operacional pela duplicação das especialidades. Contraindicada para circunstâncias estáveis e rotineiras. Enfatiza coordenação em detrimento da especialização.
GEOGRÁFICA OU TERRITORIAL	Agrupamento conforme localização geográfica ou territorial. Ênfase na cobertura geográfica. Orientação para o mercado. Extroversão.	Maior ajustamento às condições locais ou regionais. Fixa responsabilidade por local ou região, facilitando a avaliação. Ideal para firmas de varejo.	Enfraquece a coordenação (seja planejamento, execução ou controle) da organização como um todo. Enfraquecimento da especialização.
CLIENTELA	Agrupamento conforme o tipo ou tamanho do cliente ou comprador. Ênfase no cliente. Orientação extrovertida mais voltada para o cliente do que para si mesma.	Predispõe a organização para satisfazer as demandas dos clientes. Ideal quando o negócio depende do tipo ou tamanho do cliente. Fixa responsabilidade por clientes.	Torna secundárias as demais atividades da organização (como produção ou finanças). Sacrifica os demais objetivos da organização (como produtividade, lucratividade, eficiência etc.).

continua

102 | FÁBRICA DE SOFTWARE

Tipos de departamentalização	Características	Vantagens	Desvantagens
PROCESSO	Agrupamento por fases do processo, do produto ou da operação. Ênfase na tecnologia utilizada. Enfoque introvertido.	Melhor arranjo físico e disposição racional dos recursos. Utilização econômica da tecnologia. Vantagens econômicas do processo. Ideal quando a tecnologia e os produtos são estáveis e permanentes.	Contraindicada quando a tecnologia sofre mudanças e desenvolvimento tecnológico. Falta de flexibilidade e adaptação a mudanças.
PROJETOS	Agrupamento em função de saídas ou resultados quanto a um ou mais projetos. Requer estrutura organizacional flexível e adaptável às circunstâncias do projeto. Requer alto grau de coordenação entre órgãos para cada projeto.	Ideal quando a concentração de recursos é grande e provisória e quando o produto é de grande porte. Orientada para resultados concretos. Alta concentração de recursos e investimentos, com datas e prazos de execução. Adaptação ao desenvolvimento técnico. Ideal para produtos altamente complexos.	Concentra pessoas e recursos em cada projeto provisoriamente. Quando termina um projeto, há indefinição quanto a outros. Descontinuidade e paralisação. Imprevisibilidade quanto a novos projetos. Angústia dos especialistas quanto ao seu próprio futuro.
MATRICIAL	Agrupamento resultante da combinação entre os tipos funcional e projetos. É uma forma de manter as unidades funcionais criando relações horizontais entre elas.	Acumula as vantagens de ambos os tipos.	O gerente de projetos tem menos autoridade sobre os recursos. Duplicação de atividades. A satisfação no trabalho é menor para os trabalhadores que preferem a especialização. Maior nível de conflitos.

Fonte: Adaptado de Chiavenato (2000:264).

FÁBRICA DE SOFTWARE SOB A ÓTICA DA ESTRUTURA ORGANIZACIONAL | 103

A departamentalização não é um fim em si, mas um meio de organizar os processos e atividades da organização. Cada tipo, com suas características, aplicações, vantagens e desvantagens, não é aplicado exclusivamente, em geral são conjugados.

Segundo Vasconcellos e Hemsley (2003), a estrutura de uma organização deve estar em permanente consonância com a natureza da atividade e de seu ambiente. Nesse contexto, os autores classificam as estruturas tradicionais e inovativas, cujas características são apresentadas no quadro 4.

Quadro 4: Comparação entre organizações tradicionais e inovativas quanto às características estruturais

Tipo de organização Características estruturais	Estruturas tradicionais	Estruturas inovativas
FORMALIZAÇÃO	Elevada. Autoridade e responsabilidade bem definidas. Organogramas e manuais de procedimentos.	Baixa. Dinamismo do ambiente impede muita formalização.
DEPARTAMENTALIZAÇÃO	Critérios tradicionais: funcional, por processo, por cliente, geográfica e por produto.	Por projeto, matricial, por centros de lucro, celular e "novos empreendimentos".
UNIDADE DE COMANDO	O princípio da unidade de comando é obedecido.	A unidade de comando não é necessariamente obedecida.
ESPECIALIZAÇÃO	Relativamente mais elevada.	Relativamente mais baixa.
PADRÃO DE COMUNICAÇÃO	Vertical.	Vertical, horizontal e diagonal.

Fonte: Vasconcellos e Hemsley (2003:29).

Para Mintzberg (2006:13), "os elementos da estrutura devem ser selecionados para a obtenção de uma consistência ou harmonia interna, bem como uma consistência básica com a situação da organização", entendida a situação da organização como o seu ramo de atividade, tamanho, tempo de existência, tipo de ambiente em que funciona, tecnologia utilizada etc.

Para esses autores, estrutura envolve duas exigências fundamentais: a divisão do trabalho em tarefas distintas e os seus mecanismos de coordenação.

A estrutura organizacional da fábrica de software está condicionada pela organização do trabalho e deve ser coerente com os processos e com o *workflow* estabelecido (Fernandes e Teixeira, 2007).

Tecnologia

Um tema de suma importância para nossa pesquisa é a relação entre a tecnologia, os tipos de estrutura organizacional nas empresas e o desempenho.

Estudos relacionados a esse tema foram desenvolvidos por Burns e Stalker e Joan Woodward, partindo de um ponto em comum, conforme registram Motta e Vasconcelos (2006:210): "consideram que o meio ambiente impõe uma série de exigências objetivas à organização, das quais ela não pode 'escapar' sob pena de ter uma queda de produtividade e desempenho".

As principais contribuições das pesquisas desenvolvidas por Woodward estão focadas na relação tecnologia e estrutura organizacional. Segundo essa pesquisadora, a tecnologia é um fator que deve ser considerado de primeira ordem na influência sob certos aspectos organizacionais. Assim, como assinalam Motta e Vasconcelos (2006:212), encontramos "sistemas produtivos que variam, entre termos de grau de

FÁBRICA DE SOFTWARE SOB A ÓTICA DA ESTRUTURA ORGANIZACIONAL | 105

complexidade técnica, de produção unitária e de pequenos lotes, passando pela produção de grandes lotes e em massa, até sistemas mais complexos, especialmente a produção por processo".

Dessa forma, Woodward considerou um contínuo de sistemas produtivos do menos complexo até os de maior complexidade, conforme o quadro 5.

Quadro 5: Contínuo dos modos de produção, segundo Woodward

| Sistemas de produção por projeto ou produção unitária e de pequenos lotes | 1. Produção de unidades segundo especificações dos consumidores

2. Produção de protótipos

3. Produção por etapas de grandes equipamentos

4. Produção de pequenos lotes sob encomenda dos consumidores

5. Trabalho executado do início ao fim pelos mesmos trabalhadores, alto grau de envolvimento destes com a organização, baixo índice de complexidade da tecnologia | • Indivíduos executando trabalhos do princípio ao fim (exemplo: trabalho artesanal)

• Baixo nível de complexidade | • Hierarquia mais achatada

• Operários próximos do processo produtivo

• Controle direto do processo e baixa complexidade |

continua

106 | FÁBRICA DE SOFTWARE

Sistemas de produção de grandes lotes e em massa	6. Produção de grandes lotes 7. Produção de grandes lotes em linha de montagem 8. Produção em massa, índice de complexidade médio da tecnologia, fábrica	• Transforma matérias-primas em produtos finais (exemplo: modelo fordista de produção) • Nível médio de complexidade	• Hierarquia administrativa reforçada • Complexidade média • Mais operários diretos e menos funcionários de escritório
Sistemas de produção por processo	9. Produção intermitente de produtos químicos em fábricas multifuncionais 10. Produção de fluxo contínuo de líquidos, gases e substâncias cristalinas, tecnologia com alto grau de complexidade	• Visão geral do processo de produção (exemplo: indústria química) • Alto nível de complexidade.	• Estruturas menos verticalizadas, mais planas e achatadas • Maior número de funcionários qualificados • Grande controle sobre etapas do processo e alto nível de complexidade

Fonte: Adaptado de Motta e Vasconcelos (2006:212-213 e 217).

Os estudos de Woodward corroboram os fundamentos da Teoria Contingencial, "que prega estruturas e práticas administrativas diversas para organizações de unidades organizacionais diversas e, também, que mudanças na tecnologia tendem a forçar mudanças organizacionais" (Motta e Vasconcelos, 2006:214), tal como verificamos no processo evolutivo do desenvolvimento de software e na aplicação do conceito de fábrica de software.

Cusumano (apud Motta e Vasconcelos, 2006:235), com base nas pesquisas desenvolvidas por Woodward, realizou um importante estudo sobre os modelos de produção e as tecnologias de produção de software e modos de organização. Para ele, "existiam no início dos anos 1990 três modelos de produção predominantes no mercado de 'software e serviços', variando segundo o tipo de produto oferecido".

No século XXI, as organizações estão inseridas em ambientes altamente complexos, competitivos, turbulentos e em constante mudança. Esse ambiente atua como um dos principais determinantes da estrutura e dos processos das organizações.

No que diz respeito às organizações que atuam no segmento das tecnologias da informação e das comunicações, a constante inovação tecnológica e as exigências de especialização/certificações fazem com que estas enfrentem frequentes desafios e problemas, para os quais precisam encontrar estratégias empresariais que gerem soluções e resultados.

Temas como produtividade, qualidade do processo e do produto, certificação em modelos de processo e escopo de fornecimento afetam diretamente o desenvolvimento de software, bem como os projetos das fábricas de software.

Decisões acerca da estrutura (estratégias: de desenvolvimento de linhas de novos negócios, da rede de operações, relativa às instalações de apoio, ao arranjo físico da fábrica e seu *workflow* produtivo, em tecnologia do processo da fábrica e em relação aos recursos humanos e à estrutura organizacional) e da infraestrutura (planejamento e controle: da capacidade produtiva, de acervos de software e outros recursos, de suprimentos, da qualidade; administração da qualidade e melhoramento da produção; e prevenção e recuperação de falhas) são a base para o projeto de operações da fábrica de software (Fernandes e Teixeira, 2007).

Nosso estudo está focado na estrutura organizacional, tópico que já foi objeto de aprofundamento. Neste momento, cabe resgatar e visualizar as relações entre modo de produção, tecnologia e modos de organização, propostas por Motta e Vasconcelos (2006:236), na indústria da informática.

Quadro 6: Produção de softwares

Tipo de produto	Processos de produção	Tipo de empresa
PERSONALIZADOS (*customized*)	Cada processo de produção é único, depende do projeto, não pode ser padronizado	Empresa organizada em torno de projetos específicos
Projeto único, cada produto é uma "invenção nova"	Depende das necessidades específicas do cliente e do desempenho desejado	A organização produz sistemas de pequeno a médio portes
Preços altos cobrados por projeto, grande margem de lucro	Mão de obra altamente qualificada, não é facilmente intercambiável	A organização integra diferentes tipos de expertise
PRODUTOS SEMIFINALIZADOS (*semicustomized)*	Busca de equilíbrio entre necessidades específicas do cliente, custo de produção e qualidade	Fábrica flexível de softwares
Preços médios	Mão de obra altamente qualificada no trabalho de design e desenvolvimento de software	
Pequenos, médios e grandes sistemas	Processo de produção semipadronizado	Organização apta a integrar recursos para produzir grandes sistemas
PRODUTO PADRONIZADO (*standardized)* design único	Busca atender às necessidades do consumidor médio	*Fábrica de softwares* organizada por projetos
Produtos disponíveis a preço baixo ("pacotes")	Mão de obra altamente qualificada no desenvolvimento de aplicativos	
Sistemas médios e pequenos	Produção em massa Economia de escala	A organização não está apta a produzir grandes sistemas ou uma série de produtos similares

Fonte: Motta e Vasconcelos (2006:236).

Na análise e observação do entrelaçamento desses três conceitos reside o ponto focal de nossa pesquisa. Em que medida a estruturação organizacional da empresa, segundo o conceito de fábrica de software, significa um retorno aos preceitos taylorista e fordista que orientaram as organizações fabris no início da era industrial? Esta é a pergunta a que responderemos analisando os dados levantados e apresentados a seguir.

ANÁLISE E RESULTADOS DO CASO ESTUDADO

Em seu contexto, a empresa vivia sérios problemas de qualidade, custo e segurança da tecnologia empregada na prestação de seus serviços nos últimos anos. Desde janeiro de 2000 e até novembro de 2005, cabia à Diretoria de Negócios a responsabilidade pelo desenvolvimento de software na estrutura formal da empresa. Sua organização refletia as linhas de serviços de seu principal cliente e tinha uma atuação bastante verticalizada, sendo continuamente demandada por mais qualidade e eficiência.

Inúmeras tentativas, que não resultaram em grandes avanços e funcionaram na informalidade, foram realizadas no sentido de se criar um quadro mais favorável, tais como a criação de um escritório de projetos, a distinção entre as áreas de sustentação e manutenção dos produtos existentes e uma área de desenvolvimento. O grande desafio colocado era a perspectiva de projetar o desenvolvimento de software.

Em busca do fortalecimento institucional e da melhoria da performance, foram realizadas mudanças estruturais, caracterizadas por inovações dirigidas à adequação de seus recursos humanos e tecnológicos, objetivando atender com alto grau de efetividade seus clientes por meio de soluções em TI.

Um plano integrado governamental, formulado em setembro de 2005, consolidou as bases necessárias para melhorar a qualidade do atendimento aos usuários de seu principal cliente, reduzir fraudes e desperdícios. Esse instrumento de gestão orientou as mudanças relativas à sua reestruturação organizacional, aos investimentos em TI e à gestão de recursos humanos.

No que tange às futuras soluções tecnológicas, que seriam adotadas, ficou delineado que requeriam uma arquitetura caracterizada pela portabilidade das aplicações de modo a permitir soluções flexíveis de TI. Assim, o rompimento das restrições impostas por tecnologias proprietárias tornou-se uma condição *sine qua non* à modernização tecnológica da empresa.

Paralelamente aos desafios enfrentados em seu contexto, o processo de desenvolvimento de software vivia um grande momento de transformação, fosse pelas novas tecnologias disponíveis no mercado ou pelas novas metodologias adotadas pela comunidade de informática.

Nesse contexto, a empresa extingue a Diretoria de Negócios e cria a Diretoria de Relacionamento, Desenvolvimento e Informações, tendo como motivação básica a organização por processos, reduzindo em consequência a especialização por negócio, formalizando a gestão por projetos e introduzindo os primeiros conceitos de *fábrica de software* nos projetos de desenvolvimento.

Para atender a essa diretriz, a nova estrutura mantém áreas responsáveis pela manutenção de seus produtos e cria o Departamento de Projetos de Software, responsável pela execução e pelo acompanhamento de todos os projetos de desenvolvimento de sistemas existentes na empresa, e o Departamento de Arquitetura e Programação de Software, além de outras áreas de apoio, como, por exemplo, o Departamento de Qualidade de Software.

Essa estrutura funcional não representou apenas um modo diferente de organizar a empresa, mas refletia também um processo de transformação organizacional. Uma transformação que significou a mudança no seu processo de trabalho, na utilização de novas tecnologias e na adoção de uma nova metodologia de sistemas.

Nas palavras de um dos entrevistados pelo autor:

> Foi uma grande ousadia da empresa, no meu ponto de vista, porque ela fez uma mudança radical em três pontos cruciais: ela estava mudando o processo de trabalho, estava mudando a tecnologia utilizada, passando para a plataforma Java, J2EE e mudando a metodologia de desenvolvimento de sistemas — saindo da metodologia tradicional e passando para a metodologia orientada a objetos com UML. Ou seja: eu acho que hoje, mesmo não dando certo 100% ou dando certo parcialmente, acho que é um grande estudo de caso, porque você mexer nessas três coisas numa empresa de tecnologia é um negócio seriíssimo. [...] Estamos criando uma empresa nova.

No final do ano de 2005, a Diretoria de Relacionamento, Desenvolvimento e Informações encontrava-se em fase de finalização da implantação da nova estrutura e dos processos necessários ao suporte do modelo de fábrica de software.

A figura 2 mostra a diferença conceitual entre as duas estruturas organizacionais. A Diretoria de Negócios departamental e a Diretoria de Relacionamento, Desenvolvimento e Informações orientada a processo. A Diretoria de Negócios com uma série de pequenas fábricas, fracionada; a Diretoria de Relacionamento, Desenvolvimento e Informações organizada como uma única fábrica de software.

112 | FÁBRICA DE SOFTWARE

Figura 2: Comparação entre as estruturas

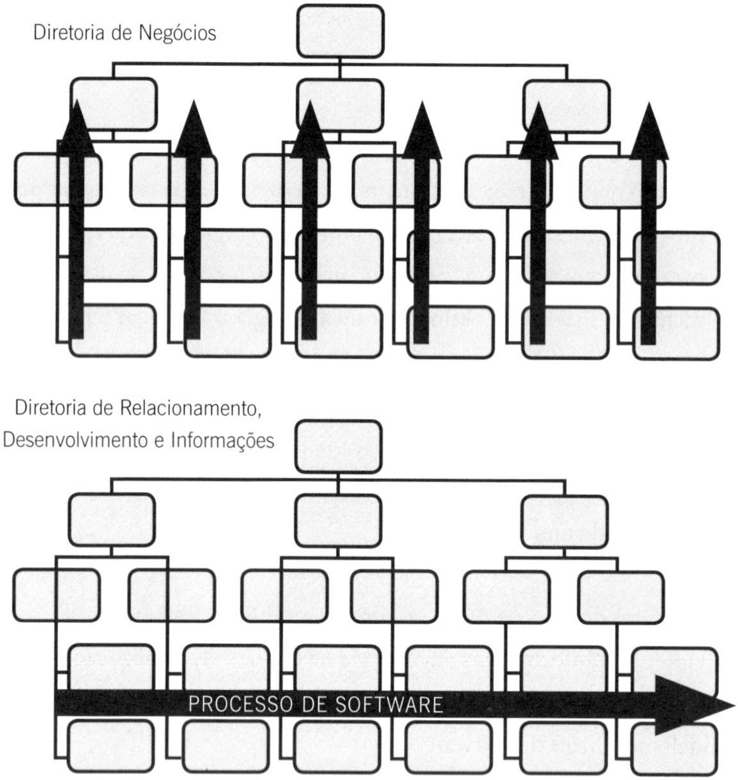

Fonte: Elaborada pelo autor.

A descentralização do desenvolvimento de software

Essa transformação demandou investimentos e a contratação de novos profissionais, com perfis mais adequados ao novo cenário. As restrições impostas pela administração pública federal no que tange às políticas de recursos humanos, notadamente quanto à política salarial, levaram a empresa a optar pela criação de três unidades de desenvolvimento de software (UD) nos estados do Ceará, Paraíba e Santa Catarina.

Após um estudo criterioso que levou em consideração diversas variáveis, a escolha dos três estados foi feita em função da defasagem salarial que a empresa experimentava e, consequentemente, da dificuldade de retenção dos trabalhadores de informática nos grandes centros do país, em especial Rio de Janeiro, São Paulo, Pernambuco e Brasília. Profissionais mais experientes, capacitados e com o perfil profissional exigido para os novos desafios que a transformação apresentava eram atraídos pelas ofertas de trabalho que as empresas de informática ofereciam. A decisão de criar as três unidades descentralizadas de desenvolvimento de software fora dos grandes eixos do mercado de trabalho também levou em consideração o fato de os três estados possuírem centros acadêmicos e de excelência em tecnologia da informação, razoável oferta de mão de obra especializada e um mercado de trabalho favorável para a retenção de tais profissionais, dadas as políticas de recursos humanos e remuneratórias praticadas.

As unidades de desenvolvimento foram criadas com os objetivos de elaborar a especificação dos projetos de software conforme normas e padrões; codificar e testar programas observando a qualidade, custo e tempo de entrega; planejar, executar e gerenciar os testes dos projetos desenvolvidos, realizando a verificação e validação dos processos e produtos de software, garantindo a qualidade dos produtos gerados.

Inúmeros outros ajustes foram feitos na estrutura organizacional da empresa a fim de se atingirem os novos objetivos estabelecidos. Nessa nova configuração, a separação entre as funções de gestão, especificação de projetos, arquitetura e programação de software permanecem divididas entre dois departamentos. As unidades de desenvolvimento, inicialmente, refletiam a separação dos departamentos. Trabalhavam por projetos, linhas de montagem completas, desde a modelagem até a entrega do produto final.

114 | FÁBRICA DE SOFTWARE

Nas palavras de um dos entrevistados pelo autor: *A gente pode fazer desde o início, desde a modelagem do negócio até a entrega do produto final.* Corroborando essa assertiva, outro entrevistado ratifica a visão:

Na realidade, hoje, no meu ponto de vista, eu acho que a gente tem quatro fábricas de projetos [...]. Porque o conceito das unidades de desenvolvimento passou a ser o seguinte: unidades completas de desenvolvimento. Então, elas recebem um projeto e fazem todo o processo desde a especificação até a implantação. E, após a implantação, você passa para os departamentos de produto, de sustentação de produtos.

A separação entre especificação e construção não apresentou os resultados esperados e um novo ajuste foi feito na estrutura. Dessa vez, foi criado o Departamento de Desenvolvimento de Software, reunindo em um mesmo órgão da estrutura as funções especificação e construção e as unidades de desenvolvimento. Agora, não mais três, e sim quatro com a criação da Unidade Rio de Janeiro. O departamento, resultado do processo de aprendizado e prontidão da empresa para adequar sua estrutura organizacional, é, na conceituação de Fernandes e Teixeira (2007), uma fábrica de projetos de software. Por decorrência, seguindo esta mesma conceituação, a Diretoria é uma fábrica de projetos ampliada que conta com o apoio e o suporte de outras áreas da empresa no projeto de solução, onde o software é somente um dos componentes.

Reiterando dois pontos do parágrafo anterior, cabe registrar duas afirmativas levantadas durante as entrevistas:

Eu hoje tenho um departamento que poderia ser considerado a fábrica de software da empresa.

A estrutura é decorrência da mudança do processo de trabalho, da tecnologia e da metodologia. [...] A empresa também está tendo agilidade para adequar a sua estrutura a essa proposta de trabalho.

FÁBRICA DE SOFTWARE SOB A ÓTICA DA ESTRUTURA ORGANIZACIONAL | 115

O atual momento da empresa representa o resultado de um processo evolutivo, de constantes ajustes e de mudanças que vão além das alterações na estrutura organizacional, mas da adoção de uma única metodologia de desenvolvimento de sistemas e da padronização de ferramentas e sistemas. E mais, da adequação ao contexto e ao mercado onde a empresa atua. Nas palavras de um dos entrevistados:

> Essa fábrica tem uma peculiaridade. Não é aquela fábrica que desenvolve, entrega e acabou. Ela desenvolve e eu tenho que manter isso internamente. Então eu cuido de toda a evolução. Não só o desenvolvimento, mas também a manutenção disso. Isso me obriga a ter, definir uma série de padrões em conjunto com a produção no final. Porque é uma coisa que difere aí daquela fábrica que desenvolve e da que não, depois não é a fábrica que vai colocar isso em produção.

A fim de garantir o alcance dos objetivos de qualidade para definição de processos, construção, teste e manutenção de software, foi definido e adotado o processo de desenvolvimento de software na empresa, com base nas diretrizes da engenharia de software e padrões e boas práticas de mercado.

Alterações, alinhamentos e ajustes continuam sendo realizados na estrutura da empresa a fim de organizar e viabilizar a transformação desejada e adequar a capacidade organizacional da diretoria.

Cabe ainda ressaltar que mudar o processo de desenvolvimento de software de uma empresa é uma tarefa árdua, arriscada e que demanda um razoável tempo para apresentar seus resultados. Demanda, ainda, planejamento, monitoramento, gerenciamento e avaliação constantes.

A mudança no processo de desenvolvimento de software afeta os trabalhadores e toda a empresa muito mais profundamente do que a de tecnologias ou ferramentas. Mudar o processo de desenvolvimento

116 | FÁBRICA DE SOFTWARE

de software de uma organização, em especial de uma organização com o porte, a capilaridade e as peculiaridades da empresa estudada, afeta a maneira como os trabalhadores executam suas tarefas, como eles veem e dão valor ao produto do seu trabalho. Muito mais do que representa a simples transformação da estrutura organizacional.

Nas palavras de um dos entrevistados,

> é a constatação de que a mudança da estrutura funcional para a estrutura por processo é um grande processo em si. E que é lento e que não é indolor. Na verdade há um quê de esforço, de trabalho, de retrabalho e que isto se reflete nas mudanças intensas, frequentes que aconteceram de estrutura. Na verdade, as mudanças de estrutura vêm ao longo do tempo nesses quase três anos, [...] elas vêm tentando adaptar um modelo acadêmico, um modelo teórico à prática que se adota na empresa. Mudou-se, muda-se e se mudará com certeza ao longo do tempo tentando se aperfeiçoar.

E mais, nas palavras de outro entrevistado:

> A empresa volta a ser competitiva. A empresa não era mais uma empresa competitiva. Ela não conseguia nem atender, dar vazão às necessidades que o próprio cliente, como principal e, vamos dizer, único cliente que tínhamos... O que o único e grande cliente necessitava. Então eu estava com um conjunto de sistemas, tecnologias e pessoas que já não conseguia, da forma e na velocidade que o negócio demandava, atender. Então, eu estava limitando. Nós tínhamos a visão de que a TI limitava a evolução do negócio, do atendimento. Então, sim, nós tivemos que ter essa mudança, essa injeção de ânimo para começar a produzir novas coisas e em velocidade tal que demandava que pudéssemos atender às expectativas do nosso cliente. [...] Reposicioná-la perante o negócio e as necessidades do cliente.

Resultados da pesquisa de campo

A seguir analisaremos o resultado da tabulação das respostas recebidas. Entre os respondentes do questionário aplicado, 95% alegam conhecer o conceito de fábrica de software e, assim, o traduziram:

Na minha visão, é requisito da fábrica a definição de procedimentos padronizados para a realização de atividades objetivando produtos finais também padronizados. Dessa forma, a fábrica de software, baseada em um processo de software bem definido e democratizado, visa à consecução de produtos de software que garantam funcionalidade e qualidade padronizadas.

É uma tentativa de implantar um conceito de "linha de montagem" como o chão das fábricas da década de 1970 para a produção de software.

É a produção de software, seguindo a lógica de linha de montagem, presente nas fábricas comuns.

Uma empresa de desenvolvimento de software especializada na construção do código e que recebe demandas de projetos variados de acordo com as necessidades do cliente.

Órgão ou entidade responsável pelo desenvolvimento ou melhoria de produtos de "software", seguindo metodologia específica e bem definida. O cliente expressa o que deseja e a fábrica terá a obrigação de atender à necessidade desse cliente. As características de metodologia e qualidade estão inerentes aos serviços prestados.

Empresa (ou área) cuja capacidade produtiva se concentra em atividades de construção de sistemas computacionais, passando pelas fases principais de um processo de desenvolvimento de software.

Entendo que seja uma empresa que utilize todos os seus recursos, sejam eles humanos ou materiais, incluindo padronização de metodologias, boas práticas e processos, com o objetivo de que se desenvolvam sistemas que atinjam padrões de qualidade e produtividade ótimos, utilizando-se um processo de desenvolvimento componentizado.

Levando em consideração o conceito de fábrica, considero que esta metodologia de desenvolvimento tem por objetivo aumentar a produtividade por meio da especialização dos indivíduos de forma a se encaixarem os colaboradores (aqui chamados simplesmente de "recursos") nos momentos em que é necessária a sua aplicação. No sentido de linha de produção, os colaboradores poderiam ser substituídos sem prejuízo do andamento das atividades, uma vez que a documentação tornaria todo o processo impessoal. Deve-se observar, no entanto, que esse tipo de desenvolvimento carece de extrema qualidade de documentação, uma vez que alguém que não estivesse diretamente envolvido na especificação dos softwares e elaboração de documentos poderia desenvolver o aplicativo somente através do que estivesse escrito. Pode-se até implantar um método em que alguém que tenha desempenhado determinada função em um projeto passe a executar outra em um segundo trabalho. Isto tornaria a equipe extremamente versátil. Contudo, vejo que na prática as pessoas procuraram desempenhar as atividades que mais se adequam às suas expectativas e experiências. Isso as especializa. Em poucas palavras, é esse o entendimento sobre fábrica de software: documentação de qualidade, especialização e impessoalidade.

Modo de produção de software onde se tenta criar, a exemplo de fábricas e montadoras, uma linha de montagem de software. Busca-se padronizar metodologias e processos de desenvolvimento; identificar, documentar e disponibilizar componentes reutilizáveis; especializar a função de cada desenvolvedor; criar controle de qualidade, produtividade e indicadores que permitam tal controle.

Uma breve análise das definições apresentadas pelos entrevistados aponta algumas expressões que se repetem e os seguintes entendimen-

FÁBRICA DE SOFTWARE SOB A ÓTICA DA ESTRUTURA ORGANIZACIONAL | 119

tos ou consenso quanto ao que representa a adoção do conceito de fábrica de software:

- procedimentos, processos, metodologia e produtos finais padronizados;
- linha de montagem;
- aumento de produtividade;
- especialização.

Os dados obtidos na parte específica do questionário apontam para os resultados a seguir analisados.

Perguntados sobre o nível de participação no processo de definição da estrutura organizacional para a adoção do conceito de fábrica de software, os trabalhadores responderam que não tiveram nenhum tipo de participação (50%) ou pouca participação (30%).

Esse nível de participação se mantém no que diz respeito à implantação: 45% nenhuma e 35% pouca.

Esses indicadores podem ser interpretados sob duas vertentes: a primeira está relacionada com o fato de a criação das UDs ter sido resultado de um ajuste na implementação do conceito, ou seja, as UDs são criadas como um alinhamento, ajuste do processo que já se encontrava em curso. A segunda vertente está relacionada com o tempo de serviço na empresa dos respondentes — 90% têm até dois anos, período em que os ajustes na estrutura foram realizados; ou seja, os trabalhadores ingressaram na organização com a estrutura implementada.

Sobre o nível de conhecimento que tinham a respeito dos objetivos da mudança da estrutura organizacional para a adoção do conceito de fábrica de software, 55% dos entrevistados afirmaram que tinham um nível bom ou muito bom de conhecimento.

Entre os objetivos associados com a mudança da estrutura organizacional para a adoção do conceito de fábrica de software os entrevistados assinalaram:

Figura 3: Objetivos associados à mudança

Categoria	Valor
Redução de conflitos	2
Padronização	2
Redução de custos	2
Produtividade	2
Controle	8
Coordenação	8
Descentralização	8
Maximização de recursos	8
Integração de ambiente	11
Especialização	12

Fonte: Elaborada pelo autor.

Cabe registrar que produtividade, padronização e redução de custos foram inicialmente apontados como "outros" pelos entrevistados, ou seja, não faziam parte da lista inicial apresentada.

Estes resultados são corroborados pelos entrevistados em outras perguntas. Ao responderem positivamente se houve aumento do nível de especialização dos profissionais envolvidos nas tarefas de desenvolvimento de software, 100% respondem que ocorreu, pelo menos, algum aumento.

Figura 4: Aumento do nível de especialização

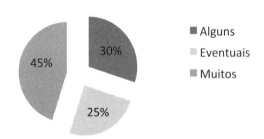

Fonte: Elaborada pelo autor.

Este resultado ratifica que um dos objetivos da adoção do conceito de fábrica de software — a especialização —, percebido pelos entrevistados, foi alcançado.

Nas palavras de um dos entrevistados:

FÁBRICA DE SOFTWARE SOB A ÓTICA DA ESTRUTURA ORGANIZACIONAL | 121

Eu diria que esse é o mantra da informática para essa tecnologia e para essa metodologia. É essa especialização. [...] eu entendo que não é bom. [...] não estamos lidando com o parafuso, com a porca, com o torquímetro [...] Há outro nível de interação com quem está pedindo as coisas. Na especialização extrema você perde produtividade. [...] tem um nível de especialização, mas não dá para se isolar e não ter um conhecimento mínimo do processo como um todo. Não estou dizendo que estamos voltando àquela época do generalista; mas também não estamos no fordismo dos tempos modernos.

Outros dois objetivos percebidos pelos respondentes — produtividade e maximização de resultados —, aqui adotados como sinônimos, também são tratados em outras questões.

Perguntados se houve diminuição do tempo de produção das tarefas demandadas aos profissionais envolvidos nas tarefas de desenvolvimento de software, 50% dos respondentes dizem que não. E se houve aumento da capacidade de produção dos profissionais envolvidos nas tarefas de desenvolvimento de software decorrente da especialização e da "linha de montagem", 55% também respondem que não. Esse aumento pode melhor ser percebido pelas declarações obtidas nas entrevistas realizadas, quando os entrevistados respondem sobre os ganhos percebidos com a adoção do conceito de fábrica de software.

Nas palavras dos entrevistados:

Otimização da utilização dos profissionais, eficiência na empresa. Integração do processo, a passagem de uma etapa para outra é mais tranquila, os problemas são minimizados. Uma sinergia maior entre as áreas. [...] Estamos mais produtivos, após uma curva de aprendizado. A tendência é de crescimento.

Antes você tinha isso tudo junto. [...] Numa mesma área você tinha a sustentação, a parte que cuida do dia a dia e os projetos novos ali dentro. [...] A vantagem de uma fábrica é que você, em princípio, maximiza recursos [...].

Você padroniza, pode até fazer um pedaço em cada local, você pode partir o teu trabalho em mais de uma área, realmente eu acho que esse é o ganho: o ganho da escala, ganho da disciplina, da produtividade, se seguir as normas com mais rigor, eu acho que traz tudo isso embutido.

A fábrica de software acaba sendo uma consequência de organização para você trabalhar melhor com todas essas tecnologias. [...] As novas tecnologias te obrigam a ser mais organizado. [...] também obrigam a uma especialização maior. Um ambiente mais complexo.

Não resta dúvida de que estamos diante de um processo em evolução que demandou e demandará ajustes e adequações à capacidade organizacional da empresa. As respostas à pergunta "os processos de desenvolvimento de softwares estão bem-definidos?" reforçam essa perspectiva, visto que 60% dos respondentes afirmam que não estão.

Figura 5: Possibilidades oferecidas pela adoção do conceito de fábrica de software

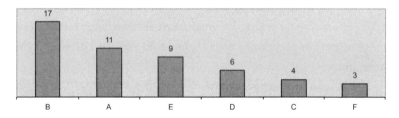

Fonte: Elaborada pelo autor.
Legenda:
A. Identificação das tarefas necessárias ao alcance dos objetivos estabelecidos.
B. Organização das responsabilidades e níveis de autoridade.
C. Estruturação do processo decisório ideal, incluindo o estabelecimento dos relatórios gerenciais.
D. Contribuição direta para a otimização das comunicações internas e externas da empresa.
E. Estabelecimento de indicadores de desempenho compatíveis com os objetivos estabelecidos.
F. Contribuição direta para o incremento motivacional e o maior comprometimento com os resultados esperados.

FÁBRICA DE SOFTWARE SOB A ÓTICA DA ESTRUTURA ORGANIZACIONAL | 123

Para os entrevistados, a estrutura organizacional resultante da adoção do conceito de fábrica de software possibilita, prioritariamente, a organização das responsabilidades e de níveis de autoridade. Algumas perguntas do questionário pressupunham o conhecimento da realidade anterior à implantação do conceito de fábrica de software, tais como:

- Em relação aos processos de desenvolvimento de software, os mesmos permaneceram após a implantação da estrutura organizacional para a adoção do conceito de fábrica de software?
- Ocorreram ganhos com os novos processos implementados com a estrutura organizacional para a adoção do conceito de fábrica de software?
- Com a adoção do conceito de fábrica de software ocorreram mudanças na capacitação oferecida aos profissionais envolvidos nas tarefas de desenvolvimento de software?
- Com a adoção do conceito de fábrica de software ocorreram ganhos dos profissionais envolvidos nas tarefas de desenvolvimento de software em termos de conhecimento, desempenho e multi-habilidades?

Dada a característica do processo de povoamento do quadro de pessoal das unidades de desenvolvimento — objetos de nosso estudo —, notadamente pela contratação de novos trabalhadores por meio de concurso público, a análise entre os dois momentos, antes e depois, fica prejudicada e poderia distorcer os resultados da pesquisa. Assim, optamos por não considerar tais questões para efeito de análise.

Expostos aos três modelos de produção anteriormente apresentados, conforme proposto por Cusumano, citado por Motta e Vasconcelos (2006:235), como predominantes no desenvolvimento de software na década de 1990, 70% dos respondentes apontaram o modelo *job-shop organizations* como aquele que melhor representa o atual estágio da empresa.

Figura 6: Modelo de produção

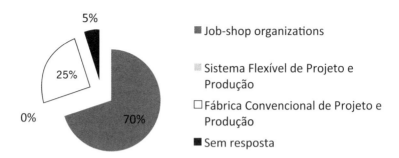

Fonte: Elaborada pelo autor.

Nossa suposição ao iniciar nossa pesquisa era de que a empresa, por intermédio da Diretoria de Relacionamento, Desenvolvimento e Informações e, mais especificamente, por meio das unidades de desenvolvimento, em função das características dos serviços e produtos fornecidos, se encaixaria no tipo *job-shop organizations*, contrariando a perspectiva fordista de mão de obra especializada sob técnicas repetitivas de produção de serviços ou de produtos padronizados. Pelas respostas analisadas, concluímos que nossa suposição estava correta e é ratificada pelos 70% dos respondentes que apontaram o modelo *job-shop organizations* como aquele que melhor representa o atual estágio da empresa.

Esta pesquisa buscou responder à seguinte pergunta: *Em que medida a estruturação da Diretoria de Relacionamento, Desenvolvimento e Informações, segundo o conceito de fábrica de software, reflete um retorno ao modelo taylorista-fordista de organização da produção?* Partindo da suposição de que, embora o novo paradigma de desenvolvimento de software e o critério de departamentalização adotados na nova estrutura organizacional apontassem para um retorno ao modelo taylorista-fordista de organização da produção, sob a ótica da estrutura organizacional, não poderíamos afirmar, e assim se confirmou em nosso trabalho de campo,

FÁBRICA DE SOFTWARE SOB A ÓTICA DA ESTRUTURA ORGANIZACIONAL | 125

que o conceito fábrica de software e os critérios utilizados são suficientes para configurar o retorno apontado.

Tal como Taylor demonstrou, o conceito de fábrica de software recupera as grandes vantagens produtivas da divisão do trabalho e da especialização. Entretanto, a especialização está muito mais relacionada e derivada da complexidade da metodologia e de tecnologias atualmente em uso, e que conformam esse conceito, do que com a simplificação da tarefa via divisão do trabalho. A busca pela qualidade, produtividade e baixo custo de produção também é requisito perseguido pelas fábricas de software, tal como orientaram as organizações fabris preconizadas por Taylor, Fayol e Ford no século XX.

O uso de métodos científicos para determinar a forma mais eficiente de fazer o trabalho, tal como defendia Taylor, se apresenta atualmente como forma de organizar o processo, mas, dadas as características e peculiaridades do processo de desenvolvimento de software, as necessidades específicas de cada cliente e de suas regras de negócio, não há técnicas repetitivas de produção de softwares padronizados no caso-objeto de nosso estudo.

Dessa forma, o objetivo final da pesquisa — identificar e analisar os impactos da nova divisão e especialização do trabalho na produção de software da empresa — foi alcançado.

Adicionalmente, verificou-se que os princípios fordistas de intensificação e produtividade não se manifestam de imediato à medida que o emprego de novas técnicas e tecnologias demandam uma razoável curva de aprendizado, comprometendo inclusive a produtividade durante o período. Essa produtividade será recuperada e aumentada com o amadurecimento do processo, do uso contínuo das ferramentas de desenvolvimento e, no caso estudado, da documentação e padronização de todo o processo de desenvolvimento de software.

Respondendo a nossa pergunta: a partir dos dados levantados e analisados, sob a perspectiva estudada, entendemos que não há um retorno ao modelo taylorista-fordista de organização da produção no processo de adoção do conceito de fábrica de software na empresa estudada.

Dadas as características da estrutura organizacional da empresa, observamos uma perspectiva de flexibilização, embora a sua estrutura continue sendo funcional.

Justificamos esse posicionamento pela verificação dos seguintes aspectos: há um esforço permanente para a melhoria simultânea da qualidade, dos custos e dos serviços de entrega; há maior proximidade dos clientes, para entender suas necessidades e ser capaz de se adaptar a fim de satisfazê-las; utiliza-se estrategicamente a tecnologia; adota-se uma estrutura organizacional mais horizontalizada e menos compartimentalizada e praticam-se políticas inovadoras de recursos humanos.

REFERÊNCIAS

ARAÚJO, L. C. G. *Organização, sistemas e métodos e as tecnologias de gestão organizacional*: arquitetura organizacional, benchmarking, empowerment, gestão pela qualidade total, reengenharia. 3. ed. São Paulo: Atlas, 2007.

BECKER, H. *Métodos de pesquisa em ciências sociais*. São Paulo: Hucitec, 1993.

CHIAVENATO, Idalberto. *Introdução à teoria geral da administração*. 6. ed. Rio de Janeiro: Campus, 2000.

FERNANDES, A. A.; TEIXEIRA, D. S. *Fábrica de software*: implantação e gestão de operações. São Paulo: Atlas, 2007.

HALL, R. H. *Organizações*: estruturas, processos e resultados. São Paulo: Pearson Prentice Hall, 2004.

LAWRENCE, P. R.; LORSCH, J. W. *O desenvolvimento de organizações*: diagnóstico e ação. São Paulo: Edgard Blücher, 1977.

MINAYO, M. C. S. *O desafio do conhecimento*: pesquisa qualitativa em saúde. São Paulo: Hucitec, 2006.

MINTZBERG, H. *Criando organizações eficazes*: estruturas em cinco configurações. 2. ed. São Paulo: Atlas, 2006.

FÁBRICA DE SOFTWARE SOB A ÓTICA DA ESTRUTURA ORGANIZACIONAL | 127

MORGAN, G. *Imagens da organização*. São Paulo: Atlas, 1996.

MOTTA, F. C. P.; VASCONCELOS, I. F. F. G. *Teoria geral da administração*. São Paulo: Pioneira Thomson Learning, 2006.

OLIVEIRA, D. P. R. *Estrutura organizacional*: uma abordagem para resultados e competitividade. São Paulo: Atlas, 2006.

TENÓRIO, F. G. (org.). *Tecnologia da informação transformando as organizações e o trabalho*. Rio de Janeiro: FGV, 2007.

_____. *Tem razão a administração?* Ensaios de teoria organizacional. 3. ed. Ijuí: Editora Unijuí, 2008.

VASCONCELLOS, E.; HEMSLEY, J. R. *Estrutura das organizações*: estruturas tradicionais, estruturas para inovação, estrutura matricial. 4. ed. São Paulo: Pioneira Thomson Learning, 2003.

CAPÍTULO IV

Fábrica de software sob a ótica da gestão do conhecimento: estudo comparado entre duas fábricas de um grande fornecedor privado do setor público

Cristina Deorsola Xavier

INTRODUÇÃO AO ESTUDO DE CASO

Este capítulo versa sobre o modelo fordista de produção aplicado a desenvolvimento e manutenção de software e busca elementos para contribuir na elucidação da seguinte questão: processos de produção criativos, baseados no conhecimento que extrapola técnicas e ferramentas, se adaptam a mecanismos de controle fordistas?

O crescimento acentuado e contínuo do mercado de TI vem ensejando, cada vez mais, a busca pela produção em larga escala, a menor custo e com qualidade, viabilizada pelo formalismo das técnicas de produção e da gestão dos processos de desenvolvimento e manutenção de software.

É fato que, com a crise da automação rígida (década de 1960), os modelos de gestão, antes de cunho fordista, têm sido paulatinamente flexibilizados; porém, as fábricas de software, ao surgirem nos anos 1990, fabricando produtos mais avançados tecnologicamente e adotan-

130 | FÁBRICA DE SOFTWARE

do controles eminentemente fordistas, parecem ter seguido na contra-mão do ciclo de evolução das organizações.

Nas fábricas fordistas, a adoção da esteira de produção pressupunha que:

- cada etapa da produção possuía fronteiras bem definidas, isto é, a configuração da peça recebida, o procedimento a ser adotado e a nova configuração da peça repassada estavam claramente especificados;
- quem trafegava na esteira era apenas a peça em produção, que ia sendo acrescida ou modificada segundo um processo predefinido comum a todas as peças;
- para a execução de sua tarefa, além de possuir a requerida habilidade, bastava ao operário conhecer bem as técnicas e ferramentas que lhe cabia utilizar, não lhe sendo exigido conhecer sobre o produto para o qual a peça era fabricada, muito menos conhecer sobre o contexto da utilização daquele produto;
- cada operário precisava conhecer muito bem o seu papel no processo, mas apenas o seu papel;
- além de seguir o procedimento preestabelecido, não cabia a um operário da esteira repassar qualquer conhecimento adquirido durante a execução da sua tarefa para o próximo executante;
- as tarefas eram repetitivas e individuais;
- os controles da produção eram focados na execução do processo: cronometragem do tempo de execução, métricas de produtividade individuais (metas), verificação da aderência a padrões de qualidade adotados;
- a esteira da linha de montagem corria em mão única, isto é, não estavam previstos retornos da peça, via esteira, à etapa anterior para complementar algum processo inacabado ou malfeito.

Nas fábricas de software, onde os controles da produção são também focados nos processos, merecem atenção a discutível clareza das fronteiras das etapas de produção, o que cada técnico precisa conhecer além das técnicas e ferramentas que lhe cabe utilizar, o grau de repetitividade de determinadas tarefas, que contrasta com a alta dose de criatividade requerida em diversas situações, e a necessidade da "mão dupla" na esteira de produção.

E, como a esse contexto nos remetem e enfatizam, metaforicamente, os termos fábrica e esteira de produção, fomos verificar como as fábricas de software solucionam a questão da necessária passagem de conhecimento, de uma etapa de produção para a etapa seguinte. Conhecimento esse que, ao longo do desenvolvimento de um software, é tanto adquirido quanto produzido, e, em geral, extrapola o próprio software, pois diz respeito ao negócio ao qual estará atrelado e ao ambiente que cerca seus futuros usuários.

Para Cusumano (1989), um processo fabril produz em massa, através de operações centralizadas de larga escala, sob controles padronizados; é baseado na divisão do trabalho, na mecanização e automação dos processos; os trabalhadores são especializados, mas com poucas habilidades.

No caso da fabricação de software, naturalmente já limitam essa metáfora a natureza abstrata do produto, a alta qualificação da mão de obra empregada e o fato de apenas sua versão original percorrer as diversas estações da esteira de produção.

Estudos demonstram que a busca da produtividade restringe a flexibilidade e vice-versa, conforme ilustra o gráfico da figura 1, que aponta ganho de flexibilidade e consequente perda de produtividade, quando se evolui de um arranjo físico de fábrica linear (especialização dos operários) para um arranjo celular (operários multifuncionais):

Figura 1: Gráfico produtividade x flexibilidade

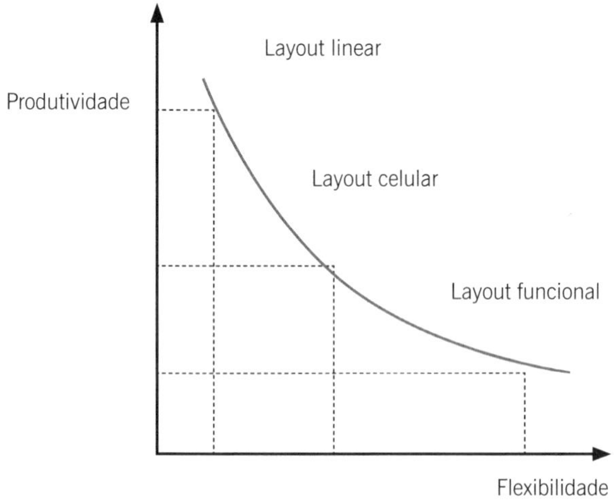

Fonte: Notas de aula da disciplina Organização do Trabalho, do professor Mauro R. Côrtes, DEP/ UFSCar.

E especificamente na produção de software, onde por mais que tenham sido padronizadas técnicas e procedimentos, ainda não se conseguiu erradicar das soluções os componentes criatividade e conhecimento do negócio que vai ser apoiado pelo software, a busca desse grau ideal de flexibilidade para maximizar a produtividade é permanente. Enquanto o layout linear favorece a exploração do conhecimento da equipe quanto às técnicas e ferramentas utilizadas e permite o compartilhamento desse recurso humano entre vários projetos, o layout funcional faz fluir o conhecimento do negócio mais facilmente, conferindo maior velocidade à produção.

Nesse cenário contraditório das fábricas de software, em que a natureza do produto é aparentemente inadequada ao modelo de produção, desperta interesse explorar como se conciliam controles de produção que remetem ao modelo fordista com as atividades de desenvolvimento e manutenção de software, cujas tarefas, não raro, exigem criatividade e inovação na concepção de soluções.

Objetivo

Constituiu o objetivo geral deste estudo verificar como as fábricas de software, ao adotarem princípios e mecanismos de controle fordistas, solucionam a questão da necessária passagem de conhecimento de uma etapa de produção para a seguinte. O fato é que ao longo do desenvolvimento de um software tanto é adquirido como produzido um conhecimento que extrapola o próprio software, que diz respeito ao negócio ao qual estará atrelado e ao ambiente que cerca seus futuros usuários.

Como objetivos específicos, podemos elencar:

- posicionar o sistema de produção teórico de fábricas de software entre os modelos fordista e pós-fordista, identificando os pontos em comum com cada um desses modelos;
- verificar as circunstâncias de aderência ao modelo fordista, tanto para as atividades de desenvolvimento quanto as de manutenção de software, :
- como são viabilizados o registro, a disponibilização e a transmissão do conhecimento entre as várias etapas da cadeia;
- que ferramentas são utilizadas para planejar e controlar a produção;
- avaliar, do ponto de vista dos desenvolvedores de sistemas, operários das fábricas de software estudadas, quão confortáveis eles se sentem ao executar seu trabalho obedecendo a um processo rígido de produção, tanto do ponto de vista de realização pessoal quanto de garantia de espaço no mercado.

Este estudo, ao identificar pontos conflitantes desse cenário que estejam prejudicando a produtividade, pretende colaborar com os gestores da indústria de TI, especialmente com aquelas que, além de desenvolver, também prestam serviço de manutenção evolutiva de sistemas.

Como foi feita a pesquisa

A pesquisa foi realizada em duas fábricas de software de uma mesma organização, ambas do tipo fábrica de projeto de software, que atendem cada uma delas a um cliente em particular e têm a mesma finalidade: atender simultaneamente a demandas distintas, relacionadas a vários projetos do seu único cliente. Tais fábricas, ambas em funcionamento, foram implantadas com defasagem de dois anos a contar da implantação da primeira, as duas com a finalidade de num futuro próximo passar a atender grandes demandas externas.

A pesquisa realizada teve por finalidade estudar como processos de produção criativos e dependentes de conhecimento se adaptam (ou não) a mecanismos de controle fordistas tomando como base a primeira fábrica.

Por que, apesar da linha assemelhada ao fordismo sugerida pela literatura e induzida pela metáfora *fábrica*, a segunda fábrica com base na experiência da primeira adotou soluções semiflexíveis.

O par de fábricas que constitui o universo da amostra, identificadas doravante como fábrica A e fábrica B, foi selecionado pelo fato singular de a determinação do modelo da segunda ter sido fruto das lições aprendidas com os acertos e erros da primeira; e, peculiarmente, pelo distinto grau de rigidez dos respectivos modelos de gestão, tendendo cada um deles à semelhança com o fordismo e com o pós-fordismo.

Em se tratando de eventos recentes e presentes, todas as informações requeridas eram de fácil acesso. Além disso, as fábricas escolhidas eram candidatas a permitir extensa análise do fenômeno, dado que possuem escopo de atuação significativamente mais completo do que a maioria das fábricas de software que estão atualmente em funcionamento no país: de modo geral, encontramos fábricas de programas, mas quando do tipo fábrica de projeto de software, são customizadas para as necessidades de um único projeto.

FÁBRICA DE SOFTWARE SOB A ÓTICA DA GESTÃO DO CONHECIMENTO | 135

Essa característica de escopo mostra-se um diferencial porque, quanto mais amplo o alcance de uma fábrica de software, mais conhecimento do negócio onde estará inserido o software ela requer. Assim, uma primeira fábrica exclusivamente de programas requer menos conhecimento de negócio do que uma segunda de escopo mais amplo, só que dedicada a um único projeto; essa segunda fábrica, por sua vez, também requer menos conhecimento do que uma terceira fábrica com o mesmo escopo da segunda, mas que, por sua vez, atenda a diversos projetos simultaneamente, e assim sucessivamente.

Nas visitas realizadas, verificamos o recorrente problema de rotatividade de mão de obra que sazonalmente lhes afeta conforme o mercado fica mais ou menos aquecido, trazendo para cada uma delas diferentes graus de dificuldade.

Numa fábrica de programas, além de o prazo de substituição ser menor, menos tempo o novo empregado demora a render plenamente, dado que é suficiente que ele conheça as ferramentas utilizadas no processo de desenvolvimento, pois todo o serviço a executar já vem especificado num nível de detalhe tal que dispensa saber a que usuário se destina, em que rotina operacional a funcionalidade a ser desenvolvida se encaixará e o porquê das regras aplicadas.

Analogamente, sendo uma fábrica de projeto de software, onde por característica o conhecimento do negócio é um pré-requisito, se existe um único projeto a se dedicar, o conhecimento envolvido é mais restrito do que quando são vários os projetos, cada um deles com seu cabedal específico de conhecimentos.

Durante a pesquisa, foram entrevistados os responsáveis por cada fábrica e os respectivos coordenadores de cada competência, conforme o previsto, totalizando 12 convidados. Foram aplicados dois modelos de questionário, absolutamente análogos, customizados segundo o conjunto de competências de cada uma das fábricas. Desses questionários, 92 foram devolvidos, e foram assim distribuídos:

136 | FÁBRICA DE SOFTWARE

Tabela 1: Resultado da tabulação da questão 1

Competências	Fábrica A		Fábrica B		Total
	Qtd.	%	Qtd.	%	
Escopo e requisitos	12	20.3%	0	0.0%	12
Projeto lógico	0	0.0%	7	21.2%	7
Projeto físico	0	0.0%	5	15.2%	5
Implementação	23	39.0%	7	21.2%	30
Testes	14	23.7%	8	24.2%	22
Banco de dados	1	1.7%	0	0.0%	1
Dados e componentes	0	0.0%	6	18.2%	6
Projeto lógico e físico	7	11.9%	0	0.0%	7
Disponibilização	2	3.4%	0	0.0%	2
Totais	59		33		92

Fonte: Elaborada pela autora.

A realização de um pré-teste dos questionários (aplicação de três questionários em cada uma das fábricas) nos permitiu adequar o formato de apresentação das questões do grupo 2, nas quais o respondente tinha que tomar por base a competência assinalada na primeira questão, pois foi verificado que a redação não estava clara. Nenhum dos questionários respondidos foi invalidado, e as perguntas que ficaram sem resposta foram contabilizadas em separado.

Para coleta dos dados sob a *ótica do processo*, a pesquisa no campo foi realizada através de visitas de observação, entrevistas e análise documental em cada uma das fábricas, sendo cumpridas as seguintes etapas:

- levantamento dos processos de produção, de gestão do conhecimento agregado aos processos, bem como as ferramentas de supervisão e planejamento utilizadas;
- levantamento de como se dá a passagem de conhecimento de uma competência para outra e como esse conhecimento é formalizado;
- levantamento dos indicadores de produtividade, cumprimento de prazos e satisfação do cliente;

FÁBRICA DE SOFTWARE SOB A ÓTICA DA GESTÃO DO CONHECIMENTO | 137

- confronto dos processos levantados com os modelos fordista e pós-fordista, estabelecendo as interseções, bem como identificando as soluções de flexibilização praticadas.

Sob a *ótica do empregado* (operários), foram verificados, por meio da aplicação do questionário, no universo de cada uma das fábricas:

- o perfil dos operários: grau de escolaridade, competências em que atua, formação específica para atuar em cada competência, tempo de experiência em TI, cargo, salário;
- se os operários consideram o conhecimento produzido na sua fase do trabalho necessário e útil também nas fases subsequentes, e, nesse caso, se consideram que ele foi todo explicitado na documentação gerada;
- com que frequência, durante a execução de uma fase de trabalho, os operários precisam recorrer ao conhecimento tácito das equipes que trabalharam nas fases anteriores;
- a percepção (tanto dos que têm experiência pregressa no modelo de desenvolvimento tradicional quanto daqueles que ingressaram no mercado trabalhando em fábricas de software) quanto à sua satisfação pessoal com a função exercida, com o resultado do trabalho e com sua possibilidade futura de recolocação no mercado;
- se os operários consideram criativo o trabalho que realizam;
- se os operários sentem sua criatividade tolhida pela rigidez do processo.

Os dados coletados foram consolidados e analisados, possibilitando uma análise comparativa das fábricas A e B sob os pontos de vista de modelo de produção e gestão do conhecimento agregado aos processos, bem como da visão dos operários.

Na etapa inicial, os dados levantados pelas pesquisas bibliográfica e documental foram analisados e concatenados, constituindo o referen-

138 | FÁBRICA DE SOFTWARE

cial teórico para o trabalho, identificando aspectos relevantes que ajuda-ram a distinguir a essencialidade da aparência no fenômeno estudado.

As entrevistas permitiram colher as interpretações dos diversos partici-pantes sobre os processos vivenciados. Tais percepções, bem como os pon-tos positivos e negativos observados, concederam a impressão pessoal de cada um deles sobre o objeto do estudo. Os pontos mais citados ou aqueles com maior grau de afinidade indicaram os fatores preponderantes a estu-dar e direcionaram a seleção de perguntas a constar dos questionários.

Os dados levantados por intermédio dos questionários sofreram tra-tamento estatístico, buscando identificar padrões comuns e possível cor-relação entre os fatores observados que pudessem auxiliar nesta pesquisa.

Por serem apenas duas fábricas a estudar, com modelos discrepan-tes, a instrumentalidade do estudo se restringe, uma vez que tal univer-so não permite generalizar as conclusões para a construção de modelos teóricos que suportem a generalização teórica no futuro.

Por serem fábricas do mesmo tipo, fábricas de projeto de software, e que portanto englobam a fase de concepção de projetos lógicos, ficou bastante evidente a faceta da flexibilidade incorporada ao sistema pro-dutivo. Não é apenas a fase inicial do processo de desenvolvimento de software que exige maior criatividade, pois as mudanças de regra e de escopo que acontecem no ambiente do cliente eclodem dentro do am-biente da fábrica, acentuando a característica de mão dupla da esteira de produção. Os dados da pesquisa, ao demonstrarem que na competên-cia *implementação* são mais fortes os traços repetitividade das tarefas e especialização do empregado, nos permitem inferir novamente que se o objeto de estudo fossem fábricas de programas, as características de flexibilidade seriam menos acentuadas.

A segunda fábrica estava em operação havia apenas cinco meses, período em que seus processos ainda sofriam otimização, isto é, não es-tavam completamente estáveis, o que pode ter produzido um viés nos resultados observados.

Embora a redação das perguntas do questionário sempre frisas-se que as respostas deveriam levar em conta apenas a experiência do

FÁBRICA DE SOFTWARE SOB A ÓTICA DA GESTÃO DO CONHECIMENTO | 139

operário na atividade de desenvolvimento, existe a possibilidade de na fábrica A — onde também é desenvolvida a atividade de manutenção, com problemas mais evidentes — ter havido influência no momento do preenchimento dos questionários.

Quanto ao tratamento dos dados, mesmo partindo do pressuposto da inexistência de neutralidade científica, há que se considerar a inserção da autora no contexto de um dos objetos pesquisados, a fábrica B, e os possíveis reflexos dessa atuação em sua interpretação dos dados obtidos, apesar do consciente esforço para o necessário distanciamento.

O caso estudado

Fábrica A

Essa fábrica nasceu em maio de 2005, a partir da reestruturação de um departamento da organização dedicado à manutenção e ao desenvolvimento de software, distribuído pelas capitais Belo Horizonte, Rio de Janeiro e Brasília, e que já funcionava havia mais de vinte anos.

Tal departamento sempre se dedicou a um único cliente da área de governo, no segmento de crédito imobiliário, desenvolvendo e dando manutenção a diversos produtos (sistemas) que atendem a gestores distintos no ambiente desse cliente. Cada um desses gestores atua num ramo diferente do negócio, porém, os sistemas têm de modo geral alguma interligação.

Antes da reestruturação, a responsabilidade da manutenção desses sistemas, alguns deles desenvolvidos há décadas, estava basicamente a cargo de equipes que haviam atuado inclusive na fase de desenvolvimento e dominavam o conhecimento requerido para tal atividade, tanto das regras do negócio como da solução em si e do seu histórico de evolução.

Nessa época, o grau de completeza e atualização da documentação desses sistemas antigos era inversamente proporcional à sua idade, portanto, a alocação de técnicos com o conhecimento tácito tornava-se imprescindível para as tarefas de manutenção. Convém explicitar que, ainda hoje, parte dos empregados da fábrica A tem muitos anos de casa, e inegavelmente é detentora de significativa parcela do conhecimento (negócio e produtos) requerido para seu funcionamento.

Antes da migração para um modelo fabril, existiam equipes multifuncionais por produto ou conjunto de produtos afins (que atendiam aos mesmos gestores), e cada equipe era completa o suficiente tanto para dar manutenção quanto para desenvolver novos módulos desses produtos, ou mesmo novos produtos daquele contexto. Isto é, cada equipe era responsável pelo ciclo completo de desenvolvimento, e seus membros, multifuncionais, atuavam praticamente durante todo esse ciclo. Quando muito a distinção de responsabilidades se resumia ao cargo formal; nesse caso, apenas a distinção de analista e programador, cabendo aos analistas desde o levantamento de requisitos até a especificação dos programas, depois testes e disponibilização do software para produção, e aos programadores a etapa de implementação. A figura 2 ilustra a estrutura do departamento nesse período pré-fábrica, considerando o ciclo de desenvolvimento de quatro fases adotado na época, bem como as três equipes, uma em cada capital, cada uma delas dedicada e responsável pelos produtos que lhe cabiam.

Figura 2: Diagrama da pré-estrutura da fábrica A

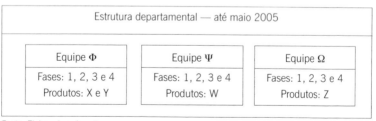

Fonte: Elaborada pela autora.

Com a perspectiva de perda desse antigo cliente, e daí a evidente necessidade de sua substituição em médio prazo por outros clientes, que provavelmente serão ligados a outros ramos de negócio, foi decidida a reestruturação do departamento visando à criação de uma fábrica de software, migrando radicalmente o foco da estrutura de *produto* para *processo*. Tal mudança foi também estimulada pela possibilidade de o departamento passar a atrair outras demandas da organização, que eram direcionadas a fábricas de software indianas.

Assim, as equipes existentes foram dissolvidas e seus membros realocados em novas equipes denominadas "competências", considerando sua experiência mais expressiva ou afinidade com cada uma das fases do ciclo de desenvolvimento, que por sua vez também foi revisto a partir da subdivisão das fases consideradas anteriormente. Com isso, cada competência passou a atuar indistintamente em todos os produtos.

Reestruturado o departamento, a fábrica A começou a operar com a estrutura demonstrada na figura 3:

Figura 3: Diagrama da estrutura inicial da fábrica A

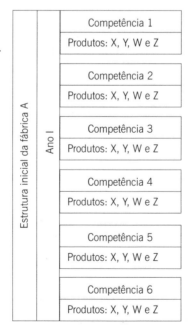

Fonte: Elaborada pela autora.

142 | FÁBRICA DE SOFTWARE

Vale comentar que, segundo os entrevistados, tal ruptura de paradigma foi uma experiência traumática tanto para os empregados como para o corpo gerencial, uma vez que ao mesmo tempo foram mudadas as chefias, a composição de equipes, as atribuições e os processos de trabalho, enquanto as solicitações de serviço continuavam a chegar sem tréguas, no mesmo ritmo de antes. Ressaltaram, porém, que, nesse momento de tantas dificuldades, o espírito de corpo de um grupo como aquele, trabalhando junto há tantos anos, fez com que fossem envidados todos os esforços para não permitir que o cliente fosse afetado de forma significativa.

Durante o ano de 2006, apareceram dificuldades na operação da fábrica que tiveram por consequência atrasos nas entregas e enfileiramento de solicitações de manutenção, tanto corretiva quanto evolutiva. Segundo os entrevistados, tais problemas não estavam restritos a uma competência específica, sendo o desconhecimento por parte dos integrantes de cada competência, tanto da arquitetura do produto e das respectivas regras de negócio como do contexto nos usuários, a principal causa identificada. As solicitações de manutenção de sistemas, tanto corretivas quanto evolutivas, eram mais críticas do que as solicitações de desenvolvimento, nas quais, por ser uma situação nova, o conhecimento necessário deveria surgir mesmo ao longo do serviço, ao passo que, num serviço de manutenção, até que fosse identificado o quê e como alterar, muito tempo se despendia estudando a documentação (ainda falha), ou interrompendo colegas de outra competência para pedir esclarecimentos.

Outra causa identificada foi a inexistência de uma gerência de solicitações dedicada a cada produto que as acompanhasse enquanto trafegavam de uma competência para outra, não apenas apoiando a questão do conhecimento mas também priorizando serviços.

Assim, a fábrica A adentrou o ano de 2007 com as seguintes novas orientações:

FÁBRICA DE SOFTWARE SOB A ÓTICA DA GESTÃO DO CONHECIMENTO | 143

- sobrepor à estrutura vigente, matricialmente, uma gerência por produto perpassando todas as competências;
- investir fortemente na atualização e complementação da documentação de todos os sistemas já prontos, de modo a agilizar a execução das solicitações de manutenção, não apenas registrando como também democratizando o acesso a esse conhecimento;
- reduzir a quantidade de competências, passando a adotar a estrutura:

Figura 4: Diagrama da estrutura da fábrica A durante o estudo

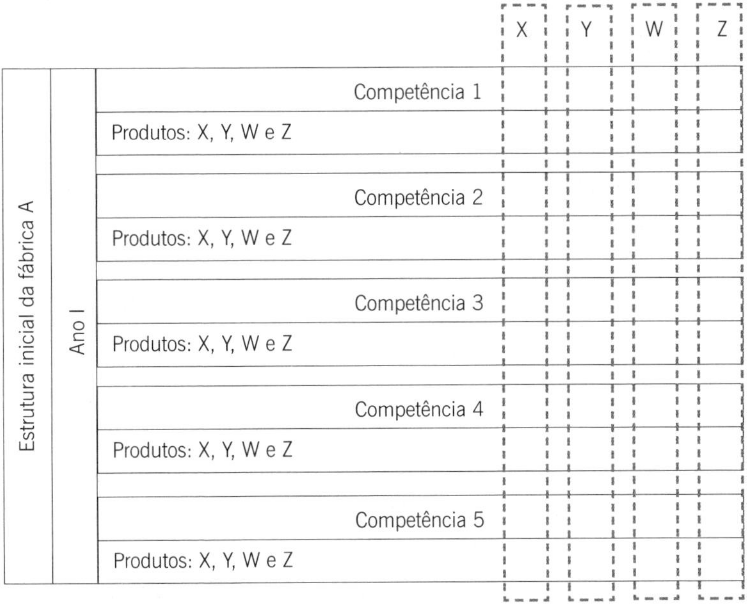

Estrutura inicial da fábrica A	Ano I		X	Y	W	Z
		Competência 1				
		Produtos: X, Y, W e Z				
		Competência 2				
		Produtos: X, Y, W e Z				
		Competência 3				
		Produtos: X, Y, W e Z				
		Competência 4				
		Produtos: X, Y, W e Z				
		Competência 5				
		Produtos: X, Y, W e Z				

Fonte: Elaborada pela autora.

A fábrica contava com 128 empregados e estava realizando serviços de desenvolvimento, manutenção evolutiva e corretiva de sistemas em alta (*mainframe*) e baixa plataforma. Continuava atendendo ao mesmo cliente da área governamental e, ao contrário do que se supunha (perda desse cliente) em 2005, tal contrato havia sido renovado, com escopo ainda maior, motivo pelo qual havia sido necessário aumentar as equipes.

O tipo dessa fábrica, pela classificação de Fernandes e Teixeira (2004), traduz-se num híbrido entre fábrica de projeto de software e fábrica de projetos físicos, dado que o primeiro processo de desenvolvimento a seu cargo é a Especificação Lógica. Está subdividida nas seguintes competências, que atuam em sequência:

- Requisitos e escopo (RE);
- Projeto lógico e físico (PLF);
- Implementação (IM);
- Testes (TE);
- Disponibilização (DI).

Desde a sua criação, foi previsto na fábrica A que as competências *Projeto lógico e físico* e *Implementação* estariam subdivididas em células dedicadas às plataformas de desenvolvimento alta e baixa, e que todas as competências atenderiam a todos os produtos.

Como os gestores estão sediados em Brasília, os técnicos adicionais contratados para atuar na competência Requisitos e escopo foram contratados já nessa cidade, e como a equipe responsável pela Disponibilização interage bastante com os gestores na fase de homologação do software, essa competência também está radicada em Brasília. Assim, a competência Requisitos e escopo é suportada por duas equipes, uma sediada em Belo Horizonte, outra em Brasília; a cada uma das demais competências corresponde uma única equipe, sendo que Disponibilização está sediada em Brasília e as demais em Belo Horizonte. No Rio de Janeiro encontra-se parte das competências Requisitos e escopo e Projeto lógico e físico.

Fábrica B

A segunda fábrica, denominada fábrica B e situada no Rio de Janeiro, foi criada a partir da cisão de um departamento que já estava desde 1998

FÁBRICA DE SOFTWARE SOB A ÓTICA DA GESTÃO DO CONHECIMENTO | 145

dedicado a um único cliente a quem prestava serviço de manutenção de sistemas (corretiva e evolutiva). Aplicava-se a esse departamento exatamente o mesmo modelo representado na figura 6 para a fábrica A, uma vez que estava organizado em equipes multifuncionais, cada uma delas alocada a um produto ou conjunto de produtos afins e integrados. E esse cliente, também da esfera governamental, milita na área de trabalho e emprego.

No início de 2007, o escopo do contrato com esse cliente aumentou significativamente, uma vez que ficou firmado o compromisso de, em paralelo à manutenção, serem redesenvolvidos os mesmos sistemas e criados novos, numa plataforma mais moderna, um desafio muito grande, considerando o prazo acordado. Cabe explicar que a estratégia adotada pela organização na negociação desse novo serviço foi oferecer um prazo mais curto que a concorrência, por já deter o conhecimento do negócio.

Mesmo com a contratação de novos empregados para fazer frente ao novo serviço, estava instalada a necessidade de repartir os empregados que detinham tal conhecimento entre os serviços de manutenção e desenvolvimento, para continuar garantindo prazo e qualidade. Isso porque, até que o novo sistema esteja pronto e em produção, a organização está contratada para continuar mantendo os sistemas atuais.

Para fazer frente à manutenção dos sistemas atuais, foram reservadas duas equipes multifuncionais, cada uma delas dedicada a um conjunto de produtos definido com base na identificação das duas linhas principais do conhecimento do negócio. No caso desse departamento, o fato de a documentação desses sistemas estar atualizada e completa contribuiu bastante para que, sem prejuízo do andamento dos serviços, fossem complementadas as equipes com novas contratações. Atendido o serviço de manutenção, não restaram empregados suficientes para alocar uma equipe completa para cada produto a desenvolver, cada uma delas com pelo menos um membro conhecedor do negócio.

Então, a solução adotada foi estruturar uma linha de produção única, dedicada ao desenvolvimento em paralelo dos diversos produtos encomendados, distribuindo os empregados que detinham o conhecimento do negócio pelas várias estações dessa "esteira", surgindo nesse momento a fábrica B, com 36 empregados, 16 dos quais recém-contratados. Cabe acrescentar que essa solução veio ao encontro de uma diretriz da organização. Visando aumentar a produtividade e baixar os custos, ela pretende que esse novo modelo, devidamente validado, posteriormente se estenda ao serviço de manutenção e em seguida aos demais projetos contratados por esse mesmo cliente, atualmente a cargo de outras equipes (multifuncionais) também sediadas no Rio de Janeiro.

A tipologia da fábrica B se enquadra perfeitamente na classificação *fábrica de projeto de software* de Fernandes e Teixeira (2004) e encontra-se subdividida nas seguintes competências:

- Projeto lógico (PL), equipes distintas por linha de conhecimento;
- Projeto físico (PF), equipe única;
- Implementação (IM), equipe única;
- Administração de dados e componentes (DC), equipe única;
- Testes (TE), equipe única.

As competências Projeto lógico, Projeto físico e Implementação atuam rigorosamente em sequência, mas as duas últimas atuam permanentemente ao longo do processo, conforme são demandadas. Na ocasião dessa subdivisão, foram consideradas as seguintes lições já aprendidas a essa altura com a fábrica A, ou seja:

- Se estiver incompleto o serviço, ao ser transferido de uma competência para a outra, mais conhecimento se perde, mais defeitos surgem e se propagam; além disso, a definição exata das raias de atuação de cada competência (atividades, artefatos) evita retrabalho e lacunas;
- É fundamental a gestão do conhecimento, explícita e acompanhada, na passagem de serviço entre as competências;

FÁBRICA DE SOFTWARE SOB A ÓTICA DA GESTÃO DO CONHECIMENTO | 147

- A falta de documentação completa e atualizada compromete a esteira de produção, dado que o conhecimento fica retido na memória do criador; na primeira oportunidade em que esse conhecimento for requerido, esse empregado precisará estar disponível no mínimo para prestar esclarecimentos.

Na figura 5 está representado, para cada fábrica, o âmbito de atuação previsto para cada competência conforme as fases do processo:

Figura 5: Comparativo de competências — fábricas A e B

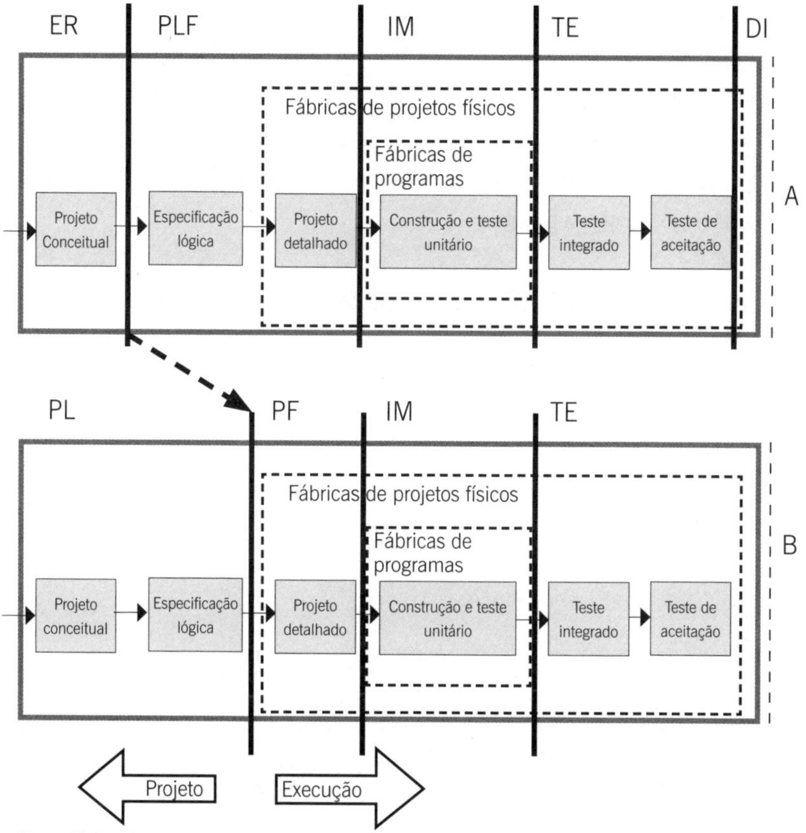

Fonte: Elaborada pela autora.

148 | FÁBRICA DE SOFTWARE

É possível observar a redução de cinco para quatro competências atuando em sequência, bem como, no caso da fábrica B, a fronteira entre projeto e execução passando a coincidir com o limite da competência Projeto lógico. Cabe observar que tal estrutura nos remete aos estudos de Frederick Winslow Taylor (1856-1915), o "Pai da Organização Científica do Trabalho", que evidenciavam a drástica separação entre projeto e execução: entregar tudo o que faz parte do projeto e da organização a especialistas no assunto, enquanto dos operários só exigir que executassem o trabalho, atendo-se rigorosamente às prescrições técnicas recebidas.

Para determinação dessas competências, conforme relato dos coordenadores da fábrica A, foi necessário partir da correlação entre os artefatos a produzir em cada fase e as atribuições previstas para consecução desses objetivos. A seguir, tais atribuições foram sendo agrupadas por competência segundo a *expertise* requerida, associada a cargos e perfis, conforme mostra a figura 6:

Figura 6: Quadro atribuições x competências

	FASES	COMPETÊNCIAS				
		PL	PF	IM	DC	TE
Projeto	Levantamento de requisitos	X				
	Descrição dos casos de uso	X				
	Prototipação de telas	X				
	Revisão dos casos de uso	X				X
	Validação (escopo, telas e regras) com o MTE	X				
	Ajustes do projeto lógico	X				
	Elaboração dos casos de teste					X
	Modelagem lógica do banco	X			X	
	Elaboração do dicionário de dados				X	
	Construção dos diagramas de sequência	X				

continua

FÁBRICA DE SOFTWARE SOB A ÓTICA DA GESTÃO DO CONHECIMENTO | 149

	FASES	COMPETÊNCIAS				
		PL	PF	IM	DC	TE
	Descrição dos EIU	x				
	Modelagem física do banco				x	
	Arquitetura dos Casos de Uso (EPI)		x			
	Construção/documentação dos componentes		x	x		
	Teste unitário dos componentes		x	x		
	Especificação de SP		x			
	Especificação de página (complementação EIU)		x			
	Refinamento da modelagem de dados		x		x	
	Elaboração de massa de testes — desenvolvimento		x	x		
	Ajuste da documentação (artefatos)	x	x		x	
Execução	Refinamento dos casos de teste					x
	Implementação		x	x		
	Testes unitários		x	x		
	Testes integrados		x	x		
	Migração ambiente (desenvolvimento/teste)				x	
	Validação Interna	x				
	Ajustes (objetos e documentação)	x	x		x	
	Elaboração da massa de testes adicionais					x
	Testes do sistema					x
	Ajustes (objetos e documentação)	x	x		x	x
	Análise dos testes					x
	Migração ambiente (teste/homologação)				x	

Passagem PL ← PF

Passagem PF ← CD, TE

Passagem TE ← PL, PF, DC

Fonte: Elaborada pela autora.

Pelo relatado, a versão apresentada do quadro foi fruto de um período de dois meses de sucessivos ajustes, de modo a definir precisamente o raio de ação de cada competência.

A preocupação constante nesse período era evitar que uma competência, para executar seu trabalho, dependesse de um conhecimento que efetivamente não estivesse registrado nos artefatos que recebeu ou que não lhe tivesse sido transmitido explicitamente durante a passagem de serviço pela outra competência.

Para prevenir falhas de documentação, esse processo instituiu que a equipe de testes, por amostragem, revisaria os artefatos gerados durante o processo de desenvolvimento, verificando completeza e coerência com os demais artefatos.

ASPECTOS TEÓRICOS SOBRE CONHECIMENTO NA FÁBRICA DE SOFTWARE

Metáfora

A metáfora, figura de linguagem semântica estudada normalmente como uma instância linguística assemelhada à comparação, consiste na analogia implícita entre dois elementos através de seus significados imagísticos, atribuindo, de forma inesperada ou improvável, significados de um deles ao outro; fala-se de algum ser utilizando-se características de outro. Pode ser entendida como o emprego de uma palavra fora do seu sentido usual, com caráter comparativo, substitutivo ou interativo.

Para Souza (2003), além de ser uma espécie de jogo linguístico, a metáfora é um modo de raciocinar típico do gênero humano, uma maneira muito corriqueira de conceituar o mundo. Através das metáforas, o homem manifesta sua visão sobre as coisas do mundo e revela as relações entre elas, da maneira como são processadas em sua mente. Quanto mais a imagem que a metáfora pretende criar sugere o objeto, em vez de identificá-lo, maior seu sentido. Se a imagem criada pela metáfora aproxima-se demais da "realidade", ela se torna uma identificação extra, deixando de ser uma comparação, ou seja, deixando de ser metáfora.

A discussão acerca dos limites do sentido metafórico na linguagem é recorrente nos estudos de linguística cognitiva, que não apartam os fenômenos língua e raciocínio, considerando a língua mais do que apenas uma das facetas do pensamento humano: um importante elemento — embora não único — para a compreensão do aparato cognitivo do homem. Nesse campo surge o conceito dos "espaços mentais", domínios cognitivos de natureza significativa, ativados durante o raciocínio, ligados a alguma forma de conhecimento, seja em nível cultural, psicológico, histórico ou ficcional.

A metáfora é um fenômeno natural da comunicação diária, seja oral ou escrita (e até gestual), refletindo a maneira de pensar do homem. A comunicação humana é metafórica por excelência, dado que a todo momento operamos transferência de ideias de um domínio cognitivo para outro, inter-relacionando elementos de diferentes espaços mentais, o que constitui a essência da metáfora.

Observamos, na definição a seguir, a adoção do termo *fábrica* no sentido metafórico explícito: "como o nome já diz, a fábrica de software para ser considerada dessa forma deve possuir alguns atributos oriundos de uma fábrica industrial" (Fernandes e Teixeira, 2004:116). Identificamos nessa definição tanto a utilização do espaço mental "conhecimento do modelo fabril industrial", como a alusão aos limites dessa metáfora, a fronteira entre a literalidade e a metaforização, ou seja, entre sentido literal e figurado do termo *fábrica* quando ligado à produção de software.

Gestão do conhecimento

A aquisição do conhecimento foi revestida de enorme importância quando se percebeu que os processos de criação, organização, aprendizagem e retenção são estratégicos e podem ser utilizados contra a concorrência e a favor do desenvolvimento dos métodos de trabalho, pois advêm de experiência única e própria da empresa, difíceis de copiar, já que os fatores inerentes à solução dos problemas são intimamente li-

152 | FÁBRICA DE SOFTWARE

gados à cultura organizacional. A primeira linha de gestão do conhecimento, baseada em TI, está focada no gerenciamento da informação; a segunda, nas pessoas, cuja valorização é fundamental nessa gestão. Durante o processo de desenvolvimento de software, é fundamental que estejam explicitados e documentados os conhecimentos:

- inerentes ao produto (software);
- produzidos a cada etapa do desenvolvimento, útil e necessário à etapa seguinte;
- imprescindíveis para a posterior manutenção do produto, porém suplementares ao gerado naturalmente no processo de desenvolvimento, como, por exemplo, justificativas de adoção e descarte de soluções, documentação integral da versão em produção, em vez de documentações incrementais versão a versão do software.

No caso da indústria de TI, o parcelamento do trabalho (buscando abreviação e simplificação de cada fase) confiado a cada operário (prática fordista) torna-se um complicador da integração das diversas fases, se considerarmos a variável "conhecimento do produto", que muitas vezes é incrementado a cada fase e necessário à fase seguinte. A dificuldade reside em explicitar, na documentação que tramita entre as diversas competências de uma fábrica de software, todo o conhecimento construído durante aquela fase.

No processo de desenvolvimento de um software, a compartimentação das competências reflete a natureza distinta dos processos de cada uma delas, mas não restringe o fluxo de conhecimento que as perpassa. Isso nos leva a refletir sobre as consequências de não subdividir o trabalho apenas em duas fases, projeto e execução, tendência taylorista.

Outra questão a considerar é a posterior necessidade de esse software recém-desenvolvido passar a sofrer manutenções corretivas (ajustes) e/ou evolutivas (mudanças de regra e escopo). E, para que se independa nessa hora dos conhecimentos (tácitos e explícitos) de quem os desenvolveu, um banco de conhecimentos deveria conter vários tipos de conhecimento (segundo classificação listada em sistemas de informação por Alavi e Leidner, em 2001), cujo registro nem sempre é necessário ao processo de desenvolvimento propriamente dito, a saber:

- Declarativo: saber sobre;
- Procedural: saber como;
- Causal: saber o porquê;
- Condicional: saber quando e sob que condições;
- Relacional: saber a quem afeta e por quem é afetado;
- Pragmático: útil para a organização.

ANÁLISE E RESULTADOS DO CASO ESTUDADO

Em ambas as fábricas foi possível observar que, com o uso das novas ferramentas de desenvolvimento de software, explicitamente chamadas de "ferramentas de alta produtividade", o processo está sendo automatizado de tal forma, com base no conceito de encapsulamento de funcionalidades, que a atividade de programação, por exemplo, se restringe, em muitos casos, a um esforço de montagem de componentes prontos, isto é, já estão previamente definidos quais componentes devem ser utilizados, em que sequência e circunstância, ficando com isso o programador dispensado de conhecer a inteligência embutida nesses componentes. Só que, com isso, o programador tem cada vez menos oportunidades de criar, e fica cada vez mais distante do conhecimento do negócio do cliente, o que reduz seu valor agregado ao seu grau de especialização nas ferramentas utilizadas naquela fase do processo. Em contrapartida, programadores podem ser substituídos com ônus de prazo menor.

Em princípio, sem entrar no mérito da complexidade de gerenciamento de uma biblioteca de componentes, quanto mais componentes especializados estiverem disponíveis no ambiente de desenvolvimento daquele produto, maior a velocidade da esteira em seus estágios finais.

154 | FÁBRICA DE SOFTWARE

Em termos de supervisão e controle, na composição do próprio ferramental de desenvolvimento, em ambas as fábricas observamos procedimentos similares: cada vez que um desenvolvedor de software acessa um artefato, é contabilizado automaticamente o tempo dedicado à atividade em curso até que o artefato seja liberado, sendo que é esperado do desenvolvedor que ele declare as eventuais interrupções. Na prática, a cada interrupção do trabalho, cabe ao desenvolvedor acionar botões "parar" e "reiniciar" presentes na tela de sua estação de trabalho; se omitir a interrupção, o tempo continua sendo contabilizado como se ele estivesse trabalhando naquele artefato, e os relatórios que a própria ferramenta emite vão acusar sua baixa produtividade, pois foi investido mais tempo do que o esperado naquela atividade. Por outro lado, sucessivas interrupções não justificadas pela dedicação a outras tarefas que lhe foram designadas em paralelo também penalizam o desenvolvedor.

Também está implantada nas duas fábricas, bem como nos clientes, uma ferramenta própria da organização, o sistema Siarq (sistema integrado de administração dos registros da qualidade), que tem por finalidade registrar, acompanhar e gerenciar cada solicitação de serviço desde sua emissão até o aceite final, gerando automaticamente indicadores de qualidade (cumprimento de produtividade e de prazo e satisfação do cliente) que permitem buscar a contínua melhoria dos serviços prestados. Integrado ao Siarq está implantado o sistema Gênesis, outra ferramenta desenvolvida pela organização, que permite distribuir e alocar recursos, acompanhar execução de tarefas e alocação de esforço, monitorar a tramitação das ocorrências registradas nos testes até sua solução, passando pelas medições, em ponto de função, do porte de cada uma das versões de sistema antes e depois das manutenções.

Apenas na fábrica B está implantado o conceito de Iteração,[1] que identifica cada "pacote" que trafega na esteira. Para facilitar o monitoramento da produção, os coordenadores das competências e o respon-

---

[1] Iteração é um subconjunto das funcionalidades (ou casos de uso) que compõem o software.

sável pela fábrica utilizam um painel de cores que demonstra, para cada funcionalidade:

- o estágio da evolução no processo de desenvolvimento;
- as horas previstas segundo a metodologia de pontos de casos de uso, que estima o porte de uma funcionalidade antes de ela estar pronta o suficiente para ser medida com mais precisão através dos pontos de função;
- as horas realizadas.

Na fábrica A, o controle análogo é realizado, só que por tarefa.

As duas fábricas atribuem grande importância a esses controles, pois, além de viabilizarem o acompanhamento do dia a dia, permitem manter um registro histórico capaz de calibrar as métricas de produtividade adotadas, para conferir maior precisão tanto a futuras estimativas de prazo de custo, bem como à avaliação dos resultados alcançados. Tais métricas se baseiam nas horas gastas em cada etapa do processo, a exemplo do MTM (method time measurement) das linhas de produção fordistas.

Quanto à gestão do conhecimento, nas duas fábricas, a coleta e o armazenamento sistemático do conhecimento adquirido ao longo do processo de desenvolvimento de software seguem os padrões de documentação definidos pela organização, estando esse acerto disponível em meio eletrônico, com adequado controle de versões.

Aprofundando a análise da gestão do conhecimento nessas fábricas, verificamos que na fábrica B, durante o percurso da esteira de produção, ocorrem várias sessões que propiciam o compartilhamento e a ampliação desse conhecimento, sob a forma de reunião de verificação/validação, em que representantes das demais competências são convidados a questionar os artefatos produzidos e apresentados por uma delas, contribuindo com sugestões, esclarecendo dúvidas inclusive sobre aspectos que impactaram ou impactarão seu futuro trabalho; e reunião

156 | FÁBRICA DE SOFTWARE

de passagem de conhecimento, Iteração a Iteração, da qual participam as competências que estão entregando e recebendo o serviço, tendo sido distribuído todo o material (artefatos) para análise prévia. Nessa reunião procura-se explicar o porquê das soluções adotadas e, se for relevante, o motivo do descarte de outras soluções; além disso, aqueles pontos já identificados como mais complexos são revistos, de modo a garantir que o entendimento seja completo e preciso. Dúvidas de redação também são esclarecidas.

Nas entrevistas, os coordenadores da fábrica B afirmaram que essas práticas têm minimizado bastante as interrupções e principalmente o retrabalho, e ressalvaram que tais sessões não impedem que as competências mantenham contato informal, se necessário for. Na fábrica A, não chega a ser realizada, nem mesmo está prevista uma comunicação formal entre as competências que estão entregando e recebendo cada "pacote"; assim, não é transmitido qualquer conhecimento que transcenda os artefatos.

Outro ponto importante a registrar, sobre as entrevistas realizadas na fábrica B, é o fato de ter sido intencional, e conscientemente remetida a Taylor, a subdivisão clara do trabalho em *projeto* e *execução,* ao serem definidas as competências. Explicaram terem levado em conta a constatação de que o parcelamento do trabalho (buscando abreviação e simplificação de cada fase) confiado a cada operário (prática fordista) complica a "passagem do bastão", quando considerada a variável *conhecimento obtido em cada fase e necessário à fase seguinte.*

A subdivisão nas competências definida na fábrica B não apenas foi guiada pela preocupação de restringir ao interior de cada competência o tráfego de conhecimentos, mas também para criar espaços onde pudessem ser alocados os novos contratados, possibilitando assim que eles rendessem, apesar da falta do conhecimento prévio do negócio. Exemplificando, as competências Projeto físico e Implementação, da forma como o processo foi concebido, prescindem desse conhecimento, por essa razão, as alterações nessas equipes são mais simples de efetuar.

FÁBRICA DE SOFTWARE SOB A ÓTICA DA GESTÃO DO CONHECIMENTO | 157

Gestão do conhecimento

Tabela 2: Resultado da tabulação da questão 2.1

2.1 Conhecimento não documentado na sua própria competência	Fábrica A								Fábrica B							Total
	Competências						Subtotal		Competências					Subtotal		
	ER	PLF	IM	TE	BD	DI	Qtd	%	PL	PF	IM	TE	DC	Qtd	%	
"1 - Tudo formalizado (soluções, motivos, ...)"	0	0	0	0	0	0	0	0,0	0	0	0	0	0	0	0,0	0
2 - Soluções formalizadas detalhadamente	5	1	1	0	0	0	7	11,9	2	1	0	0	0	3	9,1	10
3 - Até 10% não documentados	4	0	2	7	0	1	14	23,7	4	3	3	2	1	13	39,4	27
4 - Até 30% não documentados	2	4	9	4	0	0	19	32,2	1	1	2	4	1	9	27,3	28
5 - Até 50% não documentados	0	0	7	3	0	1	11	18,6	0	0	0	1	2	3	9,1	14
6 - Mais de 50% não documentados	1	2	4	0	1	0	8	13,6	0	0	1	0	2	3	9,1	11
Em branco	0	0	0	0	0	0	0	0,0	0	0	1	1	0	2	6,1	2
Totais	12	7	23	14	1	2	59		7	5	7	8	6	33		92
Faixa média	3	4,28	4,478	3,71	6	4	4		2,86	3	3,83	3,86	4,83	3,68		

Fonte: Elaborada pela autora.

Conforme demonstra a tabela 2, na percepção de todos os respondentes, o registro do conhecimento que surge durante a execução do seu próprio trabalho é falho. Apenas 11,9% dos respondentes na fábrica A e 9,1% na fábrica B consideram que as soluções eleitas e adotadas estão detalhadamente documentadas. Apuramos posteriormente que,

158 | FÁBRICA DE SOFTWARE

por ocasião das discussões em que foram descartadas outras soluções, não é feito registro delas e do motivo do descarte.

Instigados a apontar quais conhecimentos percebiam estar se perdendo, explicaram de imediato que os artefatos a serem produzidos, previstos na atividade de modelagem das bases de dados, Dicionário de Dados e Diagrama de Entidades e Relacionamentos, não comportam o registro dos necessários cuidados a se tomarem quando da implementação, a fim de melhor explorar os recursos e respeitar as restrições do modelo construído. Os coordenadores da fábrica B decidiram então aprofundar essa análise com o grupo, depois com as demais competências, para em seguida proceder alterações nos formatos dos artefatos, ou mesmo acrescentar um novo artefato a ser produzido nessa fase do processo de desenvolvimento.

A questão 2.2 indaga sobre esse conhecimento que não chegou a ser registrado (tabela 3).

Na fábrica B, 27,3% estão convictos de que esse conhecimento chega a ser transmitido para a próxima competência, e o risco percebido de perda mais evidente está na competência de Testes. Na fábrica A, esse risco se apresenta principalmente nas competências Implementação e Testes.

Tabela 3: Resultado da tabulação da questão 2.2

2.2 Conhecimento não documentado é explicitado na passagem de serviço?	Fábrica A								Fábrica B							Total
	Competências						Subtotal		Competências					Subtotal		
	ER	PLF	IM	TE	BD	DI	Qtd	%	PL	PF	IM	TE	DC	Qtd	%	
1 - Sempre	4	2	0	1	0	0	7	11,9	3	2	2	0	2	9	27,3	16
"2 - Está previsto, mas falha"	5	2	15	9	1	2	34	57,6	1	2	3	4	4	14	42,4	48
3 - Às vezes	3	3	7	4	0	0	17	28,8	3	1	2	3	0	9	27,3	26
4 - Nunca	0	0	0	0	0	0	0	0,0	0	0	0	0	0	0	0,0	0
Em branco	0	0	1	0	0	0	1	1,7	0	0	0	1	0	1	3,0	2

continua

FÁBRICA DE SOFTWARE SOB A ÓTICA DA GESTÃO DO CONHECIMENTO | 159

2.2 Conhecimento não documentado é explicitado na passagem de serviço?	Fábrica A								Fábrica B							Total
	Competências						Subtotal		Competências					Subtotal		
	ER	PLF	IM	TE	BD	DI	Qtd	%	PL	PF	IM	TE	DC	Qtd	%	
Totais	12	7	23	14	1	2	59		7	5	7	8	6	33		92
Faixa média	1,9	2,14	2,32	2,21	2	2	2,2		2	2	2	2,43	1,67	2		

Fonte: Elaborada pela autora.

A questão 2.3 (tabela 4) versa sobre o impacto causado pelas lacunas de conhecimento no ritmo de trabalho dos empregados, uma vez que lhes obriga a interromper a execução do serviço para garimpar tal conhecimento. Acusam prejuízo 28,8% na fábrica A e 3% na fábrica B. Novamente, as competências mais afetadas são aquelas que lidam com as bases de dados em ambas as fábricas, onde tais lacunas são efetivamente críticas, pela própria natureza do serviço ali realizado.

Tabela 4: Resultado da tabulação da questão 2.3

2.3 Completude da documentação recebida	Fábrica A								Fábrica B							Total
	Competências						Subtotal		Competências					Subtotal		
	ER	PLF	IM	TE	BD	DI	Qtd	%	PL	PF	IM	TE	DC	Qtd	%	
1 - Não se aplica	9	0	0	0	0	0	9	15,3	7	0	0	0	0	7	21,2	16
2 - Completa	0	0	0	0	0	0	0	0,0	0	0	0	0	0	0	0,0	0
3 - Quase completa	0	2	4	1	0	0	7	11,9	0	4	3	3	2	12	36,4	19
4 - Incompleta sem prejuízo	1	3	11	8	0	2	25	42,4	0	1	4	5	3	13	39,4	38
5 - Incompleta com prejuízo	2	2	7	5	1	0	17	28,8	0	0	0	0	1	1	3,0	18
Em branco	0	0	1	0	0	0	1	1,7	0	0	0	0	0	0	0,0	1
Totais	12	7	23	14	1	2	59		7	5	7	8	6	33		92
Faixa média	1,9	4	4,14	4,29	5	4	3,7		1	3	3,57	3,63	3,83	3,03		

Fonte: Elaborada pela autora.

160 | FÁBRICA DE SOFTWARE

Origem da formação requerida

Os dados da tabela 5 indicam que a origem da formação requerida para atuar no modelo de fábrica de software não se encontra no ensino superior, especialmente no Rio de Janeiro (fábrica A).

Tabela 5: Resultado da tabulação da questão 2.4

2.4 Origem da formação requerida	Fábrica A								Fábrica B							Total
	Competências						Subtot		Competências					Subtot		
	ER	PLF	IM	TE	BD	DI	Qtd	%	PL	PF	IM	TE	DC	Qtd	%	
1 - Curso superior	2	0	3	8	0	0	13	22,0	0	0	1	0	1	2	6,1	15
2 - Repasse equipe	2	3	6	3	1	1	16	27,1	2	3	2	4	1	12	36,4	28
3 - Trein. custeio próprio	1	0	3	2	0	0	6	10,2	2	0	0	1	1	4	12,1	10
4 - Trein. pago empresa atual	3	2	2	0	0	0	7	11,9	0	0	0	1	0	1	3,0	8
5 - Trein. pago ex-empresa	1	1	1	0	0	1	4	6,8	0	0	0	0	0	0	0,0	4
6 - Autoinstrução	3	1	4	1	0	0	9	15,3	2	2	3	1	2	10	30,3	19
Em branco	0	0	4	0	0	0	4	6,8	1	0	1	1	1	4	12,1	8
Totais	12	7	23	14	1	2	59		7	5	7	8	6	33		92

Fonte: Elaborada pela autora.

Percepção do modelo fabril

Conforme mostra a tabela 6, na fábrica B, 60,6% dos respondentes declaram conseguir visualizar por inteiro o produto que está sendo desenvolvido, enquanto na fábrica A apenas 22% alcançam essa percepção.

FÁBRICA DE SOFTWARE SOB A ÓTICA DA GESTÃO DO CONHECIMENTO | 161

Tabela 6: Resultado da tabulação da questão 2.5

2.5 Visualização do produto desenvolvido	Fábrica A								Fábrica B							Total
	Competências						Subtotal		Competências					Subtotal		
	ER	PLF	IM	TE	BD	DI	Qtd	%	PL	PF	IM	TE	DC	Qtd	%	
1 - Total - lógica e física	2	6	3	2	0	0	13	22,0	3	5	2	6	4	20	60,6	33
2 - Total - lógica	9	0	1	2	0	0	12	20,3	2	0	0	0	1	3	9,1	15
3 - Total - física	0	0	0	5	0	0	5	8,5	1	0	1	1	0	3	9,1	8
4 - Parcial	0	1	19	5	1	2	28	47,5	1	0	3	1	0	5	15,2	33
5 - Não conseguirá visualizar	1	0	0	0	0	0	1	1,7	0	0	1	0	1	2	6,1	3
Em branco	0	0	0	0	0	0	0	0,0	0	0	0	0	0	0	0,0	0
Totais	12	7	23	14	1	2	59		7	5	7	8	6	33		92
Faixa média	2,1	1,43	3,52	2,93	4	4	2,9		2	1	3,14	1,63	1,83	1,97		

Fonte: Elaborada pela autora.

Em ambas as fábricas, a percepção de repetitividade das tarefas está configurada na tabela 7, onde apenas 18,6% na fábrica A e 15,2% na fábrica B não consideram repetitivas as tarefas que executam; contudo, essa repetitividade reconhecida permite oportunidades de decidir e/ou criar. Registre-se que as competências de Implementação das duas fábricas e a competência de Testes da fábrica B são as que mais se ressentem.

162 | FÁBRICA DE SOFTWARE

Tabela 7: Resultado da tabulação da questão 2.6

| 2.6 - Repetitividade das atividades | Fábrica A | | | | | | | | Fábrica B | | | | | | | Total |
| | Competências | | | | | | Subtotal | | Competências | | | | | Subtotal | | |
	ER	PLF	IM	TE	BD	DI	Qtd	%	PL	PF	IM	TE	DC	Qtd	%	
"1 - Absolutamente repetitivas"	0	0	0	3	0	0	3	5,1	0	0	1	0	0	1	3,0	4
"2 - Repetitivas, mas com ALGUMAS chances de decidir/criar"	5	2	15	4	1	1	28	47,5	3	0	4	7	0	14	42,4	42
"3 - Repetitivas, mas com MUITAS chances de decidir/criar"	5	4	5	2	0	1	17	28,8	2	5	1	1	3	12	36,4	29
4 - Não são repetitivas	2	1	3	5	0	0	11	18,6	2	0	1	2	0	5	15,2	16
Em branco	0	0	0	0	0	0	0	0,0	0	0	0	1	0	1	3,0	1
Totais	12	7	23	14	1	2	59		7	5	7	11	3	33		92
Faixa média	2,8	2,86	2,48	2,64	2	3	2,6		2,86	3	2,29	2,5	3	2,66		

Fonte: Elaborada pela autora.

Mediante o resultado obtido na tabela 8, foi apurado, na competência Escopo e requisitos (ER) da fábrica A, o motivo da percepção de baixa contribuição com o processo produtivo: seus componentes consideram de pouca utilidade a tarefa de documentação do legado que lhes foi designada, uma vez que observam que os documentos produzidos nem sempre são consultados. Isto é, como o foco da pesquisa foi a atividade de desenvolvimento e não de manutenção, esse dado configura um viés.

FÁBRICA DE SOFTWARE SOB A ÓTICA DA GESTÃO DO CONHECIMENTO | 163

Tabela 8: Resultado da tabulação da questão 2.8

2.8 Percepção contribuição pessoal	Fábrica A								Fábrica B							Total
	Competências						Subtotal		Competências					Subtotal		
	ER	PLF	IM	TE	BD	DI	Qtd	%	PL	PF	IM	TE	DC	Qtd	%	
1 - Contribui muito	3	4	14	13	0	2	36	61,0	5	4	2	5	3	19	57,6	55
2 - Contribui	4	1	6	1	1	0	13	22,0	2	1	5	2	2	12	36,4	25
3 - Contribui pouco	4	2	2	0	0	0	8	13,6	0	0	0	1	0	1	3,0	9
4 - Não contribui	0	0	0	0	0	0	0	0,0	0	0	0	0	0	0	0,0	0
5 - Não percebe se contribui	1	0	0	0	0	0	1	1,7	0	0	0	0	0	0	0,0	1
Em branco	0	0	1	0	0	0	1	1,7	0	0	0	0	1	1	3,0	2
Totais	12	7	23	14	1	2	59		7	5	7	8	6	33		92
	2,1	1,71	1,45	1,07	2	1	1,5		1,29	1,2	1,71	1,5	1,4	1,44		

Fonte: Elaborada pela autora.

Em ambas as fábricas, os respondentes consideram positivo o impacto da padronização de processos nas suas carreiras profissionais, conforme tabela 9:

Tabela 9: Resultado da tabulação da questão 3.1

3.1 Impacto da padronização de processos	Fábrica A								Fábrica B							Total
	Competências						Subtotal		Competências					Subtotal		
	ER	PLF	IM	TE	BD	DI	Qtd	%	PL	PF	IM	TE	DC	Qtd	%	
1 - Positivo	10	4	12	13	1	0	40	67,8	7	5	6	4	4	26	78,8	66
2 - Negativo	0	3	4	0	0	1	8	13,6	0	0	1	4	0	5	15,2	13
3 - Não impacta	2	0	2	0	0	1	5	8,5	0	0	0	0	1	1	3,0	6
4 - Não tem opinião formada	0	0	5	1	0	0	6	10,2	0	0	0	0	0	0	0,0	6
Em branco	0	0	0	0	0	0	0	0,0	0	0	0	0	1	1	3,0	1
Totais	12	7	23	14	1	2	59		7	5	7	8	6	33		92

Fonte: Elaborada pela autora.

164 | FÁBRICA DE SOFTWARE

Já com relação ao impacto causado na carreira pela divisão das equipes por competência, enquanto na fábrica B ninguém afirma ser negativo e 75,6% afirmam ser positivo, na fábrica A a visão é menos otimista: 27,1% afirmam ser negativo e apenas 50,8% consideram tal impacto positivo (tabela 10).

Tabela 10: Resultado da tabulação da questão 3.2

3.2 Impacto da divisao por competências	Fábrica A								Fábrica B							Total
	Competências						Subtotal		Competências					Subtotal		
	ER	PLF	IM	TE	BD	DI	Qtd	%	PL	PF	IM	TE	DC	Qtd	%	
1 - Positivo	7	2	7	13	1	0	30	50,8	6	4	6	5	4	25	75,8	55
2 - Negativo	2	4	10	0	0	0	16	27,1	0	0	0	0	0	0	0,0	16
3 - Não Impacta	3	1	4	1	0	2	11	18,6	1	0	0	1	1	3	9,1	14
4 - Não tem opinião formada	0	0	2	0	0	0	2	3,4	0	1	1	1	0	3	9,1	5
Em branco	0	0	0	0	0	0	0	0,0	0	0	0	0	2	2	6,1	2
Totais	12	7	23	14	1	2	59		7	5	7	7	7	33		92

Fonte: Elaborada pela autora.

Quanto à realização profissional, o resultado também diverge nas duas fábricas, tendo sido obtido na fábrica B um resultado mais positivo (tabela 11).

Tabela 11: Resultado da tabulação da questão 4

4 Realização profissional	Fábrica A								Fábrica B							Total
	Competências						Subtotal		Competências					Subtotal		
	ER	PLF	IM	TE	BD	DI	Qtd	%	PL	PF	IM	TE	DC	Qtd	%	
1 - Sim	4	1	3	8	1	1	18	30,5	7	4	4	1	3	19	57,6	37
2 - Não	1	3	5	0	0	0	9	15,3	0	1	1	1	0	3	9,1	12
3 - Parcialmente	7	3	13	5	0	0	28	47,5	0	0	2	1	2	5	15,2	33
4 - Não tem opinião formada	0	0	2	1	0	1	4	6,8	0	0	0	5	0	5	15,2	9
Em branco	0	0	0	0	0	0	0	0,0	0	0	0	0	1	1	3,0	1
Totais	12	7	23	14	1	2	59		7	5	7	8	6	33		92

Fonte: Elaborada pela autora.

FÁBRICA DE SOFTWARE SOB A ÓTICA DA GESTÃO DO CONHECIMENTO | 165

Público-alvo

Conforme mostram as tabelas 12, 13 e 14 a seguir, dada a faixa etária mais alta do público da fábrica A, seus empregados estão formados há mais tempo, e muitos (28,8%) se formaram em outra área. A tabela 15 mostra a preponderância do público masculino nas duas fábricas.

Tabela 12: Resultado da tabulação área curso superior

| Área curso superior | Tempo médio de formado (anos) | | | |
| | Fábrica A | | Fábrica B | |
	Média	Desvio-padrão	Média	Desvio-padrão
Área de TI	8,96	7,15	8,06	4,99
Outras áreas	19,56	7,41	16	0
Qualquer área	12,9	9,98	8,53	5,2

Fonte: Elaborada pela autora.

Tabela 13: Resultado da tabulação escolaridade superior

| Escolaridade | Fábrica A | | | | | | | | Fábrica B | | | | | | | Total |
| | Competências | | | | | | Subtotal | | Competências | | | | | Subtotal | | |
	ER	PLF	IM	TE	BD	DI	Qtd	%	PL	PF	IM	TE	DC	Qtd	%	
1 - Curso superior não iniciado	0	0	0	0	0	0	0	0,0	0	0	0	1	0	1	3,0	1
2 - Curso superior interrompido	1	0	1	1	0	1	4	6,8	0	1	1	1	1	4	12,1	8
3 - Curso superior (área TI)	0	0	5	4	0	0	9	15,3	1	0	3	2	2	8	24,2	17
4 - Curso superior (outra área)	0	0	0	2	0	1	3	5,1	0	0	0	2	0	2	6,1	5
5 - Superior concluído (área TI)	11	2	9	2	1	0	25	42,4	5	4	3	2	3	17	51,5	42
6 - Superior concluído (outra área)	0	5	8	4	0	0	17	28,8	1	0	0	0	0	1	3,0	18
Em branco	0	0	0	1	0	0	1	1,7	0	0	0	0	0	0	0,0	1
Totais	12	7	23	14	1	2	59		7	5	7	8	6	33		92

Fonte: Elaborada pela autora.

Tabela 14: Resultado da tabulação sexo

Sexo	Fábrica A								Fábrica B							Total
	Competências						Subtotal		Competências					Subtotal		
	ER	PLF	IM	TE	BD	DI	Qtd	%	PL	PF	IM	TE	DC	Qtd	%	
Feminino	7	2	6	6	0	0	21	35.6	3	1	0	6	1	11	33.3	32
Masculino	5	5	17	8	1	2	38	64.4	4	4	7	2	5	22	66.7	60
Totais	12	7	23	14	1	2	59		7	5	7	8	6	33		92

Fonte: Elaborada pela autora.

Tabela 15: Resultado da tabulação faixa etária

Faixa etária	Fábrica A								Fábrica B							Total
	Competências						Subtotal		Competências					Subtotal		
	ER	PLF	IM	TE	BD	DI	Qtd	%	PL	PF	IM	TE	DC	Qtd	%	
1 - Até 25 anos	2	0	1	2	0	0	5	8,5	1	0	4	1	1	7	21,2	12
2 - De 26 a 30 anos	3	0	7	4	0	0	14	23,7	0	1	1	6	3	11	33,3	25
3 - De 31 a 40 anos	5	0	1	3	0	0	9	15,3	6	4	2	1	1	14	42,4	23
4 - De 41 a 50 anos	2	6	9	4	1	1	23	39,0	0	0	0	0	1	1	3,0	24
5 - de 51 a 60 anos	0	1	5	1	0	1	8	13,6	0	0	0	0	0	0	0,0	8
6 - Mais de 60 anos	0	0	0	0	0	0	0	0,0	0	0	0	0	0	0	0,0	0
Em branco	0	0	0	0	0	0	0	0,0	0	0	0	0	0	0	0,0	0
Totais	12	7	23	14	1	2	59		7	5	7	8	6	33		92
Faixa média	2,6	4,14	3,43	2,86	4	5	3,3		2,71	3	1,71	2	2,33	2,27		

Fonte: Elaborada pela autora.

Perseguindo o objetivo de produção em massa a baixo custo, verificamos que as fábricas de software vêm se encaixando nos mesmos modelos e controles daquelas fordistas, embora possuam características próprias (limitação da metáfora).

As ferramentas de controle adotadas nas duas fábricas assumem o papel de "capataz virtual", um substituto menos intrusivo que o supervisor do modelo fordista, porém mais eficaz, dado que reúne as qualidades da imparcialidade, da permanente atividade sem repouso e da não sujeição a falhas.

A especialização cobrada dos empregados, de modo que estejam adequados à estruturação das equipes segundo o conceito de competências, e a repetitividade das tarefas remetem ao modelo fordista, assim como a presença inequívoca de uma esteira de produção virtual, que percorre tais competências e pela qual trafegam os produtos em construção/manutenção, reforça a aderência a tal modelo.

Identificamos, portanto, sinais do ressurgimento do fordismo na indústria de TI, observados nas fábricas de software, principalmente naquelas estruturadas em competências, em contraponto ao reconhecido movimento em curso de busca pela flexibilização por parte das organizações (pós-fordismo).

Quanto à gestão do conhecimento, os resultados obtidos na tabela 2, favoráveis à fábrica B, informam que estão dando resultado as medidas lá tomadas com o objetivo de garantir uma documentação de melhor qualidade, que aumente o fluxo do conhecimento entre as competências.

Todavia, foram também constatadas discrepâncias básicas entre uma linha de produção fordista e a linha de produção de uma fábrica de software:

- software é um produto único, em termos de objetivos, escopo e contexto; por essa razão, não constitui objetivo dessas fábricas produzir, através da linha de produção, o mesmo software em larga escala; em consequência, através de uma mesma esteira (processo padrão) de produção da fábrica de software circulam produtos distintos;

- por mais que o processo de desenvolvimento tenha sido automatizado e decomposto em unidades menores, quanto mais inicial é o estágio da esteira de produção da fábrica de software, maior a inteligência e a criatividade requeridas para sua execução; embora o processo executado seja o mesmo, não há repetição do artefato que circula na esteira, dado que cada software é um produto único, inédito.

Também convém ressaltar as seguintes questões intrínsecas à *natureza do processo de desenvolvimento* de software, que podem afetar o bom funcionamento dessa esteira de produção, pois limitam os benefícios esperados:

- em cada etapa, além do artefato produzido, um novo conhecimento que extrapola esse artefato foi gerado e precisa ser transmitido às estações seguintes, sendo que no modelo fordista trafegam pela esteira apenas artefatos; não é rara a necessidade de as equipes alocadas numa etapa interromperem as equipes alocadas nas etapas anteriores, em busca desse conhecimento que se perdeu na esteira;
- muitas vezes, só o conhecimento adquirido em determinada etapa torna visíveis defeitos do artefato que obrigam seu retorno às estações anteriores;
- embora as fronteiras de cada etapa de produção estejam formalmente definidas nas descrições dos processos, na prática não é viável verificar se foram efetivamente alcançadas/ultrapassadas ou não, apesar de o artefato previsto ter sido gerado. Isso porque, além da forma (facilmente verificável), o artefato produzido em cada etapa sempre embute um conhecimento imprescindível para a execução da próxima etapa. Porém, a completeza desse conhecimento não é objetivamente mensurável; e mesmo que esteja completo, se não foi precisamente registrado (especifica-

FÁBRICA DE SOFTWARE SOB A ÓTICA DA GESTÃO DO CONHECIMENTO | 169

ção superficial, incompleta, e/ou inconsistente), comprometerá a qualidade da fase seguinte;

- o produto de cada etapa da linha de montagem (competências) não apenas desliza na esteira para ser complementado na próxima fase. Muitas vezes esse produto é a especificação da próxima etapa a ser executada ou no mínimo precisa conter informações determinantes dessa execução;

- quanto mais o executor de uma etapa conhece sobre o produto que está sendo construído e não apenas sobre o processo que lhe compete, mais ele pode validar o que recebeu como insumo e, mais ainda, com mais eficácia ele executará a sua parte;

- para a execução da sua tarefa, além das especificações que foram geradas na etapa anterior, é necessário que o executante recorra a um "banco de conhecimentos" dinâmico, compartilhado e atualizado por todos os "operários da esteira";

- as tarefas de uma fábrica de software, embora repetitivas, também embutem processos eminentemente criativos, sendo que muitas exigem inclusive discussões para determinação da solução a ser adotada em cada caso específico;

- os controles adotados exigem a disponibilidade de uma parafernália de sistemas informatizados de apoio à produção, bem como a colaboração do próprio executante;

- pelas frequentes alterações de regras e escopo determinadas por mudanças que vão ocorrendo no ambiente do cliente em paralelo ao desenvolvimento do software, não é raro o artefato precisar voltar a etapas anteriores da linha de montagem, quebrando o ciclo previsto e interferindo na cadência dessa linha.

Dessa forma, tendo observado o funcionamento das duas fábricas e analisado os dados obtidos, podemos estabelecer comparações e apontar os limites da metáfora *esteira de produção*.

Enquanto na esteira fordista a fronteira de cada etapa de produção é bem definida, e se dispõe de especificações claras e precisas do procedimento a adotar e das configurações da peça recebida e da peça repassada, numa fábrica de software a subjetividade das especificações impacta o ritmo da esteira e a conformação da peça repassada. Isso se deve à intangibilidade do produto durante a maior parte do seu percurso na esteira, estando ele, como agravante, sujeito a mudanças e a circunstâncias inesperadas durante sua fabricação.

Se, no modelo fordista, quem trafegava na esteira era apenas a peça em produção, que era acrescida ou modificada segundo um processo predefinido, repetitivo, que não variava de peça para peça e era executado individualmente por cada empregado, nessas fábricas de software as peças trafegam junto com o conhecimento e não guardam similaridade entre si. Isto é, embora o processo se repita em termos de procedimentos, cada par (peça, conhecimento) que trafega é distinto, o que já confere singularidade a cada tarefa executada.

Para o empregado de uma fábrica fordista executar sua tarefa, além da requerida habilidade, bastava conhecer bem as técnicas e ferramentas que lhe cabia utilizar, não lhe sendo exigido conhecer sobre o produto para o qual a peça estava sendo fabricada, muito menos conhecer sobre o contexto da utilização daquele produto. Já nessas fábricas de software, todo o conhecimento sobre o produto que surge em cada etapa da fabricação precisa ser identificado, registrado e transmitido às etapas seguintes, e também necessita ser internalizado pelos empregados.

Nas fábricas fordistas, cada empregado precisava conhecer muito bem o seu papel no processo, mas apenas o seu papel. Já no caso das fábricas de software, quanto mais uma equipe conhecer das etapas posteriores, mais e melhor explicitará esse conhecimento, pois terá a sensibilidade de discernir o que é relevante e útil. Isso acontece por ser alto o grau de subjetividade da descrição de cada processo, e por sua perfeita execução depender bastante dos conhecimentos, habilidades, atitudes e experiência do executor.

FÁBRICA DE SOFTWARE SOB A ÓTICA DA GESTÃO DO CONHECIMENTO | 171

No modelo fordista, além de seguir o procedimento preestabeleci-do, não cabia a um empregado repassar qualquer conhecimento adqui-rido durante a execução da sua tarefa para o próximo executante. Por outro lado, nessas fábricas de software verificamos que o conhecimento gerado numa etapa é insumo para a etapa seguinte, então trafegam por essas esteiras tanto a peça (artefato) quanto o conhecimento.

Os controles da produção da esteira fordista eram objetivos e foca-dos na execução do processo: cronometragem do tempo de execução, métricas de produtividade individuais (metas) e verificação da ade-rência a padrões de qualidade adotados. Já nessas fábricas de software, ainda que tais controles sejam eminentemente automáticos e virtuais, a posterior análise dos indicadores obtidos encerra a subjetividade de-corrente da intangibilidade do produto.

A esteira da linha de montagem fordista corria em mão única, isto é, não estavam previstos, na mesma esteira, retornos da peça à etapa anterior para complementação de algum processo inacabado ou defeituoso. Po-rém, considerando que um software deve ser aderente ao mundo real que sofre constantes mudanças, a concepção desse produto está sujeita às mes-mas mudanças, ainda em tempo de desenvolvimento, daí a necessidade da mão dupla para retorno do artefato. Como agravante, pela intangibilidade do produto, muitos defeitos produzidos em etapas iniciais frequentemente só se manifestam posteriormente, posto que a subjetividade das especifica-ções mascara sua possível incompleteza. Assim, na esteira de uma fábrica de software, os retornos não podem ser tratados como exceção.

Em contrapartida, inequívocos sinais de flexibilidade aplicada ao sistema produtivo foram também verificados em ambas as fábricas de software, uma vez que, sem exigir mudanças físicas, esse sistema mos-tra-se capaz de:

- produzir elementos diferentes, muitas vezes até simultanea-mente, ao longo da mesma esteira;
- aceitar mudanças ou melhoramentos do produto durante o pro-cesso produtivo;

- prestar-se à produção de versões ou variantes diversas em proporções diferentes.

Concluímos que tais fábricas, inicialmente concebidas para tirar o máximo proveito das vantagens oferecidas pelo modelo fordista, com produção em massa a baixo custo, na prática precisam ser flexíveis pelo menos o suficiente para tolerar inconvenientes sem interromper completamente a produção. Cabe lembrar que numa linha rígida de produção fordista bastava o bloqueio de uma estação para parar toda a produção.

Tal flexibilidade, além de garantir o fluxo da produção quando ocorrem falhas ou imprevistos, acaba permitindo um trabalho menos vinculado a ritmos rígidos e repetitivos, e dá lugar à necessária criatividade. Reforçando a caracterização dessa flexibilidade, a supervisão automática praticada nas fábricas de software libera o supervisor para desempenhar as funções de determinar as estratégias produtivas, planificar o uso de recursos, prever demandas e/ou pedidos. Concorre também para configurar um sistema produtivo flexível a presença da automação de escritório racionalizando a comunicação e a transmissão de informações.

REFERÊNCIAS

CÔRTES, M. R. Notas de aula da disciplina Organização do Trabalho. DEP/ UFSCar, s.n.t.

CUSUMANO, M. A. The Software Factory: A Historical Interpretation. *IEEE Software Journal*, v. 6, n. 2, p. 23-30. mar. 1989.

FERNANDES, A. A.; TEIXEIRA, D. S. *Fábrica de software*: implantação e gestão de operações. São Paulo: Atlas, 2004.

SOUZA, H. P. As metáforas na linguagem e no pensamento. *Tablado Acadêmico*, v. 1, n. 4, 2003.

CAPÍTULO V

Fábrica de software sob a ótica da flexibilização organizacional e das relações de trabalho

Herriot Carvalho

INTRODUÇÃO AO ESTUDO DE CASO

Antes do que se convencionou chamar de fordismo, o processo produtivo do artesão tinha uma orientação pelo respeito ao trabalho e a sua relação com o homem. O trabalho e seu executor eram vistos como extensões. Um não existiria sem o outro. O trabalho era ao mesmo tempo um fardo e propiciava poder; a porta da salvação, a continuação da obra divina de criação do universo e da vida. Do sofrimento do trabalho se conseguiria um lugar no paraíso. O trabalhador-artífice detinha o controle da concepção, do processo dos instrumentos de trabalho e até, em muitos casos, da sua comercialização (Tenório, 2002).

O processo produtivo pertencia ao homem, ao seu executor. Do início ao fim. Não havia separação. O artesão ensinava aos aprendizes a sua técnica, que, desenvolvida, determinava a sua experiência. E assim a técnica era passada adiante às gerações.

O ser humano é capaz de criar coisas maravilhosas, desde que tenham sentido para ele. O difícil é criar esse sentido. Por natureza, deve se tratar de uma convicção. Mas quão forte é esta convicção, que se mostre

174 | FÁBRICA DE SOFTWARE

suficiente para protegê-lo dos seus próprios temores e, por que não, desejos? O trabalho é uma das atividades humanas que mais aproximam a pessoa do aspecto material da vida, ocupa seu tempo e pode exigir muito dela. Segundo o testamento de São Francisco de Assis (Firpo, 2006), o critério de avaliação de um trabalho, para quem o executa, não é o salário recebido. Se o salário é o único avaliador do trabalho realizado, significa que há uma única relação de causa e efeito entre a pessoa que o faz e todo processo de execução. É reduzir o trabalho a um fato apenas técnico e tirar a própria característica humana que o trabalho tem. O estudo da vida de São Francisco de Assis e da sua Ordem pode ajudar a entender por que o mundo das relações de trabalho de hoje é tão carregado de problemas. Ele representa um fardo para os trabalhadores, sejam homens ou mulheres, seja por desgaste físico e mental, ou por desgaste psíquico. São Francisco chama atenção para dois aspectos do trabalho: o primeiro é o malefício da existência de uma estrutura de poder que diferencia as pessoas dentro de um processo de produção; o trabalho é coletivo, é uma ação humana cooperativada e não deve ser fonte de uma ascendência de uma pessoa sobre outra (Firpo, 2006); o segundo aspecto trata do emprego eticamente escolhido. No livro *A convivencialidade*, Ivan Illich (1973) propõe uma organização do mundo do trabalho que possibilite às pessoas uma autonomia de ação que priorize o Ser em vez do Ter. A "convivencialidade" cultiva a liberdade, entendida aqui como não exercer qualquer tipo de poder sobre o outro.

Se por um lado temos o trabalho e o trabalhador, do outro temos o empregador e o mercado. Já em 1776 dizia Adam Smith em *A riqueza das nações* (Smith, 1996:8): "O crescimento da produtividade do trabalho tem origem em mudanças na divisão e especialização do processo de trabalho [...]". Ele atribuía uma grande importância à divisão social do trabalho, mostrando a relação da propensão inata do homem pela troca versus o processo de crescimento econômico. A relação direta notada por Smith entre a divisão do trabalho e o grau de mercantilização

FÁBRICA DE SOFTWARE SOB A ÓTICA DA FLEXIBILIZAÇÃO... | 175

das relações econômicas leva ao estudo das consequências da difusão do uso da moeda como meio de troca. Não se troca mais um bem por outro bem. Troca-se um bem por trabalho. Surgem questões: Qual o real valor do trabalho? Como valorar essas relações de trabalho?

A introdução da moeda como um referencial aceito traz o problema da comparação de valores, perpassando o tempo e a necessidade da discussão das diferenças entre preços reais e nominais. Duzentos anos depois de Smith, a divisão social do trabalho é mais bem compreendida por outros autores.

Cada indivíduo da espécie humana não pode sozinho "produzir de acordo com o padrão de todas as espécies" e inventar padrões desconhecidos do animal, mas a espécie como um todo acha possível fazer isso, em parte através da divisão do trabalho (Braverman, 1977:71).

Mas Harry Braverman detalha mais, separando a divisão social do trabalho — o trabalho executado na sociedade e através dela — e a divisão manufatureira do trabalho (Braverman, 1977:72). Aqui estaria o grande problema da divisão do trabalho: enquanto a divisão social do trabalho subdivide a sociedade, a divisão parcelada do trabalho subdivide o homem, e enquanto a subdivisão da sociedade pode fortalecer o indivíduo e a espécie, a subdivisão do indivíduo, quando efetuada com menosprezo das capacidades e necessidades humanas, é um crime contra a pessoa e contra a humanidade (Braverman, 1977:72).

Taylor demonstrou as grandes vantagens produtivas da divisão do trabalho (divisão parcelada do trabalho) e da especialização, quando comparada aos tradicionais sistemas que não empregavam tais princípios. A primeira grande divisão foi "engenheiros planejam e operários executam" (Taylor, 1948:18). Depois, a segunda grande divisão foi a separação das tarefas em partes, as mais simples possíveis, de forma que um "homem-boi" (Rago, 2003:20) pudesse executá-la com o menor treinamento e esforço possível. Fayol (1990) apresentou uma divisão das operações da empresa (divisão social do trabalho) de acordo com as funções essenciais que precisam ser desempenhadas em qualquer organização e estabeleceu 14 princípios (tais como: divisão do trabalho, unidade de comando, unidade de direção, centralização e hierarquia) que devem ser observados para o bom desempenho das funções administrativas. Ford fundamentou sua metodologia de gestão do trabalho em três princípios básicos: intensificação, economicidade e produtividade (Tenório, 2007).

No século XX, as economias capitalistas passaram por mudanças significativas em seu sistema produtivo. Duas dessas mudanças nortearam a mudança de paradigma da produção fabril. A primeira, conhecida por fordismo, seguindo os postulados do taylorismo, iniciou-se em meados dos anos 1910 e tinha como base a produção padronizada, racionalizada e em série, e o consumo em massa. A segunda, batizada de pós-fordismo, nasceu nos anos 1970, apresentando como base a produção flexível, com o volume e a composição voltados para atender à demanda de mercado, o que implica uma forma de gestão flexível. Isso foi resultante do desenvolvimento de novas tecnologias, notadamente a automação e posteriormente a microeletrônica associada às TICs (tecnologias da informação e da comunicação). Essa mudança de base tecnológica e a crise econômica mundial dessa década (1ª crise do petróleo) trouxeram mudanças estruturais significativas que contribuíram para a globalização, a regionalização social e a descentralização política.

Entre esses fatores, a globalização se destacou como o que mais alterou as economias mundiais. A concorrência foi potencializada ao extremo, fazendo com que empresas e mesmo economias de países quebrassem da noite para o dia. Nesse cenário, as empresas se obrigaram a mudar a sua forma de atuar. Uma empresa desconhecida, situada do lado oposto do globo, passou a ser um concorrente voraz. Pequenas e microempresas passaram a concorrer em mercados antes só vislumbrados pelas grandes. Dentro dessa concorrência acirrada, não apenas as

FÁBRICA DE SOFTWARE SOB A ÓTICA DA FLEXIBILIZAÇÃO... | 177

empresas fabris se viram ameaçadas, mas até as empresas de serviço ficaram expostas, perdendo espaço que consideravam vitalícios.

Nas empresas de serviços, o item de maior peso na composição dos custos é o valor da mão de obra. Assim, qualquer atitude nesse ponto sensível dos seus orçamentos passa a ser um diferencial no momento de uma concorrência para um novo contrato.

Sendo o desenvolvimento de software um serviço, este passou e passa por processos evolutivos que já o levaram a várias instâncias. Uma delas é a fábrica de software.

Esse processo evolutivo determinou uma mudança no paradigma do desenvolvimento do software, com a introdução do conceito de fábrica de software, o qual, a partir da utilização dos preceitos de engenharia associados à manufatura, tem na agregação de valor sua principal referência (Fernandes e Teixeira, 2007). Segundo esses autores, essa perspectiva compreende: i) métodos e ferramentas padrão; ii) apoio automatizado para o desenvolvimento; iii) planejamento disciplinado, análise e controle de processos; iv) códigos e componentes reutilizáveis.

A busca pela qualidade, pela produtividade e pelo baixo custo de produção são requisitos perseguidos pelas fábricas de software, tal como orientaram as organizações fabris preconizadas por Taylor, Fayol e Ford nos séculos XIX e XX. Mas essa mesma busca, como em outros tempos, também levou a um confronto entre as relações de trabalho e as tentativas de flexibilização dessas relações. No passado em um meio fabril, com graxa, poeira e insalubre. Atualmente, em meios virtuais, intangíveis.

Sendo o foco desta pesquisa as fábricas de software, a mão de obra necessária para atuação nesse mercado é de alto nível de formação e/ou qualificação e especializada.[1] Estas empresas se caracterizam por serem intensivas em conhecimento. Dedicam-se a atividades de desenvolvi-

---

[1] Sempre que se falar em qualificação, está-se referindo à experiência adquirida e formação específica sobre o trabalho. Escolaridade dirá respeito ao tempo de estudo regular, portanto, alto grau de escolaridade significa ter concluído mais de 11 anos de ensino, o que implica já ter concluído o ensino médio.

mento e adaptação de software. E sendo o desenvolvimento de software um serviço que, em boa parte, independe do local da execução, essas empresas passaram a ter mais um problema: a virtualização do desenvolvimento do serviço.

Sem a necessidade de que o trabalho seja desenvolvido no endereço do contratante, países como Índia e China, que possuem um grande contingente de desenvolvedores, levam vantagem por não terem uma legislação trabalhista que exija condições de trabalho dignas aos trabalhadores. Assim, países como o Brasil, que possuem boa infraestrutura tecnológica e mão de obra capacitada, veem-se perdendo contratos de desenvolvimento de sistemas para aqueles países. Por quê? O custo da legislação trabalhista torna os serviços e produtos brasileiros menos competitivos.

Se por um lado a flexibilidade das relações de trabalho traz vantagens na disputa de novos mercados e na criação de outros novos, levando à maior competitividade, por outro essa mesma flexibilização leva a diversos problemas nas relações trabalhistas, gerando formas de contratação pouco usuais, não oferecendo direitos básicos, com rebaixamento de salários, burla de direitos trabalhistas adquiridos, empregos instáveis etc.

Essas reflexões, questionamentos e constatações motivaram esta pesquisa, que teve como finalidade explorar as seguintes questões propostas inicialmente, bem como outras que surgiram ao longo do processo.

- Em que medida a flexibilização das relações de trabalho, dentro de um ambiente de fábrica de software, reflete um retorno ao modelo taylorista-fordista de organização do trabalho?
- Estariam as novas relações de trabalho no Brasil defasadas frente à legislação?
- A flexibilização organizacional dita novas relações de trabalho?
- Esse tipo de questão é importante, uma vez que a flexibilização das relações de trabalho no Brasil vem sendo apregoada como

uma via para impulsionar o crescimento da economia e a ampliação do número de empregos formais. Coloca-se uma questão: onde estão registrados esses novos modelos e procedimentos que ocorrem em negociações de contratação, que ainda não se tornaram lei, mas a cada dia são mais usados no mercado?

É nesse cenário que surge a proposta de pesquisar a relação entre a flexibilização organizacional e a flexibilização das relações de trabalho no processo de desenvolvimento de software, mais especificamente, nas fábricas de software.

Objetivo da pesquisa

O objetivo final da pesquisa é identificar a relação entre a flexibilização organizacional e as relações de trabalho existentes no universo de uma fábrica de software escolhida, X, empresa brasileira, representativa desse mercado, situada no Rio de Janeiro. Procurou-se também verificar as formas de contratação existentes hoje na empresa, relativas aos trabalhadores envolvidos diretamente nas tarefas da fábrica de software; quais benefícios (além dos definidos na CLT) são oferecidos e como são distribuídos entre os trabalhadores, nas diferentes formas de contratação e grupos de funções existentes na fábrica; as relações entre as funções e a existência de flexibilidade de horário no cumprimento das tarefas, assim como no gozo de férias e de trabalho nos finais de semana; e como os funcionários consideram as relações de chefia.

A empresa objeto do estudo de caso, escolhida pela sua representatividade no mercado e em função das suas características, se encaixa no tipo fábrica convencional de projeto e produção:

Fábrica Convencional de Projeto e Produção — Conventional factory production and design, um sistema em que os produtos eram similares

180 | FÁBRICA DE SOFTWARE

a commodities, inteiramente padronizados (*full-standardized*), tendo componentes intercambiáveis. (Cusumano apud Motta e Vasconcelos, 2002:239)

Dessa forma, ela vai ao encontro da perspectiva fordista de mão de obra especializada sob técnicas repetitivas de produção de serviços ou de produtos padronizados. Ou seja, por uma ótica, se delineia um retorno ao modelo taylorista-fordista de organização da produção ("Descem comandos e sobem informações"), mas, por outro lado, considerando-se que essa mão de obra altamente especializada toma decisões e microdecisões no decorrer do desenvolvimento das suas tarefas, pode-se apontar para uma situação pós-fordista, com características de flexibilização organizacional. Porém, o grau de liberdade dessas "decisões" é restrito, e muito diferenciado na escala dos "operários" de software; por exemplo, quem está "em campo" pode estar mais determinado pelos padrões do cliente do que quem está "*in house*", seguindo regras gerais a todos os funcionários da fábrica.

Como foi feita a pesquisa

A pesquisa pretendeu abordar, à luz do paradigma da fábrica de software, o modelo taylorista-fordista de organização da produção, os estudos sobre a estrutura organizacional e relações de trabalho e o confronto entre a flexibilização organizacional e as relações de trabalho na empresa escolhida.

Este estudo não consistiu em uma revisão histórica, pois tratou apenas da situação no contexto atual da estrutura organizacional. Também não se propôs fazer prescrições sobre mudanças das relações de trabalho nem sobre o processo de desenvolvimento de software adotado, já que esta pesquisa tem caráter descritivo e explicativo.

FÁBRICA DE SOFTWARE SOB A ÓTICA DA FLEXIBILIZAÇÃO... | 181

Para tanto, por meio de realização de entrevistas e aplicação de questionários, buscou-se identificar e analisar essas relações.

A pesquisa apresenta caráter exploratório, com amostra intencional sem representatividade estatística. A pesquisa exploratória é realizada sobre problemas ou questões com pouco ou nenhum estudo anterior a seu respeito. O objetivo é procurar padrões, ideias ou hipóteses, aprofundar o problema e propor hipóteses para pesquisas futuras.

Tal procedimento, não probabilístico, permitiu atingir um público qualificado. Na amostragem não probabilística os elementos são selecionados de acordo com critérios subjetivos, de acordo com a experiência dos entrevistados ou com os objetivos do estudo.

Parasuraman (1991) considera que as pesquisas de caráter exploratório devem ter como propósito maior gerar esclarecimentos sobre uma situação em particular.

Quadro 1: Características de uma pesquisa exploratória

Componentes do projeto de pesquisa	Pesquisa exploratória
Propósito geral da pesquisa	Gerar esclarecimentos sobre a situação
Necessidade de dados	Vaga
Origem de dados	Parcialmente definida
Forma de coleta de dados	Aberta/fechada, flexível
Amostra relativamente pequena	Selecionada subjetivamente para maximizar a geração de informações utilizáveis
Coleta de dados	Flexível, sem procedimento estruturado
Análise de dados	Informal: tipicamente não quantitativa
Inferências/recomendações	Tentativa

Fonte: Adaptado de Parasuraman (1991:129).

As pesquisas qualitativas são exploratórias, estimulam os entrevistados a pensar, com maior ou menor nível de liberdade, sobre algum tema, objeto ou conceito. Elas fazem emergir aspectos subjetivos e atin-

182 | FÁBRICA DE SOFTWARE

gem motivações não explícitas, ou mesmo conscientes, de maneira espontânea. São usadas quando se buscam percepções e entendimento sobre a natureza geral de uma questão, abrindo espaço para a interpretação. É uma pesquisa indutiva, isto é, o pesquisador desenvolve conceitos, ideias e entendimentos a partir de padrões encontrados nos dados, em vez de coletar dados para comprovar teorias, hipóteses e modelos preconcebidos.

Os sujeitos da pesquisa foram: o diretor-presidente, o gerente de Recursos Humanos e seus trabalhadores diretamente envolvidos com o processo de desenvolvimento de software. Foram selecionados profissionais que aceitaram colaborar para que fosse possível avaliar o nível de especialização desses trabalhadores, verificar as relações de trabalho existentes entre eles e a empresa e a visão deles quanto à flexibilização organizacional e à flexibilização das relações de trabalho, caso existam.

O caso estudado

Caracterização da empresa

O objeto de estudo desta pesquisa é uma empresa privada nacional, criada em 1988 por três sócios que nela exercem cargos executivos. A sua matriz está situada no Rio de Janeiro. O ramo de atividade da empresa é consultoria e desenvolvimento de software, tendo o serviço de fábrica de software como o seu principal produto. Desenvolve também os serviços de *outsourcing* (terceirização de pessoal), treinamento e integração de plataformas. A escolha do caso ocorreu levando-se em conta o porte, a representatividade no mercado e o reconhecimento refletido em prêmios recebidos. De acordo com a classificação do IBGE, ela é considerada de grande porte, já que apresentava, no momento da pesquisa, faturamento superior a R$ 60 milhões. Segundo dados fornecidos pelos entrevistados, o faturamento da empresa evoluiu de R$ 136 milhões em 2003 para R$ 190 milhões em 2007. Isso se deveu muito a sua diversificação de clientes, prioritariamente nas áreas de finanças, petróleo e comunicações. Especificamente no serviço de fábrica de software, a empresa possui linhas de produção dedicadas a grandes clientes nos setores financeiro, petróleo, comunicação e saúde suplementar, por exemplo.

Os representantes da empresa entrevistados consideram a forte regulamentação governamental, tais como as exercidas pela Agência Nacional do Petróleo (ANP), Agência Nacional de Saúde Suplementar (ANS) e Banco Central, como uma das principais características do mercado em que os seus clientes atuam.

Conforme o organograma da figura 1, a empresa tem três vice-presidências, a saber, Comercial, Operações e Corporativa.

Figura 1: Organograma da empresa

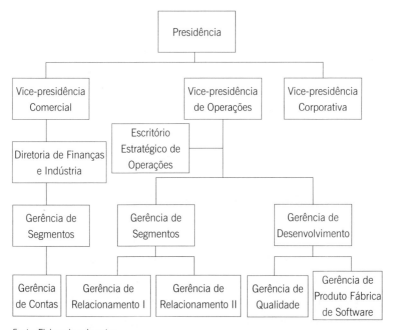

Fonte: Elaborada pelo autor.

Processos de trabalho

A fábrica de software é do tipo fábrica de programas, tem um layout celular, e as células se dividem em três equipes. Cada equipe é, na verdade, uma etapa da linha de produção, e também pertence a um segmento. A saber, as equipes e seus segmentos são:

- requisitos: quatro analistas; segmento on-line;
- desenvolvimento: quatro analistas; segmento on-line e segmento *batch*;
- testes: dois analistas.

A empresa considera como habilidade básica que cada célula tenha para seus funcionários:

- a equipe de requisitos, para interpretar a regra de negócios enviada pelo cliente;
- a equipe de desenvolvimento, que precisa ter boa lógica e interpretar os requisitos criados para especificações de programas e o programa propriamente dito;
- a equipe de teste, para efetuar a comunicação entre a equipe de desenvolvimento e o cliente, de modo a realizar a implantação dos programas desenvolvidos.

Apesar dessa estrutura, considera que os cargos formais da empresa não são adequados às funções da fábrica de software.

A fábrica atende a clientes distintos e cada cliente tem a sua própria linha de produção. Dessa forma, a fábrica atende a demandas/projetos distintos, e para cada nova demanda já existe uma linha de produção única que absorve a demanda. Nessas mesmas linhas de produção são atendidas demandas de desenvolvimento e manutenção.

A fábrica atende a plataformas de desenvolvimento distintas, no caso tecnologias DOT NET, Java, Delphi e Visual Basic.

FÁBRICA DE SOFTWARE SOB A ÓTICA DA FLEXIBILIZAÇÃO... | 185

Com relação ao grau de autonomia da linha de produção, é baixa para se tomarem decisões com relação aos projetos em desenvolvimento. Conforme respondido no questionário dos gestores, o mais comum são os casos de microdecisões. Talvez isso ocorra porque nem sempre o líder de cada linha de produção é de fato alguém com cargo de chefia na empresa. De qualquer forma nos lembramos de Taylor e Ford, com seus capatazes na linha de produção.

Um último item importante é que durante o desenvolvimento de um projeto não há interação da linha de produção com o cliente. Ou seja, a separação entre o planejamento e a execução, a mesma de Taylor, continua vigente até os dias de hoje, mesmo em outro tipo de fábrica.

Os funcionários e sua análise

No questionário dos funcionários da fábrica de software procurou-se levantar os seguintes grupos de informações: dados demográficos do respondente, dados referentes à sua posição/função/vínculo na empresa, composição do salário, atuais benefícios, férias, relações de trabalho com a chefia, negociações salariais e de horário de trabalho, horas extras etc.

ASPECTOS TEÓRICOS SOBRE FLEXIBILIZAÇÃO E RELAÇÕES DE TRABALHO

Flexibilização e relações de trabalho na indústria de software

A indústria de software é amplamente dominada por países desenvolvidos, com destaque para os Estados Unidos, sede das maiores empresas de informática do mundo. Entretanto, três países emergentes destacam-se no mercado internacional de TIC: Índia, Israel e Irlanda, os "três i".

186 | FÁBRICA DE SOFTWARE

Correa (1996) aponta três diferentes estratégias para a exportação de software: a primeira é a exportação de mão de obra; a segunda é a exportação de produtos de software prontos; e a terceira é a exportação de desenvolvimento de serviços de software, que pode se dar de três modos:

- desenvolvimento de software sob medida, de acordo com as especificações do cliente;
- subcontratação, que, em muitos casos, está confinada a atividades de programação (fábricas de software);
- estabelecimento de joint ventures, nas quais o grau de envolvimento do parceiro local pode variar muito.

No relatório do Massachusetts Institute of Technology — MIT — (2002), observa-se que a Índia é conhecida pelos serviços; a Irlanda, pela localização (tradução e adaptação de software); e a China, pela gigante indústria de hardware. Pode-se acrescentar Israel, com seus produtos avançados, bem como pesquisa e desenvolvimento. O Brasil não tem uma imagem definida no mercado.

Conforme Martins (2004), em linhas gerais, a indústria brasileira é competitiva e tem aproveitado bem as oportunidades que o mercado interno oferece, em termos dos desafios derivados da diversificação social e econômica, da complexidade e dimensão dos problemas e da dispersão geográfica, além da sofisticação de alguns setores e das circunstâncias que levaram ao grande desenvolvimento da capacidade de oferecer soluções rápidas e de elevada qualidade. A capacitação dos profissionais é um fator positivo, assim como o esforço das principais empresas para alcançar certificações de nível internacional.

O custo de iniciar uma empresa é relativamente baixo, mas os custos de expandir após essa fase tendem a ser expressivos, o que resulta na saída de muitas empresas do mercado. As pequenas empresas representam maior risco para os compradores, pois são vulneráveis à perda de pessoal, podem não ter capital de giro para sobreviver durante um projeto e, muitas vezes, não têm capacidade de absorver projetos de maior porte. Sem escala adequada, a indústria chinesa dificilmente conseguirá atrair grandes clientes internacionais. A China possui 8 mil provedores de serviços de software, e cerca de três quartos deles têm menos de 50 funcionários.

Em palestra proferida na Federação das Indústrias do Rio de Janeiro (Firjan), em maio de 2007, Sandroni (2007) apresentou pesquisa na qual demonstra o potencial do offshore outsourcing como parte de uma estratégia para alavancar a indústria de software e serviços no Rio de Janeiro.

Figura 2: Mercados de TI e offshore nos mais importantes mercados mundiais (software e serviços de TI – 2003) – US$ milhões

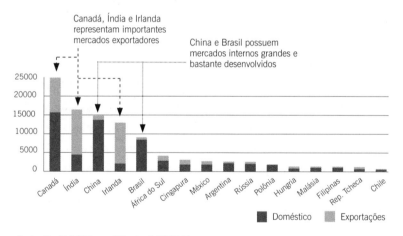

Fonte: NeoIT (2004, apud Sandroni, 2007:8).

Flexibilização e relações de trabalho na fábrica de software

Segundo Cusumano, as fábricas de software emergiram com a indústria de computadores e com vistas a avançar a prática da programação, de forma a sair do modo de produção artesanal ou por tarefas, que trata cada projeto como único. O resultado não foi a convencional produção em massa e em escala econômica, desde que a replicação de produtos, como numa fábrica padrão, seja apenas um processo eletrônico. As tarefas fundamentais no desenvolvimento de software consiste em atividades como projeto e testes, reutilizando grande quantidade de componentes de outros sistemas, que contêm recursos únicos e customizados (Cusumano, 1991b).

As fábricas de software vieram a se assemelhar a projetos flexíveis e sistemas de produção orientados a economias de escopo de aplicação, alcançadas sistematicamente por gestão de projetos múltiplos, em lugar de tratar cada projeto ou tarefa como únicos. Essa abordagem aproximou grupos de desenvolvimento dedicados a famílias particulares de produtos, grupos de P&D (que desenvolvem ou refinam métodos unificados) e ferramentas (programas de software e bancos de dados que facilitam o desenvolvimento de outro software) e programas de formação comuns, bem como disciplinou processos para projeto de administração e para controle de qualidade do produto (Cusumano, 1991b).

A exemplo do crescimento e amadurecimento das fábricas de software da Índia (Kripalani, 2003), as iniciativas brasileiras têm se multiplicado e apresentado um crescimento considerável nos últimos anos (Cesar, 2003), especialmente devido a fatores competitivos, uma vez que o próprio mercado nacional tem se tornado mais exigente em termos de qualidade do produto e de redução de custos (Tartarelli e Winckler, 2004).

No entanto, o caso específico de uma fábrica de software requer uma organização mais holística, que leve em consideração vários fatores como gestão de pessoas, gestão empresarial, qualidade de software, de processos e de produtos, utilização de ferramentas etc.

Husu (2006) considera as fábricas de software uma abordagem de desenvolvimento automatizado de partes de software, usando poucas e bem conhecidas técnicas de produção. Ele considera objetivo da fábrica de software o incremento de produtividade, velocidade, predição e reaproveitamento de processo de desenvolvimento de software.

Já Fernandes e Teixeira (2007:117) apresentam fábricas de software como

> um processo estruturado, controlado e melhorado de forma contínua, considerando abordagens de engenharia industrial, orientado para o atendimento a múltiplas demandas de natureza e escopo distintas, visando à geração de produtos de software, conforme os requerimentos documentados dos usuários e/ou clientes, da forma mais produtiva e econômica possível.

Esse conceito se baseia em alguns atributos que os autores colocam como imprescindíveis em qualquer fábrica de software, seja qual for a sua categorização. Apontam-se poucos que se encaixam no interesse da pesquisa:

- equipe treinada e capacitada nos processos organizacionais e produtivos;
- flexibilidade de ambientes;
- recursos humanos são flexíveis, à medida que cada programador domina pelo menos três linguagens de programação [...];
- os tempos de ciclos de produção da fábrica e o de codificação são padronizados, considerando o tipo de linguagem e a complexidade do programa a ser construído;
- as metas de desempenho em termos de atendimento dos tempos padrões, produtividade individual dos programadores e nível de defeitos são controlados;
- a fábrica opera em várias localidades separadas geograficamente, utilizando o mesmo processo padrão [...];

190 | FÁBRICA DE SOFTWARE

- esse processo possui um ciclo de produção alto, diferentemente das fábricas de produtos fabris, que têm ciclos de produção baixos;
- as fábricas de software têm de ter uma visão necessariamente de processos encadeados. Cada etapa pode ser vista como uma microempresa, que desenvolve o seu produto a partir do produto finalizado na etapa anterior. (Fernandes; Teixeira, 2007:117)

O tema relações de trabalho e a flexibilização organizacional em fábrica de software são discutidos de maneira breve nos estudos de caso existentes no Brasil e no exterior. De maneira geral são focados o processo, a forma de gestão, as ferramentas, as metodologias ou os aspectos financeiros e contratuais perante seus clientes.

Fugindo desse padrão, Johnson (1991) trabalha o tema central, numa experiência em uma fábrica norte-americana. Foi estudada uma fábrica de software que já funcionava de modo estável. Nela foram executadas experiências de flexibilização organizacional e de relações de trabalho. Na empresa já existia um modo de avaliação de performance, entre o gerente e os funcionários, sempre em janeiro. Um formulário era disponibilizado de forma a se colocarem os pesos de cada atributo a ser avaliado. Esses pesos são ligados ao salário pelo sistema HAY, uma técnica de gestão de salários seguida por empresas em todo o mundo <www.haysystem.com>.

No meio do ano são analisados o "enriquecimento de função" e o plano de carreira, em entrevistas formais individuais, mas com uma proposta diferente da avaliação de performance. O plano de carreira é um processo de rotação de funcionários para diversas áreas, sendo necessário um grande leque de experiências para ser promovido, e para aqueles que estão há muitos anos na mesma função.

Johnson cita e considera um dos melhores artigos sobre motivação o trabalho de Frederick Herzberg, publicado pela primeira vez em 1968, e republicado em 1987 pela *Harvard Business Review*. Diz:

FÁBRICA DE SOFTWARE SOB A ÓTICA DA FLEXIBILIZAÇÃO... | 191

Dinheiro, benefícios, conforto e tudo o mais são fatores "limpos" — criam insatisfação se estão ausentes, mas não fazem as pessoas se sentirem felizes nos seus trabalhos, e dão a motivação interna de cada um. O que gera a motivação e a autoestima [...]: alcançar o reconhecimento, orgulho de estar fazendo um bom trabalho, mais responsabilidade, avanço e crescimento profissional. O segredo é o enriquecimento da função exercida. (Johnson, 1991:127)

Implantar o "enriquecimento de função" em uma fábrica de software é uma tarefa difícil. Da perspectiva organizacional, especialização e separação de carreiras são barreiras para o reconhecimento individual, realização e responsabilidade. É claro que fatores ambientais direcionam as decisões da organização, que são as decisões de longo prazo. Entretanto, se a motivação dos funcionários é a prioridade, considerações devem ser levadas em conta com o propósito do relacionamento entre as partes e os departamentos envolvidos. A decisão básica é a separação entre as funções de projetista de sistemas e as funções de programação. A abordagem assumida tem sido a combinação de programador/analista. Somando-se a isto, foi combinado que o controle de qualidade é de responsabilidade da equipe, incentivando e encorajando o contato direto entre a equipe e o cliente, utilizando a rotatividade das funções entre os componentes do staff do centro de informação. Todas essas atividades permitem mais responsabilidade e crescimento (Johnson, 1991). Temos assim um caso prático de enriquecimento das funções.

Outro aspecto nesse cenário é o reconhecimento pessoal pelos gerentes e por seus pares. Normalmente os gerentes focam nas relações humanas ou no desenvolvimento de sensibilidades. Essa experiência explicita as vantagens da flexibilização organizacional, quando executadas por gerentes que se interessam pelo desenvolvimento da equipe, talvez mais do que pelos resultados financeiros do trabalho.

192 | FÁBRICA DE SOFTWARE

Também visando à flexibilização organizacional, outro ponto a ser discutido é o conceito de terceirização, já abordado no capítulo de mesmo nome, mas agora focado em TI.

Segundo Verhoef (2003), os principais objetivos para a terceirização (*outsoucing*) na área de TI são: redução de custo, maior agilidade empresarial, velocidade de mercado e qualidade de implementação ou novas oportunidades de mercado.

Baseando-se em sua experiência trabalhando em empresa orientada à terceirização, Verhoef (2003) identificou cinco importantes fatores, que casam com os principais objetivos descritos acima. Ele os chama de os cinco fatores que permitem a criação de uma decisão racional. São eles: custo, duração, risco, retorno e aspectos financeiros da terceirização. Esses fatores adicionam uma dimensão quantitativa (financeira/econômica) para o desenvolvimento do processo de tomada de decisão. Baseando-se nas receitas desses cinco fatores executivos, facilmente são alocados os aspectos de seleção de parceiros, contratação, monitoramento do progresso e aceitação e entregas das condições de contrato (Verhoef, 2003).

Verhoef (2003) analisa as questões da terceirização na indústria de TI, inclusive tratando as consequências do trabalho terceirizado. Ele considera motivos de desenvolvimento terceirizado:

- TI não é o negócio principal da empresa;
- existe uma escassez de desenvolvedores;
- existe uma carência de competências adequadas;
- desenvolver internamente tem um custo muito alto;
- a empresa tem dificuldade de inovar, ao passo que os desenvolvedores internos têm que manter os sistemas legados;
- quando o nível de qualidade do desenvolvimento interno se torna inaceitável;
- quando ocorre uma união de empresas (joint venture), e a outra empresa tem uma TI mais bem estruturada, e o processo de desenvolvimento é deslocado para ela.

FÁBRICA DE SOFTWARE SOB A ÓTICA DA FLEXIBILIZAÇÃO... | 193

Verhoef também observa que os direitos trabalhistas podem ser um problema em alguns países, como o Brasil. Quando os sistemas se tornam operacionais, não há mais a necessidade de se manter um corpo de desenvolvedores, que deve ser demitido. A legislação trabalhista pode dificultar esse processo, encarecendo-o, o que dificulta a terceirização, principalmente se ela ocorrer fora do país contratante (Verhoef, 2003).

Esse mesmo autor informa que a cada dia é mais popular o chamado *offshore outsourcing*, terceirização de serviços de TI sendo executada em países com taxas salariais competitivas. Esses valores chegam a ser de apenas 20% do valor do serviço se ele for feito no país contratante. Mas ele também demonstra que o valor dos salários é apenas uma parte do custo, pois outros componentes pesam sobremaneira no custo total. Vejamos o que diz (Verhoef, 2003):

- custos de comunicação muito altos, visto que esse processo será gerido a distância;
- despesas de viagem altas;
- certeza da qualidade do desenvolvimento (obrigação de CMM a níveis além de 3);
- treinamentos intensivos e extensos;
- requerimentos de desenvolvimento muito precisos, com rigorosas especificações funcionais.

O autor ainda comenta, pejorativamente, que, se as especificações funcionais forem tão precisas assim, é possível o uso de softwares geradores automáticos de códigos-fonte, não sendo necessário o uso de equipes de desenvolvimento. E, se for se decidir apenas pelo custo básico, existe uma grande chance de o custo baixo ser "engolido" pelos riscos (Verhoef, 2003).

Um ponto interessante na questão da terceirização é quanto à gestão e flexibilização organizacional. Uma empresa que procure terceirizar a sua produção de software deve tomar cuidado para que, no desejo de cortar custos, não venha a terceirizar o seu negócio principal. No artigo "The pitfalls of outsourcing programmers", Michel Bean lembra o cuidado que as empresas devem ter ao contratar os serviços de fábrica de software. Com relação à flexibilização organizacional, ele considera a terceirização em outros países um erro, quando empresas de tecnologia confundem estratégia e efetividade operacional. Bean afirma que efetividade operacional é trabalhar barato e rápido. E considera estratégia a criação de vantagem competitiva a longo prazo, com a qual as empresas de tecnologia, usualmente, são hábeis na elaboração de software inovativo (Bean, 2007).

Entre os poucos trabalhos que tratam do lado humano da área de desenvolvimento de sistemas e em fábricas de software, dois artigos surgem sobre o tema. As competências e interações dos membros das equipes de desenvolvimento de software são descritas por DeMarco e Lister (1987) como *"peopleware"*. Os autores observam que esses aspectos (competências e interações) são os mais críticos e mais tardiamente compreendidos. Durante anos, uma variedade de tecnologias e metodologias foi introduzida para tratar dessas e de outras preocupações. No entanto, essas tecnologias e metodologias não foram felizes, ao tentar tornar significativamente mais fácil para os membros das equipes de desenvolvimento de software o trabalho em conjunto.

Trabalhar junto parece ser o mote do problema. Entre os autores parece haver uma concordância quanto ao aspecto de comportamento social de programadores. Podemos imaginar cada membro com as suas idiossincrasias e competências, tendo que se relacionar com outros membros, em um ambiente de rigidez de normas, metodologias, prazos etc.

Carmel e Sawyer acreditam que as empresas de desenvolvimento de software de pacotes funcionem em um ambiente de intensa pressão, com o mercado ditando o tempo dos trabalhos e os esforços de desenvolvimento para inovar e bater a concorrência, entregando produtos diferenciados para o mercado (Carmel e Sawyer, 1998). Diferentemente, nas empresas de customização, onde é grande o uso da estrutura de fábricas de software, a pressão existe no cumprimento de prazos estabelecidos em conjunto ou não, sempre em função de demandas do negócio.

Em outro ponto do artigo, os autores levantam uma questão interessante quanto à flexibilização organizacional: o local de trabalho dos membros difere muito entre os dois tipos de software desenvolvidos, e que se relacionam com o comportamento dos membros da equipe. Os autores definem assim o ambiente cultural dos dois tipos de software: softwares de pacotes têm uma postura empreendedora e individualista; já os softwares customizados têm a postura burocrática e menos individualista, até porque o trabalho é muito mais em equipe (Carmel e Sawyer, 1998).

Em suma, diante da revisão bibliográfica e das premissas colocadas no início da introdução, estaríamos em um ambiente fordista, com rigidez organizacional e gerenciamento tecnoburocrático de uma mão de obra especializada sob técnicas repetitivas de produção de serviços ou de produtos padronizados, ou num ambiente pós-fordista, com flexibilização organizacional e um tratamento mais social do trabalho, democratização das relações sociais nas estruturas organizacionais em função de uma organização diferenciada e integrada da produção e do trabalho.

Com essas questões como cenário de fundo, a pesquisa de campo desenvolvida a seguir procura levantar uma situação do mercado:

- como são as relações de trabalho em uma fábrica de software, a qual trabalha com um capital humano de perfil completamente diferente dos empregados das fábricas do final do século XIX;
- como são essas contratações;
- qual a formação desses novos operários do conhecimento;
- como se relacionam com seus superiores e seus pares;
- se eles têm suas questões ouvidas na empresa;
- se trabalham finais de semana, costumam tirar férias;
- quais são suas funções na fábrica; entre outras questões.

ANÁLISE E RESULTADOS DO ESTUDO DE CASO

Os resultados são apresentados a seguir.

No que se refere ao sexo, os respondentes se caracterizam conforme a tabela 1:

Tabela 1: Sexo dos respondentes

Sexo	%
Feminino	14
Masculino	86

Fonte: Elaborada pelo autor.

Em se tratando da faixa etária dos respondentes, houve um grande predomínio da faixa de 31 a 40 anos (41%), o que indica que se trata de uma amostra de pessoas maduras, já com boa experiência de trabalho e mercado. Mesmo com grande parte dos funcionários estando nessa faixa etária, a fábrica mostra que tem um percentual três pontos maior para os funcionários acima de 41 anos com relação à faixa até 25 anos.

Tabela 2: Faixa etária dos respondentes

Faixa etária	%
Até 25 anos	14
De 26 a 30 anos	28
De 31 a 40 anos	41
De 41 a 50 anos	14
Acima de 50 anos	3

Fonte: Elaborada pelo autor.

Ao caracterizar a escolaridade dos respondentes, percebe-se um predomínio de funcionários com especialização que, somando-se à faixa

FÁBRICA DE SOFTWARE SOB A ÓTICA DA FLEXIBILIZAÇÃO... | 197

dos funcionários com nível superior e com mestrado, obtêm-se maioria de 72% com nível superior completo, demonstrando o grau de escolaridade esperado para esse setor da economia.

Tabela 3: Nível de escolaridade

Nível de escolaridade	%
Doutorado	0
Mestrado	3
Especialização	41
Ensino superior completo	28
Ensino superior incompleto	17
Tecnólogo	3
Ensino técnico	3
Outros	3

Fonte: Elaborada pelo autor.

No que se refere à formação dos respondentes, essa é uma área em processo de regulamentação profissional, com presença significativa de profissionais sem formação específica na área. Assim, pela variedade de respostas, essas foram agrupadas pela área principal. No universo pesquisado, apenas 10,34% não são da área de ciências exatas. Seguem as respostas obtidas:

Tabela 4: Curso de graduação

Qual o seu curso de graduação?	%
Engenheiros e analistas de sistemas e computação	48,27
Tecnólogo em processamento de dados	27,58
Engenheiros em geral	13,79
Administradores	10,34

Fonte: Elaborado pelo autor.

198 | FÁBRICA DE SOFTWARE

Dados da posição do funcionário na empresa

Analisam-se agora as questões relativas à posição do funcionário na empresa. Foram três questões abertas e sete fechadas.

Função na fábrica
Houve um predomínio de funcionários na função de desenvolvimento, o que demonstra o trabalho na linha de produção. Interessante notar o alto número de respondentes com nível de gestão (21%), superior ao grupo 1 e ao grupo 3.

Tabela 5: Função na fábrica

Função na fábrica	%
Grupo 1 — Desenha (analista de requisitos, projetista, web designer, administrador de dados-AD)	17
Grupo 2 — Desenvolve (arquiteto de software, analista de sistemas, programador, banco de dados-DBA)	55
Grupo 3 — Testa (analista de testes, testador)	7
Grupo 4 — Algum nível de gerência ou coordenação (diretor, gerente, coordenador, supervisor)	21

Fonte: Elaborada pelo autor.

Tipo de vínculo
Sendo uma empresa privada, não existem ocorrências de funcionários nas situações de concursado e extraquadro.

Tabela 6: Tipo de vínculo

Tipo de vínculo	%
CLT	62
Pessoa jurídica — prest. de serviço, emissor de NF	24
Terceirizado por empresa de consultoria	14

Fonte: Elaborada pelo autor.

Por que a empresa adota atualmente esse tipo de contratação?

As duas questões seguintes, na forma aberta, procuram detectar a sensibilidade dos funcionários para saber o que eles pensam da empresa, e como pensariam caso fossem o patrão. As respostas, agrupadas, demonstraram algum conhecimento do negócio.

Tabela 7: Por que a empresa usa esse tipo de contratação?

Por que a empresa adota atualmente esse tipo de contratação?
Não tenho como responder pela empresa.
Flexibilidade.
Custo reduzido.
Porque seria mais fácil mandar as pessoas embora do que manter mais um monte de funcionários públicos que não querem se aperfeiçoar.
Tendência de mercado.
Exigência de contrato.
Complemento do quadro funcional.
Devido à enorme quantidade de projetos e demanda de manutenção, que ocupam o tempo dos funcionários da empresa, impedindo a dedicação exclusiva a novos projetos.
Flexibilidade de ação.
Usar a legislação a favor do negócio.

Fonte: Elaborada pelo autor.

Qual a melhor forma de contratação?

Por ser uma questão aberta, esta ofereceu respostas interessantes, que mostram um perfil de funcionários que buscam estabilidade, sendo avessos a riscos. Ao mesmo tempo que temos uma mãe zelosa, que se preocupa em atender bem ao filho, temos um funcionário que segue as tendências de mercado: "Prestação de serviço. Trabalhar por projetos é a atual realidade". A maioria persegue um emprego público, que oferece estabilidade.

Tabela 8: O que você considera a melhor forma de contratação?

Se pudesse escolher, qual seria a melhor forma de contratação e por quê?
CLT, pois sou mãe, tenho necessidade de me ausentar para acompanhamento médico da minha filha, quando necessário, e os direitos trabalhistas de um CLT me garantem essa cobertura.
CLT, caso os benefícios sejam atraentes.
CLT, benefícios que esse tipo de contratação oferece.
Concursado, pois passaria a ter as vantagens de um servidor público.
CLT, pelos benefícios a longo prazo.
CLT, pelos benefícios de segurança, como os de acidentes ou doença.
PJ com direitos de CLT. Só trabalhei em uma empresa que seguia esse modelo.
CLT, para empresas privadas e autarquias; Estatutário, para serviços públicos.
Prestação de serviços. Trabalhar por projetos é a atual realidade

Fonte: Elaborada pelo autor.

O que o mercado mais oferece como forma de vínculo empregatício? Tem sido uma tendência o mercado dar preferência ao vínculo empregatício como pessoa jurídica. E se somar as duas propostas (45 + 31) tem-se uma grande fatia de 76% na forma de pessoa jurídica. Há noticias de várias empresas que estão sendo obrigadas a rever essa posição, mudando para CLT, por obrigação contratual de grandes clientes, que solicitam que o corpo da fábrica de software seja integrado por funcionários com carteira assinada, procurando evitar a perda de talentos e problemas trabalhistas. Nas explicações da forma de preenchimento do questionário foi explicitada uma nova forma corrente no mercado, a CLT-flex. Conforme Lorenzetti:

O novo modelo polêmico de contratação consiste em receber uma parcela do salário combinado, geralmente cerca de 40% do valor bruto, e o restante é pago na folha, mas "por fora" do salário, como ajuda de custo, reembolso ou utilidades: assistência médica, gastos com educação, fornecimento de uniforme, previdência privada, seguro de acidentes

FÁBRICA DE SOFTWARE SOB A ÓTICA DA FLEXIBILIZAÇÃO... | 201

pessoais, de vida e transporte. Em outras palavras, pela "CLT flex", uma parte do salário é registrada conforme a CLT e a outra é paga como ajuda de custo, por meio de reembolsos. (Lorenzetti, 2007: 1)

Conforme a Federação Nacional dos Contabilistas, CLT flex é um "nome fantasia" dado a um tipo de contrato que atualmente é oferecido, em geral, aos profissionais da área de tecnologia (Fenacon, 2007).

Tabela 9: Propostas de vínculo mais oferecidas

Durante suas buscas por emprego/trabalho, qual foi a proposta mais oferecida?	%
CLT	24
Pessoa jurídica — prest. de serviço emissor de NF	45
Terceirizado por empresa de consultoria	31
Outros	0

Fonte: Elaborada pelo autor.

Que outras formas de vínculo são oferecidas no mercado?

Por ser aberta, a questão 17 oferecia a chance de transparecerem outras formas de vínculo oferecidas pelo mercado, mas não foi o caso, pois ninguém a respondeu.

Quais os atributos mais valorizados no momento da contratação:

Analisam-se agora as questões relativas aos atributos mais valorizados pelos funcionários no momento da contratação. Por exemplo, a composição do seu salário, os atuais benefícios e a situação de férias.

Quais os atributos mais valorizados na escolha/aceite de um trabalho?

Nesta questão foi solicitada a escolha de até três atributos que mais motivassem a escolha/aceitação de um trabalho. Há um grande predomínio na opção pelo salário como maior atrativo na contratação. A segunda opção mais escolhida foi a possibilidade de ascensão profissional. Isso indica um desejo de mudança de funções. O terceiro atributo

202 | FÁBRICA DE SOFTWARE

mais desejado são os benefícios. Uma tendência atual é que parte do salário seja paga na forma de benefícios, sendo negociado um pacote único, e não mais apenas o salário.

Tabela 10: Atributos que mais pesam na escolha de um trabalho

Para você, quais motivos mais pesam na escolha/aceitação de um trabalho? (Escolha no máximo três opções)	%
Salário	26
Possibilidade de ascensão profissional	20
Benefícios oferecidos	16
Flexibilidade de horário e de execução de tarefas	8
Estabilidade	6
Prestígio da empresa no mercado	8
Porte da empresa	6
Localização física de empresa	6
Possibilidade de viagens	2
Possibilidade de carreira internacional	4

Fonte: Elaborada pelo autor.

Qual o ponto decisivo para a escolha desse trabalho atual?

Fazendo um contraponto com a questão anterior, perguntou-se o que pesou na escolha desse trabalho nessa fábrica de software. O salário continuou como primeira opção, assim como a possibilidade de ascensão profissional, em segundo lugar. Mas os benefícios não foram o forte das propostas. Ponto importante foi a colocação da localização física da empresa (Centro do Rio). Isso tem sido uma preocupação dos funcionários em relação à qualidade de vida.

FÁBRICA DE SOFTWARE SOB A ÓTICA DA FLEXIBILIZAÇÃO... | 203

Tabela 11: O que mais pesou no aceite desse trabalho?

Qual foi o ponto decisivo para aceitar essa proposta de trabalho?	%
Salário	41
Possibilidade de ascensão profissional	34
Benefícios oferecidos	3
Flexibilidade de horário e de execução de tarefas	3
Estabilidade	3
Prestígio da empresa no mercado	7
Porte da empresa	0
Localização física da empresa	7
Possibilidade de viagens	0
Possibilidade de carreira internacional	0

Fonte: Elaborada pelo autor.

Quais são seus atuais benefícios?

Na mesma linha de raciocínio da questão anterior, sendo a cesta de benefícios um item importante de negociação na contratação, procura-se levantar quais são os oferecidos em uma fábrica de software. Podemos inferir que, pela variedade deles, têm um peso importante na negociação.

Tabela 12: Quais os benefícios atuais?

Quais são seus atuais benefícios?	%
Convênio médico	68,97
Vale-alimentação	62,07
Convênio odontológico	51,72
Auxílio em estudos e cursos	31,03
Vale-transporte	20,69
Outros	20,69
Participação nos lucros	17,24
Auxílio estudo para filhos (creche, colégio, faculdade)	17,24

continua

204 | FÁBRICA DE SOFTWARE

Quais são seus atuais benefícios?	%
Seguro de vida	13,79
Bônus anuais	13,79
Nenhum	6,90

Fonte: Elaborada pelo autor.

Caso a empresa não ofereça, você paga este custo?

Nesta questão, procura-se detectar uma valoração nos benefícios. Quais os benefícios são tão ou mais importantes que justifiquem o pagamento pelo funcionário. Interessante notar como o item curso de aprimoramento se destaca em primeiro plano, e a previdência privada em segundo, apontando ambos para uma preocupação com relação ao futuro. Nesse mercado, que está sempre em constante mudança, o aprimoramento constante se torna necessário, de forma a não se ficar defasado no mercado na busca de novas oportunidades. Outro ponto que aparentemente deveria estar nessa mesma linha de raciocínio seria o convênio médico. Este ficou depois de necessidades imediatas, como vale-transporte e estudo para filhos:

Tabela 13: Caso a empresa não pague, você paga?

Caso a empresa não ofereça, você paga	%
Cursos de aprimoramento	24
Previdência privada	15
Seguro de vida	13
Vale-transporte	13
Estudo para filhos (creche, colégio, faculdade)	11
Convênio médico	10
Vale-alimentação	6
Outros	4
Convênio odontológico	3
Nenhum	1

Fonte: Elaborada pelo autor.

FÁBRICA DE SOFTWARE SOB A ÓTICA DA FLEXIBILIZAÇÃO... | 205

Costuma tirar férias regularmente?

Nessa questão procura-se levantar a situação das férias em uma fábrica de software. Em uma unidade fabril padrão são notórios os casos de proibição de se tirarem férias, em desacordo com a legislação vigente, e a possibilidade de venda de férias, coberta pela legislação. Sendo esse corpo de funcionários muito diferente dos trabalhadores das plantas fabris, o descanso mental é altamente sadio e recomendável. Pode-se ver o predomínio dos funcionários que tiram férias regularmente:

Tabela 14: Costuma tirar férias regularmente?

Costuma tirar férias regularmente?	%
Sim	66
Não	34

Fonte: Elaborada pelo autor.

Dados sobre relações de trabalho e negociações de trabalho e de salário

Neste último bloco de questões, são analisadas as questões relativas às relações de trabalho com as chefias, nas negociações tanto salariais quanto dos horários de execução do trabalho e de horas extras e trabalho nos finais de semana. Foram formuladas cinco questões fechadas.

Como você analisa as relações entre os dirigentes e os subordinados?

Procura-se agora analisar as relações de trabalho entre os componentes da fábrica de software e suas chefias. Há um grande predomínio das boas relações, visto que 90% (45% + 45%) se situam entre razoáveis e boas. Apenas 10% se situam nos extremos de ruins e excelentes:

206 | FÁBRICA DE SOFTWARE

Tabela 15: Como são as relações entre executantes e chefias?

Como você avalia as relações entre os dirigentes e os subordinados?	%
Ruins	7
Razoáveis	45
Boas	45
Excelentes	3

Fonte: Elaborada pelo autor.

Existe na empresa diálogo quanto à negociação de benefícios/salários?

Na mesma linha de qualidade das relações, procura-se saber se existe diálogo na negociação de benefícios e salários. Situa-se próximo dos 50 % para cada lado:

Tabela 16: Existe diálogo na empresa quanto a salário e benefícios?

Existe na empresa diálogo quanto à negociação de benefícios/salário?	%
Sim	52
Não	48

Fonte: Elaborada pelo autor.

Você tem flexibilidade de horário no cumprimento de sua jornada?

Tratando de flexibilidade na execução das tarefas, existe uma grande incidência de funcionários aos quais foi dada essa flexibilidade:

Tabela 17: Flexibilidade de horário para o cumprimento das jornadas

Você tem flexibilidade de horário no cumprimento da sua jornada? (horários de entrada, saída, almoço, trabalho remoto)	%
Sim	72
Não	28

Fonte: Elaborada pelo autor.

As horas extras existem e são pagas?

Em continuidade à questão anterior, se existe flexibilidade para cumprimento das tarefas, procura-se saber o quanto indiretamente isso gera de horas extras. Temos uma grande incidência de funcionários que as recebem quando elas ocorrem. Interessante notar a existência, provavelmente, de pessoas jurídicas que as acumulam como forma de férias em bancos de horas:

Tabela 18: Como funcionam as horas extras?

Com relação às horas extras	%
São pagas quando ocorrem	48
São acumuladas em banco de horas e pagas a posteriori	21
São compensadas em faltas, atrasos, feriados emendados, folgas ou transformadas em férias (caso PJ)	21
Não são permitidas	10

Fonte: Elaborada pelo autor.

É rotina o trabalho nos finais de semana?

Finalizando a análise das respostas, procura-se saber se os espíritos de Taylor e Ford se encontram arraigados nesse novo tipo de fábrica, no sentido de trabalho estafante/estressante, e como consequência do cumprimento de metas e prazos. Com grata surpresa vê-se a grande incidência de respondentes que só trabalham em finais de semana em casos de emergências ou por compensação de horário. Isso demonstra uma flexibilidade nas relações de trabalho, pois os funcionários podem ter um bom grau de autonomia durante o desenvolvimento das suas tarefas e de atividades particulares, podendo compensar as horas não trabalhadas em horários nos finais de semana. Mas devemos ter em mente que, sendo um trabalho terceirizado, muitas vezes o cliente contratante dita as regras dos horários de trabalho, o que faz com que esse tipo de flexibilização não ocorra.

Tabela 19: Trabalho nos finais de semana

É rotina o trabalho nos finais de semana?	%
Sim	3
Não, somente em emergências/compensação de horário	93
Não é permitido	3

Fonte: Elaborada pelo autor.

CONSIDERAÇÕES FINAIS

É interessante notar como os itens que indicam uma situação futura têm peso nas respostas: fator decisivo na contratação (possibilidade de ascender na empresa), item da cesta de benefícios que capacitem o funcionário (cursos), previdência privada (aposentadoria), e, claro, convênio médico. Isso demonstra uma necessidade de estar preparado para as oportunidades que possam ocorrer na empresa ou fora.

Outro ponto a se notar é o grau de satisfação dos funcionários no relacionamento com as chefias, poder tirar férias anualmente e principalmente flexibilidade para a execução das tarefas. Isso sugere um benefício intangível: pode até ser colocado na cesta de benefícios (bom nível de relacionamento), mas só é comprovado na prática do dia a dia.

Diferentemente de uma fábrica "física", a geração de horas extras não gera necessariamente um custo em termo de valores, mas torna-se uma moeda de troca, aparentemente interessante para ambos os lados, gestor e funcionário/terceiro, ajudando na compensação de dias não trabalhados e banco de horas para férias dos terceiros.

Com o presente estudo espera-se contribuir para o entendimento de como são as relações de trabalho em empresas de fábrica de software de grande porte. Trata-se de empresas que fazem uso da terceirização de mão de obra altamente especializada, de alto nível de formação, participando da flexibilização organizacional das empresas contratantes, como na gestão do seu próprio negócio.

FÁBRICA DE SOFTWARE SOB A ÓTICA DA FLEXIBILIZAÇÃO... | 209

Finalmente, vale destacar o valor de uma indústria que está no coração da chamada sociedade da informação e reafirmar a preocupação com o futuro dos direitos adquiridos pelos trabalhadores ao longo da história do mundo do trabalho.

REFERÊNCIAS

BEAN, M. *The Pitfalls of Outsourcing Programmers*. S.l.: s.n., 2004. Disponível em: <http://forio.com/resources/article/the-pitfalls-of-outsourcing-programmers/> Acesso em: 10 jun. de 2007.

BRAVERMAN, H. *Trabalho e capital monopolista*: a degradação do trabalho no século XX. Rio de Janeiro: Zahar, 1977.

CARMEL, E.; SAWYER, S. Packaged Software Development Teams: What Makes Them Different? *Information Technology & People*, v. 11, n. 1, p. 7-19, 1998.

CESAR. R. Fábrica de software: uma vocação nacional? *Computerworld*, 28 abr. 2003. Disponível em: <http://computerworld.uol.com.br/negocios/2003/04/28/idgnoticia.2006-05-15.3220032523/>. Acesso em: 1 jan. 2008.

CORREA, C. M. Strategies for Software Exports from Developing Countries. *World Development*, v. 24, n. 1, p. 171-182, 1996.

CUSUMANO, M. A. *Japan's Software Factories*: A Challenge to U.S. Management. Nova York: Oxford University Press, 1991a.

_____. *Shifting Economies*: From Craft Production to Flexible Systems and Software Factories. Cambridge, MA: Massachusetts Institute of Technology/Sloan School of Management, 1991b. Working Paper n. 3.325-91/BPS. Disponível em: <http://dspace.mit.edu/bitstream/1721.1/2367/1/SWP-3325-24663534.pdf >. Acesso em: 16 abr. 2008.

DEMARCO, T.; LISTER, T. *Peopleware*: Productive Projects and Teams. Nova York: Dorsett House, 1987.

FAYOL, H. *Administração industrial e geral*. 10. ed. São Paulo: Atlas, 1990.

210 | FÁBRICA DE SOFTWARE

FEDERAÇÃO NACIONAL DAS EMPRESAS DE SERVIÇOS CONTÁ-
BEIS, DE ASSESSORAMENTO, PERÍCIAS, INFORMAÇÕES E PES-
QUISAS (FENACON). *CLT Flex* — profissionais têm registro parcial.
S. l.: s. n., 2007. Disponível em: <http://www.fenacon.org.br/pressclip-
ping/2007/marco/folha/folha120307.htm>. Acesso em: 16 abr.2008.

FERNANDES, A. A.; TEIXEIRA, D. S. *Fábrica de software*: implantação e gestão de operações. São Paulo: Atlas, 2007.

FIRPO, M. (org.). *Sentidos do trabalho humano*: Miguel de Simoni, presença e
inspiração. Rio de Janeiro: E-Papers, 2006.

HUSU, M. *Software Factories*. Helsinque: University of Helsinki/Department
of Computer Science, 2006. Research Seminar on Service-Oriented Software Engineering.

ILLICH, I. *A convivencialidade*. Lisboa: Europa-América, 1973.

JOHNSON, J. R. *The Software Factory*: Managing Software Development and
maintenance. 2. ed. Wellesley, MA: QED Information Sciences, 1991.

KRIPALANI, M. The Rise of India: Growth Is Only Just Starting. *Business
Week Magazine*, 8 dez. 2003. Disponível em: <http_www.businessweek.
com_magazine_content_03_49_b3861001_mz0.htm>. Acesso em: 29
ago. 2006.

LORENZETTI, K. *CLT flex*: nova modalidade de contratação. S.l.: s.n.
2007. Disponível em: <http://www.correiocidadania.com.br/index2.
php?option=com_content&do_pdf=1&id=91>. Acesso em: 25 maio 2008.

MARTINS, W. M. *Competitividade brasileira e casos de sucesso do software na-
cional*. O futuro da indústria de software: a perspectiva do Brasil. Brasília:
Ministério do Desenvolvimento, Indústria e Comércio Exterior/Instituto
Euvaldo Lodi, 2004. Série Política Industrial, n. 4.

MASSACHUSETTS INSTITUTE OF TECHNOLOGY (MIT). *A indústria
de software no Brasil 2002*: fortalecendo a economia do conhecimento.
Campinas: Coordenação Geral Brasil/Sociedade Softex, 2002. 80p. Disponível em: <http://www.softex.org.br> Acesso em: 27 mar. 2008.

MOTTA, F. C. P.; VASCONCELOS, I. F. F. G. de. *Teoria geral de administração*.
São Paulo: Pioneira/Thomson Learning, 2002.

FÁBRICA DE SOFTWARE SOB A ÓTICA DA FLEXIBILIZAÇÃO... | 211

PARASURAMAN, A. *Marketing Research*. Nova York: Addison-Wesley, 1991.

RAGO, L. M.; MOREIRA, E. F. P. *O que é taylorismo*. São Paulo: Brasiliense, 2003.

SANDRONI, F. Bases de uma estratégia para o fortalecimento da indústria de software no Rio de Janeiro. In: FÓRUM NACIONAL: CHEGOU A VEZ DO BRASIL? OPORTUNIDADE PARA A GERAÇÃO DE BRASILEI-ROS QUE NUNCA VIU O PAÍS CRESCER, 19, 2007, Rio de Janeiro. *Anais...* Rio de Janeiro: Instituto Nacional de Altos Estudos, 2007.

SMITH, A. *A riqueza das nações*: investigação sobre a sua natureza e suas causas. São Paulo: Nova Cultural Ltda., 1996. Coleção "Os Economistas".

TARTARELLI, R. V.; WINCKLER, W. S. *Aprendizagem organizacional em fábricas de software*. S.l.: s.n., 2004. Disponível em: <http://www.cin.ufpe.br/>. Acesso em: 27 mar. 2008.

TAYLOR, F. W. *Princípios de administração científica*. Rio de Janeiro: Presidência da República/Dasp, 1948.

TENÓRIO, F. G. *Flexibilização organizacional*: mito ou realidade. 2. ed. Rio de Janeiro: FGV, 2002.

_____ (org.). *Tecnologia da informação transformando as organizações e o trabalho*. Rio de Janeiro: FGV, 2007.

VERHOEF, C. *Quantitative Aspects of Outsourcing Deals. Science of Computer Programming*, Free University of Amsterdam, Department of Mathematics and Computer Science, v. 56, p. 275-313 , 2003.

CAPÍTULO VI

Fábricas de software
e a academia:
análise da formação acadêmica em informática no município do Rio de Janeiro

Flavio R. Vivacqua

INTRODUÇÃO AO ESTUDO DE CASO

O conhecimento tradicional sobre organizações, desenvolvido a partir do início do século com base em conceitos tayloristas e fordistas, mostrou sinais de esgotamento a partir de meados da década de 1960. Surgem, a partir da década de 1980, novas formas de racionalização flexível da produção, associadas ao "toyotismo" e ao "volvismo" (Wood Jr., 1992).

Esse movimento de modernização das técnicas de gestão é denominado flexibilização organizacional ou pós-fordismo (Harvey, 1992, apud Tenório, 2004:62). O movimento pela flexibilização organizacional das empresas refletiu-se também nos departamentos de TI das empresas. O tradicional Centro de Processamento de Dados (CPD) e toda a estrutura que o administrava sofreram profundas alterações no que tange ao uso da tecnologia e à estrutura organizacional. Entre outras mudanças, as empresas passaram a contratar serviços de TI de fornecedores como meio de obter agilidade pela flexibilização das relações de trabalho.

Nesse ambiente, as fábricas de software surgem como organizações que projetam, desenvolvem ou fazem manutenção de sistemas aplicativos inteiros, módulos ou sub-rotinas de processamento de dados. Em uma fábrica de software, a atividade de desenvolvimento de sistemas é tratada como um processo, adquirindo características muito semelhantes às de uma linha de produção em larga escala, em que o produto atravessa vários estágios especializados ao longo de sua elaboração. Todo o processo se dá através do fluxo de documentos e códigos de programas em um sistema de controle de produção informatizado. Pode-se afirmar que as diversas funções especializadas envolvidas nesse processo são similares às estações de trabalho de um processo fabril, em que conceitos como padronização e escala passam a ser fundamentais para seu desempenho. Com essa abordagem, espera-se obter ganhos na produtividade e na qualidade do processo.

A importância de ter bons profissionais na equipe tem levado as empresas a implantarem as fábricas de software próximas aos centros de formação de mão de obra qualificada. A existência de universidades e centros tecnológicos com boa reputação na formação de profissionais no ramo de desenvolvimento de sistemas em determinadas regiões é critério de decisão quanto à escolha do local de instalação de fábricas de software.

A disponibilidade de mão de obra qualificada e a produção de software com qualidade e baixo custo são frequentemente citadas como forças competitivas do Brasil no mercado internacional, no qual compete com outros países emergentes pela implantação de fábricas e pela exportação de software (Cesar, 2003). Portanto, a academia desempenha um importante papel na formação de profissionais qualificados para atuar nas fábricas de software.

Este capítulo focaliza a academia. Pretende-se saber como as faculdades e os alunos percebem esse fenômeno e até que ponto os currículos hoje oferecidos por essas instituições, para as carreiras de ciência da computação e informática, incorporam princípios fordistas e pós-fordistas.

A pergunta que este estudo de caso procurou responder foi: "A academia forma profissionais adequadamente qualificados para trabalhar nas fábricas de software?". Para tentar obter a resposta a essa pergunta, estabeleceram-se os objetivos expostos a seguir.

Objetivos

Objetivo geral

O objetivo geral do estudo de caso foi analisar se as principais instituições de ensino nas áreas de ciências da computação, informática e engenharia de sistemas formam profissionais adequadamente capacitados, diante das necessidades inerentes às organizações do tipo "fábrica de software". Esse objetivo foi decomposto nos objetivos específicos apresentados a seguir.

Objetivos específicos

Os objetivos específicos deste trabalho foram:
- compreender como a academia (professores e alunos) concebe a fábrica de software, no que se refere às características de sua operação e qualificações necessárias aos trabalhadores que nela atuam, situando essa percepção no continuum fordismo ----- pós-fordismo;
- identificar as grades curriculares dos cursos de graduação nas áreas de ciência da computação, informática e engenharia de sistemas atualmente oferecidos;
- comparar as grades curriculares com os conhecimentos associados às funções produtivas de uma fábrica de software, identificando os pontos fortes e as oportunidades de aprimoramento dessas grades.

Delimitação do estudo

O estudo delimitou-se a instituições de ensino superior nas áreas de ciência da computação, engenharia de sistemas e informática, com cursos oferecidos no município do Rio de Janeiro. Tal restrição significa que as unidades estudadas não compõem uma amostra estatisticamente representativa de nenhum universo maior, e mesmo a metodologia não fará uso de instrumentos estatísticos que permitam a validação ou a refutação de hipóteses. Além da limitação geográfica, ateve-se o estudo aos cursos cuja avaliação no Enade 2005 foi igual ou superior a três. Todas as instituições pré-selecionadas foram convidadas a participar do estudo, através de contatos com os coordenadores dos cursos. Entretanto, alguns contatos não foram bem-sucedidos ou os coordenadores não concordaram em participar da pesquisa, e por essas razões os cursos correspondentes foram excluídos da pesquisa.

No que se refere à análise das grades curriculares, o estudo procura estabelecer conhecimentos a serem adquiridos pelos graduandos com base nas tarefas relacionadas com o trabalho em uma fábrica de software genérica, não se aprofundando no conteúdo técnico de cada disciplina, pois existem diversas tecnologias possíveis de ser empregadas nessas fábricas, sejam elas relacionadas com a plataforma de desenvolvimento, com o escopo da fábrica ou mesmo com o processo de desenvolvimento empregado.

A escolha do município do Rio de Janeiro se deu por conveniência e restrições quanto ao prazo de realização da pesquisa.

Cursos pesquisados

A pesquisa consistiu em levantamento de informações, a partir de documentos disponíveis nas instituições de ensino estudadas, utilizando-se também entrevistas em profundidade com os indivíduos responsáveis pela grade curricular dos cursos. Para limitar a quantidade de instituições a serem analisadas, foram selecionadas aquelas que obtiveram grau igual ou superior a três no Exame Nacional de Desempenho dos Estudantes (Enade) realizado em 2005 pelo Inep (Instituto Nacional de Estudos e Pesquisas Educacionais Anísio Teixeira), eliminando-se também aquelas cujo resultado não foi divulgado.

Através de pesquisas na internet, obtiveram-se os telefones e e-mails dos coordenadores dos cursos pré-selecionados e, em seguida, fez-se um contato

FÁBRICAS DE SOFTWARE E A ACADEMIA | 217

inicial, por e-mail e por telefone. Alguns coordenadores não responderam aos contatos iniciais ou não concordaram em participar da pesquisa, mesmo após diversas tentativas e um dos cursos pré-selecionados não é mais oferecido. Por esses motivos, a lista final foi reduzida aos cursos e instituições da tabela 1.

Tabela 1: Cursos avaliados pela pesquisa

Instituição de ensino	Curso	Conceito (1 A 5)
Universidade Federal do Estado do Rio de Janeiro	Bacharelado em Sistemas de Informação	5
Universidade Federal do Rio de Janeiro	Engenharia de Computação em Informação	5
Faculdade de Informática Lemos de Castro	Bacharelado em Sistemas de Informação	4
Pontifícia Universidade Católica do Rio de Janeiro	Engenharia de Computação	4
Universidade do Estado do Rio de Janeiro	Bacharelado em Informática e Tecnologia da Informação	4
Centro Universitário Carioca	Bacharelado em Ciências da Computação	3
Centro Universitário Metodista Bennett	Bacharelado em Ciências da Computação	3
Universidade Gama Filho	Bacharelado em Ciências da Computação	3

Fonte: Elaborada pelo autor.

Apresentamos a seguir o referencial teórico específico para a pesquisa.

ASPECTOS TEÓRICOS SOBRE FORMAÇÃO ACADÊMICA

Competência x qualificação

Vimos pelo referencial exposto anteriormente que o paradigma taylorista-fordista assenta-se sobre a especialização e o esvaziamento do trabalho. Em uma organização cuja direção seja orientada por tais princípios, a gerência é responsável por definir as rotinas de trabalho, supostamente ótimas, que o chão de fábrica simplesmente executa. Em um cenário como esse, os trabalhadores têm pouca ou nenhuma oportunidade de influenciar seu trabalho, limitando-se à repetição de tarefas. A qualificação resulta de uma formação voltada para o atendimento de "um sistema estável de codificações ocupacionais" (Valle et al., 2003:17).

Diversos autores dão conta de que a evolução tecnológica mudou esse cenário, impondo às empresas o desafio constante da adaptação e do aprendizado. "Assim, em relação direta com a globalização da economia e as tecnologias de informação, surgiram demandas por uma total revisão das qualificações profissionais" (Valle et al., 2003:17).

> Dentro de uma visão integrada ou "holística" da produção, novas qualificações, que se dizem orientadas para a "polivalência" e a "multifuncionalidade" dos trabalhadores, buscam capacitá-los para compreender e participar de um ambiente organizacional onde as decisões são mais complexas e as interações mais numerosas. A programação e o acompanhamento de máquinas, por exemplo, exige constantes microdecisões, num contexto industrial cada vez mais dinâmico. [...] Fala-se, cada vez mais, em poliqualificação e policognição. (Valle et al., 2003:17)

A formação policognitiva do trabalhador, segundo Rezende Pinto (apud Valle et al., 2003:18), defende o desenvolvimento das habilidades cognitivas (visualização ou abstração, compreensão de fenômenos em processo, dedução estatística, capacidade de comunicação) e comportamentais (lealdade, responsabilidade, iniciativa e educação contínua).

> Tudo se passa como se o universo dos "white collars" tivesse sido estendido até as oficinas, numa dinâmica que vai inteiramente de encontro à divisão do trabalho e à especialização propostas, respectivamente, por Taylor e Ford. De fato, desde a década de 1980 — quando nos países

FÁBRICAS DE SOFTWARE E A ACADEMIA | 219

de economia mais avançada se declarou a tendência à terceirização —, estudos confirmam a evolução das ocupações em direção a funções mais densas em atividades intelectuais ou reflexivas, em oposição àquelas intensivas em vigor físico ou em habilidades manuais. (Valle et al. 2003:18)

Tal dinâmica resultou em um esvaziamento do ensino profissional tradicional, que até então

desempenhara um papel vital na identidade profissional e fundamentara a estratificação ocupacional durante todo o século XX. [...] Em todo o planeta, empresários passaram a avaliar negativamente a formação profissional tradicional, argumentando que ela se concentrou demais em "saberes teóricos" e pouco trabalhou os "recursos" mobilizáveis pelo trabalhador para "resolver problemas". (Valle et al. 2003:19)

As empresas passaram a se interessar pela competência e não pelos títulos dos trabalhadores, ou seja, experiência no lugar de diplomas.

Isso nos leva ao cerne da definição de competência. Valle et al. (2003) declaram que existem diversos conceitos de competência e citam vários deles. Segundo os autores, a palavra-chave por trás das definições de competência é desempenho, ou seja, algo que acontece no local de trabalho, em detrimento da palavra qualificação, que estaria associada a saberes "que não encontram lugar no exercício cotidiano da profissão" (Valle et al., 2003:26). Steffen (2000, apud Valle et al., 2003) afirma que essa diversidade de visões amplia e enriquece os modelos de competência profissional, uma vez que os diferentes conceitos não são contraditórios, mas intercomplementares, e sugere

que a competência seja a capacidade de um indivíduo, definida e mensurada em termos de desempenho, e não apenas um conjunto de conhecimentos, habilidades, destrezas e atitudes. Tudo isso seria necessário, mas insuficiente para a efetiva atuação do indivíduo em um contexto profissional (Valle et al., 2003:26).

Entretanto, segundo Valle et. al. (2003), essa e outras definições de competência ainda resultam de uma abordagem "racionalista" sobre o assunto, que não abandonaram a antiga abordagem KSA (conhecimento, qualificação e habilidade, em inglês). Tal abordagem vem sendo criticada por diversos autores, que a acusam de ter um sentido instrumental ou condutivista (Ramos apud Valle et al., 2003:29).

> No contexto da educação profissional, as competências, ao serem traduzidas por diretrizes e referenciais curriculares, tornam-se descrições de atividades requeridas pela natureza do trabalho. O que a análise funcional das empresas e dos currículos designa como competência caracteriza-se, assim, por uma apropriação socioeconômica do conceito pelo capital. (Valle et al., 2003:29)

Os mesmos autores propõem uma nova definição de competência como:

> A capacidade do trabalhador de ativar a Cultura Técnica de sua comunidade no trabalho para interpretar as inúmeras informações provenientes do contexto físico, social e subjetivo, sob a forma de sinais e signos, verbais (p. ex., frases, durante diálogos sobre questões técnicas ou gerenciais) ou não (p. ex., sinais provenientes de uma máquina). (Valle et al. 2003:169)

O conceito de Cultura Técnica utilizado pelos autores nessa nova definição de competência é a de um "pano de fundo (*background knowledge*, ou conhecimento enciclopédico) que é ativado (passando a *foreground knowledge*) quando microdecisões precisam ser tomadas, diante de problemas semiestruturados (ausência de um modelo prévio, em face de eventos de alto risco e com efeitos interconectados)" (Valle et al., 2003:167). Ainda segundo esses autores, a assimilação pelo indivíduo desse conhecimento enciclopédico "não é outra coisa senão o ato de qualificar-se, ou seja, sua qualificação" (ibid.).

FÁBRICAS DE SOFTWARE E A ACADEMIA | 221

A qualificação, diferentemente da competência, não pode ser definida em termos de desempenho em cargos, por natureza específicos e cambiantes. A qualificação é sempre genérica e inercial. As instituições de ensino qualificam, preparando indivíduos para exercer vários cargos possíveis, e se voltam prioritariamente "para o desenvolvimento da Cultura Técnica que constituirá o saber 'enciclopédico' do trabalhador, sem se preocupar diretamente com as necessidades ligadas a este ou aquele cargo específico" (Valle et al., 2003:175). Portanto, interessa-nos este conceito de qualificação, pois o objetivo do trabalho é o estudo da formação proporcionada pelas instituições de ensino.

Processos de desenvolvimento de software

Para estruturar o conjunto de conhecimentos que um profissional que trabalhe na área produtiva de uma fábrica de software precisa ter, recorre-se ao Guia para o Corpo de Conhecimento em Engenharia de Software (Swebok — Software Engineering Body of Knowledge), estruturado pelo Institute of Electrical and Electronics Engineers (IEEE). Esse modelo busca servir de orientação para engenheiros de software no acesso ao corpo de conhecimento da área, que é resultado da acumulação da literatura ao longo de trinta anos (IEEE, 2004, Prefácio).

Entretanto, em relação a tal corpo de conhecimento, deve-se levar em consideração a conclusão de Apshvalka e Wendorff (2005), que sugerem que a pesquisa científica em engenharia de software (ES) tem problemas fundamentais que a tornam, em parte, subjetiva e falível. Assim, a pesquisa em ES nem sempre resulta em afirmações absolutas, gerais e claras. O resultado inevitável é que o corpo de conhecimentos não é completamente objetivo, incluindo questões controversas sobre as quais há discordâncias entre os especialistas. Nesses casos, os engenheiros de software deverão tomar suas decisões com base na tradição, intuição, autoridade etc., no lugar de evidências científicas conclusivas. Portanto, tal corpo de conhecimento pode se revelar incompleto ou mesmo contraditório, exigindo discernimento e julgamento crítico do profissional que o utiliza. Ainda assim, esse corpo de conhecimento tende a ser reconhecido pela área como padrão, razão pela qual foi utilizado como referência neste trabalho.

O IEEE (2004) atribui três significados para o termo "Processo de engenharia de software" em seu guia:

- o primeiro, ligado ao uso do artigo "o" antes do termo, pode implicar que exista uma e somente uma maneira correta de realizar as tarefas do desenvolvimento de software. Esse significado é evitado, pois tal processo único não existe;
- o segundo se refere à discussão geral de processos relacionados à engenharia de software. Este é o significado dado para essa área de conhecimento no SWEBOK (IEEE, 2004);
- o terceiro significado pode representar o conjunto real de atividades executadas por uma organização, que pode ser percebido como um processo.

O conhecimento aplicável ao desenvolvimento de software foi estruturado, pelo IEEE (2004), nas seguintes áreas: Requisitos de software; Projeto (desenho) do software; Construção do software; Testes do software; Manutenção do software; Gerenciamento da configuração do software; Gerenciamento da engenharia de software; Processo de engenharia de software; Ferramentas e métodos de engenharia de software; Qualidade do software; e Áreas de conhecimento e disciplinas relacionadas.

Muitas vezes a denominação de uma área de conhecimento segundo o IEEE pode significar também uma etapa de uma metodologia ou ciclo de vida de desenvolvimento de software aplicada por uma organização que pode ser uma fábrica de software.

Cada área de conhecimento será descrita brevemente a seguir (IEEE, 2004).

Requisitos de software

A área de conhecimento "Requisitos de Software" é relacionada à elicitação, análise, especificação e validação dos requisitos de software. Trata-se de uma das funções mais críticas e que, ao ser negligenciada, torna vulnerável todo o restante do processo de software. Requisitos incompletos há muito são apontados como uma das causas mais frequentes para o fracasso de projetos de desenvolvimento de software (Standish, 1995).

Segundo Kotonya e Sommerville (apud IEEE, 2004, cap. 2, item 1), os requisitos de software expressam "as necessidades e restrições colocadas em um produto de software que contribuem para a solução de um problema do mundo real".

Um requisito de software pode estar relacionado ao produto (o próprio software) ou ao processo que o produz, pode definir aspectos funcionais (funções que deve desempenhar) ou não funcionais do produto (restrições ou características de qualidade: desempenho, capacidade de manutenção, confiabilidade etc.), devem ser definidos de forma clara, e não ambígua, e ser mensuráveis. Os requisitos de software devem ser gerenciados desde o início do projeto até sua conclusão, perpassando todo o ciclo de vida da produção de um software. Por exemplo, os requisitos definidos nas etapas iniciais do processo devem ser incluídos como itens de configuração no processo de gerenciamento de configuração de software até os testes finais para a entrega do produto, e, após isso, durante toda a fase de manutenção do produto até que este seja descontinuado.

Projeto (desenho) do software

O projeto ou desenho do software é definido pelo IEEE (2004, cap. 3, item 1) como o processo de definir a arquitetura, os componentes, as interfaces e as outras características de um sistema ou um componente e o resultado desse processo. Visto como um processo, essa área de conhecimento é a atividade do ciclo de vida do desenvolvimento do software em que os requisitos são analisados de modo a produzir uma descrição da estrutura interna do software que servirá de base para sua construção. O seu resultado deve descrever a arquitetura do software, isto é, como o software é organizado em componentes e as interfaces entre esses componentes. Deve descrever também os componentes com detalhes suficientes para que possam ser construídos.

O projeto (desenho) desempenha um papel importante no desenvolvimento do software: permite aos engenheiros produzirem vários modelos que formam uma espécie de planta baixa da solução a ser implementada. Esses modelos podem ser analisados para verificar se atenderão aos requisitos e também quanto às várias alternativas possíveis de solução, além de orientarem o planejamento do restante do trabalho de desenvolvimento e serem o ponto de partida para a construção e os testes (IEEE, 2004, cap. 4, item 1).

Construção do software

O termo construção de software se refere à criação de um software funcional e válido através das atividades de codificação, verificação, testes unitários, testes de integração e depuração (IEEE, 2004, cap. 4, item 1).

A construção do software muitas vezes implica a realização de atividades de projeto e testes do software. Como etapa de um ciclo de vida real em uma organização, utiliza os resultados da etapa anterior (projeto do sistema) e cria uma das entradas para a etapa de testes do sistema.

Testes do software

Os testes têm a finalidade de avaliar a qualidade do produto construído e melhorá-la, através da identificação de defeitos e problemas.

Os testes não são mais vistos como uma atividade que começa apenas quando a fase de codificação é concluída, com o propósito limitado

FÁBRICAS DE SOFTWARE E A ACADEMIA | 225

de identificar falhas. Hoje esse processo é visto como parte integrante de todo o ciclo de vida do desenvolvimento. O planejamento para os testes deve se iniciar nas primeiras etapas do processo de requisitos. Planos e procedimentos de testes devem ser sistemática e continuamente elaborados e refinados à medida que o desenvolvimento progride. Esses testes e procedimentos são uma importante fonte de esclarecimento para os projetistas sobre eventuais fraquezas (contradições, omissões ou ambiguidades da documentação).

Manutenção de software

A manutenção de software é a área de conhecimento em engenharia de software que lida com a correção de defeitos e a evolução do software depois que este é entregue e entra em regime de produção (ou seja, o software atinge sua condição de uso por uma organização) ou de comercialização (uso por clientes ou consumidores).

A definição dada pelo SWEBOK (IEEE, 2004, cap. 6, item 1) é de que a manutenção do software consiste nas atividades necessárias para oferecer um suporte econômico ao software. Inclui atividades relacionadas com a modificação do software, treinamento e a operação ou a interface com uma estrutura de atendimento (*helpdesk*).

Gerenciamento da configuração do software

Segundo Buckley (apud IEEE, 2004, cap. 7, item 1), a "configuração de um sistema é composta pelas características funcionais e/ou físicas do hardware, *firmware* ou software, ou uma combinação destes, tal como definida em uma documentação técnica e obtida em um produto", podendo ser entendida como uma coleção de versões específicas de hardware, *firmware* ou software combinadas de acordo com procedimentos específicos de construção para servir a um propósito particular.

226 | FÁBRICA DE SOFTWARE

O padrão IEEE 610.12-90 (apud IEEE, 2004) define o gerenciamento de configuração como

> uma disciplina que aplica direção e vigilância técnica e administrativa para: identificar e documentar as características funcionais e físicas de um item de configuração, controlar as mudanças nestas características, registrar e relatar o processo de mudança e o status da implementação, e verificar a conformidade com os requisitos especificados. (Tradução livre.)[1]

O controle de configuração de software é um processo de apoio no ciclo de vida de desenvolvimento que beneficia o gerenciamento do projeto, as atividades de desenvolvimento e manutenção, as atividades de garantia e os usuários ou clientes do produto final.

Gerenciamento da engenharia de software

É definido pelo IEEE (padrão IEEE610.12-90, apud IEEE, 2004, cap. 8, item 1) como a aplicação de atividades de gerenciamento — planejamento, coordenação, medição, monitoração, controle e relatório — para assegurar que o desenvolvimento e a manutenção do software sejam sistemáticos, disciplinados e quantificados.

A mesma entidade considera ser possível gerenciar a engenharia de software da mesma forma como se gerenciam quaisquer outros processos complexos, porém, existem alguns aspectos que tornam esse gerenciamento mais complicado:

---

[1] "A discipline applying technical and administrative direction and surveillance to: identify and document the functional and physical characteristics of a configuration item, control changes to those characteristics, record and report change processing and implementation status, and verify compliance with specified requirements."

FÁBRICAS DE SOFTWARE E A ACADEMIA | 227

- a percepção dos clientes geralmente negligencia a complexidade inerente à engenharia de software, particularmente em relação ao impacto das mudanças dos requisitos;
- é inevitável que os próprios processos de engenharia de software determinem a necessidade de incluir ou mudar requisitos do cliente;
- como resultado, o software é geralmente construído em um processo iterativo em vez de numa sequência de tarefas;
- a engenharia de software necessariamente incorpora aspectos de criatividade (de certa forma endossando o aspecto artesanal da atividade anteriormente citado) e disciplina — e manter o equilíbrio adequado entre os dois é geralmente difícil;
- o grau de novidade e complexidade do software é frequentemente muito alto;
- há uma taxa de mudanças muito rápida na tecnologia que apoia o processo.

Processo de engenharia de software

A definição desse processo, segundo o IEEE, foi apresentada no início desta seção. Essa área de conhecimento, no âmbito do SWEBOK, está relacionada com a discussão geral dos processos de engenharia de software e com o seu gerenciamento, mais especificamente com a introdução de mudanças tecnológicas ou procedurais que visem à melhoria do produto ou do processo aplicado na sua produção.

Ferramentas e métodos da engenharia de software

Essa área de conhecimento está relacionada com as ferramentas e métodos aplicados na engenharia de software. Ferramentas de desenvolvimento de software auxiliam nos processos do ciclo de vida do desenvolvimento por automatizarem tarefas repetitivas e bem definidas, reduzindo a carga cognitiva sobre o engenheiro de software, que é então liberado para se concentrar nos aspectos criativos do processo.

Os métodos de engenharia de software estruturam a atividade com o objetivo de torná-la mais sistemática e, em última instância, aumentar suas chances de sucesso. Os métodos proveem uma notação e um vocabulário, procedimentos para realizar determinadas tarefas e guias para verificar tanto o processo quanto o produto.

Qualidade de software

Essa área de conhecimento do SWEBOK (IEEE, 2004, cap. 11, item 1) lida com considerações sobre a qualidade de software que transcendem os processos do ciclo de vida. A qualidade do software é uma preocupação constante em engenharia de software e é também considerada nas outras áreas de conhecimento. Esta área de conhecimento se concentra nas técnicas estáticas da qualidade do software — aquelas que não requerem a execução do software em avaliação, enquanto as dinâmicas são tratadas na área de conhecimento Testes de Software.

Áreas de conhecimento e disciplinas relacionadas

O SWEBOK (IEEE, 2004, cap. 12, item 1) identifica as disciplinas com as quais a engenharia de software compartilha fronteiras comuns. No nível mais abrangente, as disciplinas relacionadas são: engenharia de computadores, ciência da computação, gerenciamento (administração), matemática, gerenciamento de projetos, gerenciamento da qualidade, ergonomia de software e engenharia de sistemas.

Como citado anteriormente, o SWEBOK evita o uso da expressão "o processo de engenharia de software", pois existem vários deles. Nessa questão, apresenta-se a seguir uma breve descrição acerca do debate entre metodologias tradicionais e metodologias ágeis. Ambas definem seus modelos de processo de desenvolvimento.

Qualificações associadas à produção da fábrica de software

Com base no referencial teórico sobre competências e fábricas de software apresentado anteriormente, busca-se traçar um perfil de qualificações desejáveis para as funções desempenhadas na produção de uma organização dessa natureza. Para essa empreitada utilizou-se o modelo de qualificações proposto por Valle et. al. (2003), que a definem como a cultura técnica ou o conhecimento de fundo que é ativado pelos indivíduos ao interpretar as informações e tomar microdecisões.

Procura-se mapear as qualificações técnicas relacionadas com as atividades de desenvolvimento de software. Duas considerações devem ser feitas, no entanto, para esclarecer algumas decisões tomadas na execução desse trabalho:

- evitou-se a identificação de funções ou de cargos, pois derivam da forma como o trabalho é dividido em cada organização, como já mencionado anteriormente. O papel das instituições de ensino é o de qualificar os alunos, preparando-os para exercerem diversos cargos possíveis;
- a qualificação foi analisada em relação às atividades que um indivíduo poderia desempenhar no processo de produção de software de uma fábrica de software, focalizando nas qualificações técnicas, pois o papel das instituições formais de ensino, no caso as faculdades de ciências da computação, informática ou engenharia de sistemas, é formar profissionais aptos a exercer quaisquer funções nessas áreas. Segundo Valle et al. (2003:171), "a Educação Tecnológica deve se voltar prioritariamente para o desenvolvimento da Cultura Técnica que constituirá o saber 'enciclopédico' do trabalhador, sem se preocupar diretamente com as necessidades ligadas a este ou aquele cargo específico".

230 | FÁBRICA DE SOFTWARE

Feitas as considerações anteriores, apresentam-se no quadro 1 as funções do processo de construção de software e as qualificações relacionadas a cada uma. As qualificações específicas são aquelas que se espera encontrar em um indivíduo que desempenhe uma função específica na organização de desenvolvimento de software. As qualificações transversais são aquelas comuns a todas as funções da organização, ou seja, saberes compartilhados por todos os indivíduos que fazem parte da organização.

Quadro 1: Competências das funções do processo produtivo de uma fábrica de software

Atividade	Qualificações técnicas	
	Específicas	Transversais
Levantamento de requisitos	Requisitos de software	Manutenção do software Gerenciamento de configuração do software Gerenciamento da engenharia de software Processo de engenharia de software Ferramentas e métodos de engenharia de software Qualidade do software
Análise e desenho de sistemas	Projeto do software	
Implementação	Construção do software	
Testes	Testes do software	

Fonte: Elaborado pelo autor.

Com a apresentação do quadro de qualificações utilizado para analisar as grades curriculares dos cursos que participaram da pesquisa, encerra-se a exposição do referencial teórico específico. Discutem-se, a seguir, os critérios para a escolha dos cursos pesquisados.

ANÁLISE E RESULTADOS DO ESTUDO DE CASO

A apresentação dos resultados se inicia pela análise das grades curriculares. O objetivo dessa análise foi distribuir as disciplinas dos currículos, separando o currículo básico ou obrigatório das matérias optativas e eletivas, nas qualificações técnicas identificadas como resultado do estudo do referencial teórico.

Análise das grades curriculares

As disciplinas foram classificadas após a leitura das ementas obtidas nas instituições de ensino. Em alguns casos, o conteúdo abordado pelas disciplinas envolve mais de uma qualificação técnica. Nesses casos, o procedimento adotado foi o de identificar e classificar a disciplina na qualificação técnica predominante na ementa. Com isso, cada disciplina foi classificada em somente uma qualificação técnica.

Foram desconsideradas, para efeito da análise, as disciplinas relacionadas aos TCCs (trabalhos de conclusão de curso) e estágio, pois o conteúdo dessas disciplinas não pode ser determinado, uma vez que tanto um quanto o outro são objeto de escolhas dos próprios alunos.

O resultado final da distribuição das disciplinas de cada curso analisado é mostrado na tabela 2. Em cada célula são apresentadas as quantidades de disciplinas disponíveis em cada curso e qualificação. A interpretação desse resultado é apresentada logo a seguir.

Tabela 2: Quantidades de disciplinas por qualificação transversais

Curso	Instituição	Escopo	Qualificações técnicas específicas			
			Requisitos de software	Projeto de software	Construção do software	Testes do software
Bacharelado em Informática	Universidade Federal do Estado do Rio de Janeiro	Currículo obrigatório	1	4	4	1
		Optativas	0	5	3	0
Engenharia da Computação e Informação	Universidade Federal do Rio de Janeiro	Currículo obrigatório	1	4	4	1
		Optativas	0	3	4	0
Bacharelado em Sistemas de Informação	Faculdade de Informática Lemos de Castro	Currículo único	1	8	7	0
Engenharia da Computação	Pontifícia Universidade Católica do Rio de Janeiro	Currículo obrigatório	0		1	0
		Optativas	1	7	2	0
Bacharelado em Sistemas de Informação	Pontifícia Universidade Católica do Rio de Janeiro	Currículo obrigatório	1	4	5	1
		Optativas	1	4	1	0
Bacharelado em Informática e Tecnologia da Informação	Universidade do Estado do Rio de Janeiro	Currículo obrigatório	2	5	3	0
		Eletivas	0	0	1	0
Bacharelado em Ciência da Computação	Centro Universitário Metodista Bennett	Currículo obrigatório	1	6	2	2
Bacharelado em Ciência da Computação	Universidade Gama Filho	Currículo obrigatório	0	5	5	0

Fonte: Elaborada pelo autor.

Tabela 3: Quantidades de disciplinas de outros conhecimentos

Mapa de análise das grades curriculares						
			Qualificações técnicas transversais			
Curso	Instituição	Escopo	Ciência da Computação	Gerenciamento da engenharia de software	Processo de engenharia de software	Qualidade do software
Bacharelado em Informática	Universidade Federal do Estado do Rio de Janeiro	Currículo obrigatório	10	0	1	0
		Optativas	21	1	2	0
Engenharia da Computação e Informação	Universidade Federal do Rio de Janeiro	Currículo obrigatório	11	0	1	0
		Optativas	33	1	2	0
Bacharelado em Sistemas de Informação	Faculdade de Informática Lemos de Castro	Currículo único	13	1	1	1
Engenharia da Computação	Pontifícia Universidade Católica do Rio de Janeiro	Currículo obrigatório	6	0	1	0
		Optativas	33	2	0	0
Bacharelado em Sistemas de Informação	Pontifícia Universidade Católica do Rio de Janeiro	Currículo obrigatório	9	1	0	1
		Optativas	11	0	0	0
Bacharelado em Informática e Tecnologia da Informação	Universidade do Estado do Rio de Janeiro	Currículo obrigatório	11	1	0	1
		Eletivas	3	0	0	0
Bacharelado em Ciência da Computação	Centro Universitário Metodista Bennett	Currículo obrigatório	11	1	1	1
		Eletivas				
Bacharelado em Ciência da Computação	Universidade Gama Filho	Currículo obrigatório	20		1	

Fonte: Elaborada pelo autor.

234 | FÁBRICA DE SOFTWARE

Pela análise da cobertura das grades curriculares, pode-se concluir que um profissional egresso das instituições analisadas seja capaz de atuar em organizações do tipo fábrica de software. Embora existam deficiências em relação a uma ou outra qualificação (em especial àquelas ligadas ao levantamento de requisitos, qualidade de software e engenharia de software como um todo), os cursos abordam os aspectos essenciais para que o futuro profissional possa desempenhar diversas funções relacionadas com o desenvolvimento de software. Pode-se afirmar também que os bacharelados em Sistemas de Informação possuem uma grade curricular mais adequada às qualificações associadas às fábricas de software, quando comparados com os cursos de Ciência e Engenharia da Computação. Além disso, a formação geral proporcionada por algumas das escolas dará a esse profissional uma visão da profissão, da empresa e da sociedade que lhe permitirá se desenvolver e assumir responsabilidades, em consonância com o paradigma pós-fordista.

Por outro lado, coloca-se em discussão a questão de que, embora os cursos formem o profissional adequadamente em relação à sua qualificação, as habilidades específicas para que ele atue com sucesso em uma dada organização não podem ser obtidas somente nos cursos universitários. Não se trata da aquisição de conhecimentos tácitos ou da cultura técnica da organização somente, mas de capacitação no uso das ferramentas e tecnologias específicas aplicadas no processo produtivo. Tal formação requer, do próprio profissional e da organização que o emprega, investimento de recursos financeiros, tempo e esforço para adquirir o conhecimento sobre essas ferramentas.

Portanto, entende-se que a formação universitária não é suficiente, embora seja adequada, para formar um profissional competente para as fábricas de software. É necessário que a formação seja complementada com conhecimentos acerca das tecnologias comerciais empregadas no processo da produção de software.

Entrevistas com os professores

A segunda parte do trabalho envolveu a realização de entrevistas com professores dos cursos pesquisados, os coordenadores ou professores por eles indicados. A entrevista abordou os seguintes temas: qual a percepção que o entrevistado tem sobre as fábricas de software; qual é o perfil dos trabalhadores nesse tipo de organização; e qual seria a formação requerida para essas pessoas.

Conceito dos professores sobre organizações do tipo fábrica de software

Todos os coordenadores dos cursos ou professores entrevistados já ouviram falar de fábricas de software. Entretanto, alguns demonstraram maior familiaridade com organizações desse tipo, enquanto outros apenas têm ideia do termo, sem ter tido oportunidade de conhecer uma fábrica de software. Alguns dos entrevistados consideram que o termo tem sido utilizado pelo mercado para designar diversos tipos de organizações que não necessariamente seguem os princípios descritos no referencial teórico.

Aqueles mais próximos de organizações do gênero souberam explicar melhor os processos ali operados, porém não houve um consenso geral em relação ao conceito que cada um tem sobre o termo, embora existam entre eles visões semelhantes da fábrica de software. De um modo geral, cada entrevistado enfatizou os aspectos que considera mais relevantes para essas fábricas. Por exemplo, um dos professores entrevistados (UFRJ/ Ciência da Computação) deu muita ênfase ao aspecto econômico e do valor agregado:

> Isso é uma coisa que vem de muito tempo. Quando a programação virou uma atividade econômica, o pessoal da academia achava que programação era uma arte. [...] Isso durou pouco tempo. De repente as oportunidades econômicas apareceram e o pessoal entendeu que desenvolver software

não podia ser uma arte, é uma atividade que envolve muito dinheiro e muitos recursos, portanto, não poderia ficar nas mãos de artesãos. [...] Então, se você olhar as grandes empresas de software, [...] é um esquema de produção, do mesmo jeito que os outros: chega no final do dia tem a sua cota, a sua meta do dia, você tem que entregar. [...] Quer dizer, continua sendo uma espécie de "operário", onde ele tem lá um serviço para ser feito, talvez com mais liberdade porque, talvez, a pessoa produza mais com liberdade.

Tal concepção se mostra ainda calcada em paradigmas de economicidade e intensificação do trabalho característicos do taylorismo-fordismo, e contrasta com a visão de outro professor (PUC-Rio), que considera a atividade de desenvolvimento de software essencialmente artesanal:

O processo é um processo de aprendizado. Então faz-se, desenvolve-se, controla-se a qualidade e eventualmente libera-se para o usuário. Isso na realidade tem uma característica muito mais de artesanato do que de fábrica. Bom, pode-se dizer que uma parte da indústria de móveis cai nessa categoria. Quer dizer, você tem alguns componentes que são reaproveitados, mas a maior parte das coisas é artesanal. Nós não estamos inventando nada de novo, estamos meramente dizendo que a maturidade da área leva a essa visão.

Já o professor da Uerj enfatizou o aspecto da orientação da fábrica de software para o desenvolvimento de componentes reutilizáveis, visão compartilhada por uma professora do curso de Engenharia de Computação da UFRJ e pelo professor da PUC-Rio. Citam-se algumas frases desses professores:

e a ideia desse tipo de abstração, desse tipo de técnica, é pegar uma mesma aplicação e adaptá-la com certa facilidade para vários ambientes de operação. [...] em um contexto de engenharia de software, tendo ferramental, uma infraestrutura para arquitetura de software, se faria a composição final customizada. [Tal ideia] é centrada em reutilização. E como é fortemente baseada em componentes, tem a ideia de fábrica, de você não precisar desenvolver componentes que já existem e aproveitá-los para colocar em sua aplicação. (Professor da Uerj)

Outra visão seria procurar produzir componentes que vão ser reaproveitados seguidamente em sistemas similares. [...] Então isso é outro tipo de fábrica de software, o sistema final é construído a partir da composição de uma série de elementos já pré-fabricados, preexistentes, e possivelmente um pequeno desenvolvimento sob medida para compor as características específicas do produto desejado. (Professor da PUC-Rio)

Então toda a história da reutilização, ela vem no sentido de criar estruturas organizacionais para apoiar esse modelo, de produtor apoiando um grande volume de consumidores. (Professora do curso de Engenharia de Computação da UFRJ)

Os professores que se disseram familiarizados com o termo "fábrica de software" a descreveram por uma de suas características. Isso pode sugerir que a visão desse tipo de organização ainda é limitada entre os membros da academia.

O segundo tema da entrevista foi sobre a percepção do perfil dos trabalhadores da fábrica de software.

Percepção do perfil dos trabalhadores de uma fábrica de software

Todos os entrevistados têm uma percepção muito parecida sobre o perfil dos trabalhadores de uma fábrica de software. Em comum, a noção de que os trabalhadores devem ser "especializados", porém não na concepção fordista do trabalho, que associa a especialização à desqualificação do trabalhador, mas uma especialização correspondente a uma profunda qualificação: o profissional deve ter conhecimentos sólidos e aprofundados a respeito de sua atividade.

238 | FÁBRICA DE SOFTWARE

Quatro dos sete entrevistados têm a noção de que o trabalho de programação envolvido na construção de software pode ser realizado por profissionais de um menor nível de qualificação. Para eles, o dito programador está para o desenvolvimento de software assim como o mestre de obras está para a construção civil, como nas palavras do professor do curso de Ciência da Computação da UFRJ:

> O cara de requisitos tem que entender do negócio, do mundo onde ele vive, dos clientes; o cara de projeto, ele tem que estar em dia com a tecnologia; e os programadores são a mão de obra básica que é o seguinte, na obra é o mestre de obras, o marceneiro, o carpinteiro.

Os professores da PUC-Rio, da Engenharia da Computação da UFRJ, da Uerj, e o da Bennett discordam dessa visão. Nas palavras de um deles:

> Eu acho que nesse tipo de equipe é bom que as pessoas tenham todas elas um mesmo perfil e possam permear por todas as etapas. [...] Especialmente quando você fala de integração, você tem que dominar aspectos diferentes, eventualmente *middleware*, eventualmente *deployment*... No mínimo transitar ou interagir com todo mundo, com todos os outros elementos.

Ainda com relação à especialização, nas palavras de outro professor:

> Eu particularmente acredito mais na especialização. [...] Eu acredito na especialização com certa flexibilidade no sentido de, por exemplo, um analista de requisitos dominar diferentes técnicas para poder se adaptar a diferentes projetos. Num projeto ele poderia fazer a elicitação usando técnicas como o JAD, em outro prototipação, entrevistas, etnografia,

então são várias técnicas diferentes, que ele conheça várias para poder participar de vários projetos.

Boa parte dos entrevistados tem a percepção de que o trabalho em uma fábrica de software é estruturado nas fases de análise ou engenharia de requisitos, projeto do sistema e construção, e os processos de apoio. Tais funções seriam executadas por especialistas, sendo a construção atribuída a programadores, geralmente profissionais de menor qualificação, por exemplo, de nível médio.

Por outro lado, o professor da Uerj, que acredita em uma organização por células ou grupos semiautônomos orientados por projetos, disse:

> Eu tenho um pouco de tendência a achar mais interessantes estruturas que sejam bem achatadas, com uma hierarquia pequena. Que se formem grupos de trabalho ou núcleos de desenvolvimento, mas que o grupo possa se autogerenciar.

Na mesma linha, o professor da PUC-Rio considera que as organizações de desenvolvimento de software devem investir nos métodos ágeis e nas pessoas, pois não se consegue um bom desempenho com pessoas malformadas, mesmo que essas pessoas sejam controladas por um supergerente. Nas suas palavras, fazendo analogia entre um time de futebol e uma equipe de desenvolvimento:

> Para você seguir um método ágil você precisa obedecer a uma série de preceitos, tem que ter disciplina, mas o investimento na pessoa é muito maior. Então você pode dizer que você tem um time formado por bons jogadores, e que possivelmente até um treinador mais ou menos consegue ter resultados muito bons.

O perfil do trabalhador nos leva ao último tema da entrevista, que é a formação necessária para esses profissionais.

Formação dos trabalhadores das fábricas de software

Neste tema também se observa uma coincidência de opiniões entre um grupo de entrevistados, que define a formação (aqui focalizada na formação superior em ciência da computação ou sistemas de informação) em termos de preparar profissionais para atuarem como "gerentes de projeto" ou "engenheiros de software", que têm a função de definir o trabalho que será posteriormente executado por outros, em particular a programação, como mencionado no tópico anterior.

Por exemplo, o professor da Filc (Faculdade de Informática Lemos de Castro) disse que o objetivo da faculdade é formar gerentes de projeto, ou seja, um aluno responsável por uma equipe de desenvolvimento, que conheça o processo todo, citando inclusive a preocupação dos alunos em relação a não saber programar, pois a faculdade dá noções de programação em Java, mas a proposta da escola é apresentar conteúdo e não formar programadores. O mesmo raciocínio permeia as visões dos demais professores entrevistados. Como exemplo, apresentamos uma observação muito interessante do professor do curso de Ciência da Computação da UFRJ:

> Então, [...] um aluno — como [...] de algumas escolas aqui no Rio de Janeiro, que preparam o aluno para trabalhar na tecnologia corrente, daquilo que está dando emprego no momento [...] está comprando um conhecimento com prazo de validade de dois anos, três anos. E como se compra operários por quilo, então é o seguinte, eu não posso chegar para os meus alunos e ensinar para eles uma coisa que daqui a dois anos vão ter que voltar e ensinar de novo.

Com relação ao conteúdo da formação, todos os cursos atendem às diretrizes curriculares do MEC e da SBC. Entretanto, há uma particularidade que foi mencionada pelos professores da UGF e do Bennett em relação à ordenação das disciplinas de projeto de sistemas na grade curricular, que nessas escolas antecedem às disciplinas de programação, enquanto nas demais são dadas em períodos posteriores. No entanto, com exceção do curso do Bennett, que enfatiza a engenharia de software, todos os demais cursos têm uma formação generalista, buscando dar ao aluno a formação necessária para exercer qualquer função ligada à computação, não se limitando ao desenvolvimento de software.

Tendo-se exposto os resultados mais importantes das entrevistas realizadas, apresenta-se agora o resultado do levantamento feito entre os alunos dos períodos finais dos cursos pesquisados, realizado através da aplicação de questionário.

Levantamento entre os alunos

O levantamento consistiu na aplicação de um questionário, em papel ou pela internet, para os alunos dos dois últimos períodos da graduação. O questionário foi elaborado com os mesmos temas das entrevistas com os professores. Apresentam-se a seguir os resultados.

Perfil dos alunos

O questionário de levantamento foi aplicado para um total de 48 alunos. A distribuição desses alunos por curso e sexo é mostrada na figura 1.

Figura 1: Alunos por sexo

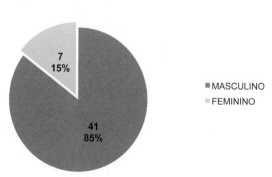

Fonte: Elaborado pelo autor.

Figura 2: Distribuição por faixa etária

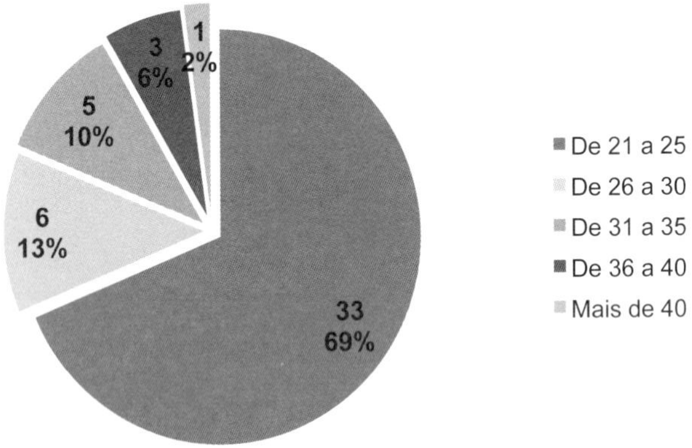

Legenda:
- De 21 a 25
- De 26 a 30
- De 31 a 35
- De 36 a 40
- Mais de 40

Valores: 33 (69%), 6 (13%), 5 (10%), 3 (6%), 1 (2%)

Fonte: Elaborada pelo autor.

Observa-se o predomínio de alunos do sexo masculino entre os que participaram da pesquisa. A figura 2 mostra a distribuição dos alunos por faixa etária. Nota-se que, em sua maioria, os alunos são jovens e do sexo masculino, com até 25 anos de idade.

Foi perguntado aos alunos se conheciam o conceito de fábrica de software e pedido que descrevessem, através de perguntas fechadas, como concebem o seu funcionamento. A segunda parte do questionário avalia esse conceito.

Conceito dos alunos sobre fábricas de software

Dos 48 alunos que responderam ao questionário, 40 (83,3%) afirmaram conhecer o conceito de fábrica de software. Apenas oito (16,7%) desconhecem tal conceito. Os resultados são apresentados na figura 3.

Figura 3: Proporção dos alunos que conhecem
o conceito de fábrica de software

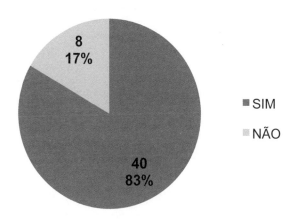

Fonte: Elaborada pelo autor.

Figura 4: Fonte pela qual os alunos conheceram
o conceito de fábrica de software

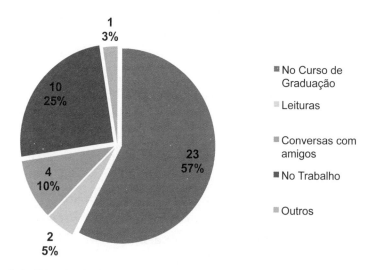

Fonte: Elaborada pelo autor.

Através de pergunta específica, cujos resultados são apresentados na figura 4, procurou-se identificar como os alunos que afirmaram conhecer o conceito de fábrica de software foram introduzidos a ele. Observa-se que um pouco mais da metade (57,5%, ou 23 alunos) teve contato com o termo no próprio curso de graduação, enquanto outra parcela significativa (25%, ou 10 alunos) foi introduzida ao conceito no ambiente de trabalho. O restante dos respondentes conheceu o conceito em conversas com amigos (10%, ou quatro alunos), lendo artigos ou revistas (5%, ou dois alunos) e mesmo através da internet (um aluno que respondeu "outros" à pergunta, referindo-se ao sítio disponível).

O restante do questionário tem o objetivo de capturar indicadores sobre o conceito que os alunos têm da fábrica de software e, portanto, os resultados consideram apenas as respostas dos 40 alunos que disseram conhecer o conceito.

A pergunta seguinte busca identificar qual a percepção dos alunos sobre o escopo de atuação de uma fábrica de software (projeto de sistemas, codificação de programas, codificação e testes de programas ou somente testes), na qual os alunos poderiam assinalar todas as opções (mais de uma) que achassem verdadeiras. As figuras 5 e 6 resumem as respostas. Dos 40 respondentes considerados, 33 (82,5%) acham que as fábricas de software são organizações que realizam todas as etapas de um projeto de software (fábrica de projetos), enquanto 28 (70%) acham que tais organizações executam serviços de fábrica de programas, realizando apenas as etapas de codificação e testes de um projeto de software. Contudo, 22 alunos (55%) assinalaram duas alternativas e dois (5%) assinalaram três, indicando que aproximadamente metade dos respondentes válidos considera como fábrica de software organizações que realizam todas as atividades de desenvolvimento ou um subconjunto delas. Quatro alunos (10%) assinalaram a alternativa "Somente codificação" e um (2,5%) assinalou "Somente testes".

FÁBRICAS DE SOFTWARE E A ACADEMIA | 245

Figura 5: Percepção dos alunos sobre
o escopo da fábrica de software

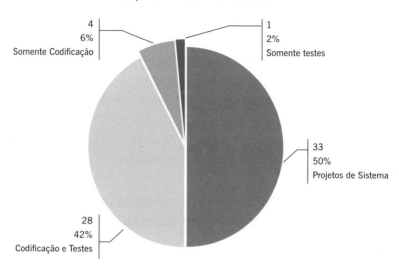

Fonte: Elaborada pelo autor.

Figura 6: Proporção dos alunos por
quantidade de respostas selecionadas

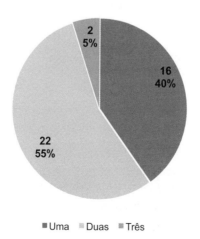

Fonte: Elaborada pelo autor.

Pode-se afirmar, então, que os alunos concebem as organizações do tipo fábrica de software como aquelas que ou realizam projetos inteiros de software, desde a definição dos requisitos até os testes do produto final, ou que codificam e testam programas com base em um projeto definido pelo cliente, ou ambos. Tal visão coincide com os possíveis escopos de fábricas de software descritos na figura 2 do capítulo 1.

Em seguida foi perguntado se eles trabalhariam em uma organização dessa natureza se tivessem oportunidade e pedido que justificassem a resposta em uma pergunta aberta. As respostas são sumarizadas no figura 7, seguida por uma análise das justificativas.

Figura 7: Proporção das respostas à pergunta: você trabalharia numa fábrica de software?

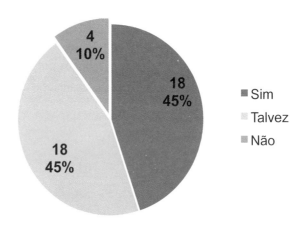

Fonte: Elaborada pelo autor.

A maioria (36 alunos, ou 90%) respondeu que trabalharia ou talvez trabalhasse em uma fábrica de software se tivesse oportunidade, sendo que a proporção entre os que responderam "Sim" e "Talvez" foi idêntica, 18 alunos (45%) em cada opção. A maioria dos alunos associou

FÁBRICAS DE SOFTWARE E A ACADEMIA | 247

oportunidade de desenvolvimento e atualização de conhecimentos ao trabalho na fábrica de software. Algumas das respostas típicas foram:

> Já trabalhei e gostei muito do método utilizado. Já estive em outras empresas que não eram fábrica de software e não gostei de como era. (Aluno do curso de Ciência da Computação da UGF)
>
> Oportunidade de conhecer o processo de desenvolvimento de um software, além de um excelente crescimento profissional, que vem naturalmente. (Aluno do curso de Ciência da Computação da UFRJ)

Apenas quatro alunos responderam não. Algumas justificativas são aqui reproduzidas:

> Acredito que o trabalho deve ser bastante maçante. Acredito que a única área mais interessante é a de Análise e Projeto de Sistemas. (Aluno do curso de Ciência da Computação do Instituto Metodista Bennett)
>
> O salário certamente não seria bom, sem falar na falta de benefícios, segurança e estabilidade, tendo em vista que muito provavelmente o contrato não seria CLT, e mesmo que fosse esse tipo de empreendimento estatisticamente não cresce, são raros casos que têm sucesso, já que as próprias leis do país não ajudam os empreendedores a manter seus sonhos de seguir em frente com esse projeto. (Aluno do curso de Ciência da Computação da UGF)

Entre os que responderam que talvez trabalhassem em fábricas de software, alguns associaram esse tipo de organização à atividade de codificação ou a um trabalho pesado ou pouco interessante.

> Pelo que me passaram, o trabalho nas fábricas de software costuma ser bem pesado, e não reconhecem o valor do profissional. Se eu estivesse desempregado, aceitaria. (Aluno do curso de Informática e Tecnologia da Informação da Uerj)

Não acho uma oportunidade de trabalho muito agradável porque está mais focada em codificação. (Aluno do curso de Ciência da Computação do Instituto Metodista Bennett)

Se fosse para a área de Levantamento de Requisitos, sim. Se fosse para trabalhar na parte de codificação, não. (Aluno do curso de Engenharia de Computação da UFRJ)

Conclui-se que boa parte dos alunos dos cursos de graduação em Ciência da Computação ou Informática da cidade do Rio de Janeiro de um modo geral vê as fábricas de software como uma oportunidade de trabalho interessante e associada a oportunidades de desenvolvimento (adquirir novos conhecimentos, desenvolver novas habilidades) e crescimento profissional (assumir mais responsabilidades, ser promovido a cargos mais elevados, aumentar rendimentos), o que se buscou avaliar nas duas perguntas seguintes.

As respostas dos alunos para as perguntas sobre as oportunidades de desenvolvimento e crescimento profissional associadas pelos alunos às fábricas de software são apresentadas a seguir.

Figura 8: Respostas à pergunta: você acha que as fábricas de software oferecem oportunidades de crescimento profissional?

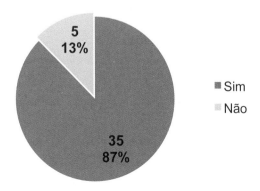

Fonte: Elaborado pelo autor.

FÁBRICAS DE SOFTWARE E A ACADEMIA | 249

Figura 9: Respostas à pergunta: você acha que as fábricas de software oferecem oportunidade de desenvolvimento profissional?

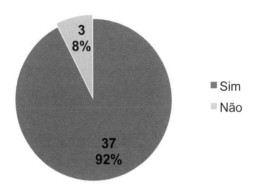

Fonte: Elaborada pelo autor.

Observa-se que a maioria atribui oportunidades, tanto de desenvolvimento quanto de crescimento profissional, a esse tipo de organização, corroborando as respostas afirmativas à pergunta anterior (se o aluno trabalharia em uma fábrica de software). As respostas negativas, embora minoria, também são consistentes com a posição de não trabalhar em uma fábrica de software. Algumas das justificativas dadas pelos alunos que não as consideram ambientes propícios para o desenvolvimento profissional e que não trabalhariam nelas foram:

> Porque, pelo que tenho notícia, as equipes são bastante segmentadas e bem especializadas naquilo que fazem. Não há conceito de colaborador/funcionário generalista, caso este que te permite conhecer várias tecnologias. Pode ser que exista esta possibilidade, mas acredito que sejam poucas oportunidades. (Aluno do curso de Ciência da Computação do Instituto Metodista Bennett)
> Existem poucos cargos para subir e o trabalho tende a ser muito mecânico e pouco intelectual. (Aluno do curso de Engenharia de Computação da UFRJ)

Esses exemplos mostram que alguns alunos veem as fábricas de software como organizações especializadas, tanto em relação às funções exercidas pelos trabalhadores quanto à tecnologia empregada no processo, e que esses alunos preferem trabalhar em locais onde possam exercer várias funções e lidar com várias tecnologias, ou seja, de uma forma mais generalista. Portanto, é indício de que o princípio da especialização associado ao paradigma fordista também é relacionado às fábricas de software, ou pelo menos existe essa percepção por parte de alguns alunos, que, por esse motivo, evitam tais organizações.

Percepção do aluno sobre a formação recebida

Nessa parte do questionário solicitou-se aos alunos que avaliassem a formação recebida quanto aos conceitos que eles mesmos tivessem sobre as fábricas de software. A primeira pergunta é direta: se consideram sua formação adequada para que trabalhem em uma fábrica de software. Para a sumarização das respostas, foram considerados apenas os questionários cujos respondentes conhecem o conceito de fábrica de software.

Figura 10: Respostas à pergunta: você acha que sua graduação o(a) preparou para trabalhar em fábricas de software?

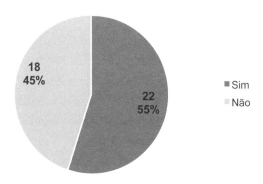

Fonte: Elaborada pelo autor.

Figura 11: Distribuição das qualificações a serem desenvolvidas, apontadas pelos alunos

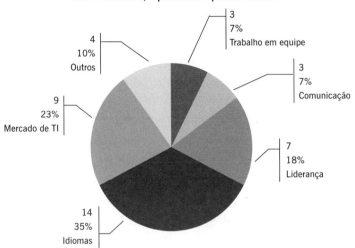

Fonte: Elaborada pelo autor.

Os resultados entre as respostas SIM e NÃO foram muito próximos, apesar de haver mais respostas positivas. Foi solicitado que os alunos justificassem suas respostas. Algumas delas são citadas aqui para permitir um melhor entendimento dos porquês dessas respostas, começando pelo SIM:

> A cada disciplina aprendida/cursada o recurso é capacitado de maneira conceitual para diversas atividades do dia a dia em uma fábrica de software. O profissional que se destaca é justamente aquele que sabe exatamente o que está realizando em seu dia a dia. Diferentemente do recurso que executa as suas tarefas de maneira "robotizada", sabendo os resultados e o porquê deles, mas sem saber o seu significado ou o conceito de sua atividade. (Aluno do curso de Ciência da Computação da UGF)

> Acredito que, assim como todas as demais graduações, não há um preparo adequado e suficiente para a formação de um profissional preparado para esse tipo de mercado (fábrica de software). Porém, obtive mui-

tos conhecimentos que me possibilitaram formar uma base conceitual/teórica para avançar e desenvolver minhas habilidades, que poderão ser refinadas em uma pós-graduação. (Aluno do curso Sistemas de Informação da Faculdade de Informática Lemos de Castro)

Observa-se nas justificativas para a resposta positiva uma consciência por parte do aluno do papel formativo das universidades e faculdades, sua preocupação em relação à qualificação dos alunos, ao ensino de conceitos generalistas que os capacitem para exercer qualquer função. Contudo, essa formação não esgota a capacitação de um profissional para que exerça cargos específicos nas empresas, porque falta, principalmente na área de TI, a capacitação nas ferramentas específicas do trabalho, que deve ser obtida na própria empresa ou em cursos extracurriculares.

Por outro lado, alguns alunos assim justificaram sua resposta negativa:

Aprende-se muito mais trabalhando, graduação foi muito teórica. (Aluno do curso de Sistemas de Informações da PUC-Rio)
Poucas matérias de desenvolvimento de software; a faculdade teve foco maior na pesquisa. (Aluno do curso de Engenharia da Computação da UFRJ)

Curiosamente, os alunos que responderam negativamente à pergunta usaram justificativas similares àqueles que responderam afirmativamente. Essa aparente divergência de opiniões pode estar relacionada com a expectativa que cada aluno tem em relação à graduação. Aqueles que compreendem o seu papel de formação geral, não especializada a esta ou aquela tecnologia ou a este ou aquele cargo, avaliam como positiva a sua formação; por outro lado, aqueles que veem a graduação como porta de entrada para um emprego, cuja formação deva ser imediatista e dirigida para o mercado, a avaliam negativamente.

Solicitou-se ao aluno que indicasse as habilidades que julgasse precisar desenvolver para completar sua formação. As respostas são apresentadas de forma sumarizada a seguir.

Das opções apresentadas aos alunos, o conhecimento de idiomas estrangeiros e sobre o mercado de TI foram as habilidades mais lembradas, com 35% e 22,5%, respectivamente. A habilidade de liderança também foi escolhida por 17,5%, enquanto trabalho em equipe, habilidade de comunicação e outros foram os menos assinalados.

Pode-se afirmar que, de modo geral, todas as opções são consideradas pelos alunos como habilidades que devem ser desenvolvidas fora dos cursos de graduação. A opção "outros" foi complementada por uma pergunta aberta. As quatro habilidades adicionais identificadas nessa pergunta foram:

Maior experiência em linguagens e metodologias utilizadas no atual cenário de TI.(Aluno do curso de Engenharia da Computação da PUC-Rio)

Saber levantar requisitos, saber analisar e projetar sistemas, para não ser a vida toda um programador, um codificador de programas. (Aluno do curso de Informática da Uerj)

Em relação especificamente aos idiomas, que foi assinalada por 35% dos respondentes, os alunos parecem reconhecer que essa é uma habilidade fundamental para o desempenho da função, pois a maior parte da literatura é em idioma estrangeiro e as empresas estão se internacionalizando, o que torna essa habilidade essencial para que possam atuar no mercado.

Tendo apresentado o resultado da coleta de informações entre os alunos dos cursos de graduação estudados, inicia-se a apresentação das conclusões da pesquisa.

CONCLUSÕES

Esta pesquisa teve o objetivo de analisar se as principais instituições de ensino nas áreas de ciências da computação, informática e engenharia de Computação formam profissionais adequadamente capacitados diante das necessidades inerentes às organizações do tipo "fábrica de software". Nesta conclusão, os resultados de cada etapa da pesquisa são discutidos.

Conceito da academia sobre as fábricas de software

As entrevistas com os professores nos revelaram que o termo é conhecido entre eles, porém, as concepções que têm sobre o fenômeno, embora possam ser complementares umas em relação às outras, são parciais e construídas a partir da área de interesse ou de atuação do professor. Em relação especificamente aos paradigmas orientadores da organização e dos processos de produção, alguns dos professores estudados têm uma visão da fábrica de software bastante orientada por princípios tayloristas-fordistas. Concepções ligadas à economicidade e à divisão entre o planejamento e a execução do trabalho, nas quais o primeiro é visto como um trabalho de maior valor e o segundo é delegado a trabalhadores semiqualificados e especializados, foram mencionadas nas entrevistas, bem como o conceito de reutilização de componentes de software, que, embora seja uma tendência atual em engenharia de software, é análogo ao conceito da intercambialidade entre as partes de um automóvel introduzido por Ford na produção massificada. Entretanto, outros professores manifestaram-se a favor da estruturação da produção em grupos autônomos, um conceito introduzido com o movimento da flexibilização organizacional e associado ao paradigma pós-fordista.

Da mesma forma, a aplicação dos questionários aos alunos revelou que boa parte tem um conceito formado sobre as fábricas de software. Alguns alunos, inclusive, já trabalharam em organizações dessa natureza. A análise das respostas leva à conclusão de que a maior parte dos alunos tem a ex-

FÁBRICAS DE SOFTWARE E A ACADEMIA | 255

pectativa de que o trabalho nessas fábricas seja mais orientado por paradigmas pós-fordistas, no qual um trabalhador possa ser responsável por todas as etapas de um projeto, e não pela divisão das tarefas nos moldes fordistas, em que os trabalhadores especializam-se por atividade do processo de desenvolvimento, como na opinião de alguns professores entrevistados e nas respostas de alunos mais próximos do mercado das fábricas de software. Em relação à atratividade dessas organizações para os alunos egressos dos cursos, observou-se que eles as consideram uma boa oportunidade de entrar no mercado de trabalho, de se desenvolver e crescer profissionalmente.

O segundo objetivo específico desta pesquisa foi o de analisar as grades curriculares dos cursos.

As grades curriculares

A análise das grades curriculares nos permite concluir que os cursos oferecidos na cidade do Rio de Janeiro, embora tenham sua orientação voltada para ciência da computação, abordam com razoável abrangência a engenharia de software, atividade primária das fábricas de software. Nessa análise, notam-se algumas deficiências em relação a aspectos como requisitos, qualidade e testes de software, porém, pode-se afirmar que as grades curriculares e a respectiva formação sejam adequadas, embora tenham espaço para melhorar.

Conclui-se, portanto, que as grades curriculares são apropriadas considerando-se um papel formativo geral dos cursos superiores. A complementação das competências por meio do treinamento em ferramentas de uso profissional deve ser obtida por estágio, cursos extracurriculares, cadeiras optativas ou eletivas, cursos de especialização ou por aprendizado no trabalho. O papel da academia nesse contexto se limita à supervisão rigorosa dos programas de estágio (que hoje precisam melhorar), para que os alunos possam realmente aprender nessa atividade e não servir como mão de obra barata, e à oferta de cursos complementares voltados para o treinamento.

Oportunidades para aprimoramento das grades curriculares

A análise das grades curriculares contra o perfil de qualificações requerido pelas fábricas de software revelou alguns pontos que poderiam ser aprimorados. As áreas que poderiam ser mais aprofundadas seriam: maior ênfase em disciplinas que tratassem da engenharia de software e maior ênfase nas disciplinas relacionadas à engenharia de requisitos, à qualidade do software e em testes de software, pois esses temas não puderam ser identificados em alguns dos cursos analisados e são extremamente relevantes para que o profissional egresso desses cursos compreenda plenamente os processos e desafios de uma organização dessa natureza. Mesmo que hoje tais assuntos sejam cobertos por disciplinas mais abrangentes, sua importância requer que sejam trabalhados em profundidade e exercitados na prática.

O autor avalia, com base nos resultados desse levantamento, que o ensino acadêmico oferecido pelas instituições estudadas na área de ciência da computação e informática, na cidade do Rio de Janeiro, permite que seus alunos adquiram a formação requerida para que trabalhem em fábricas de software, ou seja, esses cursos qualificam adequadamente os alunos, embora em alguns cursos a formação não seja especificamente orientada para esse ramo de atuação profissional. A seguir são apresentadas algumas sugestões para pesquisas adicionais na área.

Sugestões para trabalhos futuros

A utilização dos resultados do Enade 2005 neste trabalho colocou em um mesmo bolo os cursos de Ciência da Computação e os de Sistemas de Informação. O primeiro tem um caráter essencialmente generalista e a computação como atividade-fim, enquanto o segundo tem a computação como atividade meio, segundo a definição do MEC. Uma pesquisa voltada para o segundo tipo de curso poderia produzir um resultado diferente e fica como sugestão para futuros trabalhos.

FÁBRICAS DE SOFTWARE E A ACADEMIA | 257

A pesquisa se concentrou no meio acadêmico e, ao levantar informações sobre os alunos, o fez em ambiente acadêmico. Não foi objeto desta pesquisa o estudo do desempenho do aluno recém-graduado nas funções de sua atividade profissional, ou mesmo uma avaliação a posteriori feita por ele sobre sua graduação. Tal perspectiva é interessante por trazer à luz a avaliação do aluno sobre sua graduação depois que ele foi introduzido à profissão e exposto aos desafios e oportunidades, o que poderia produzir resultados diferentes.

Finalmente, sugere-se o aprofundamento do estudo em duas dimensões: a primeira é pesquisar um maior número de instituições, em todo o país; a segunda é a realização de estudos de caso das instituições que possam produzir um retrato mais fiel da visão da academia em relação às fábricas de software, nos quais todos os professores que participam da elaboração das grades curriculares sejam ouvidos e que se tenha uma amostra mais significativa dos alunos seja estudada.

REFERÊNCIAS

APSHVALKA, D.; WENDORFF, P. Reflections on the Body of Knowledge in Software Engineering. In: INTERNATIONAL CONFERENCE ON INFORMATION SYSTEMS DEVELOPMENT (ISD), 14. *Proceedings...* Karlstad, Suécia: Karlstad Universitet, 2005. p. 995-1006.

BUCKLEY, F. J. *Implementing Configuration Management*: Hardware, Software, and Firmware. 2. ed. Washington, D.C.: IEEE Computer Society Press, 1996.

CESAR. R. Fábrica de software: uma vocação nacional? *Computerworld*, 28 abr. 2003. Disponível em: <http://computerworld.uol.com.br/negocios/2003/04/28/idgnoticia.2006-05-15.3220032523/>. Acesso em: 1 set. 2008.

FACULDADE DE INFORMÁTICA LEMOS DE CASTRO (FILC). Ementas das disciplinas. Ementas.zip. E-mail recebido por flaviort@fgvmail.br em 5 jan. 2009. Rio de Janeiro, 2009.

INSTITUTE OF ELECTRICAL AND ELECTRONIC ENGINEERS (IEEE). *SWEBOK*: Guide to the Software Engineering Body of Knowledge (2004

258 | FÁBRICA DE SOFTWARE

Version). Washington, D. C.: IEEE, 2004. Disponível em: <http://www. computer.org/portal/web/swebok/htmlformat>. Acesso em: 30 nov. 2008.

INSTITUTO NACIONAL DE ESTUDOS E PESQUISAS EDUCACIO-NAIS ANÍSIO TEIXEIRA (INEP). Enade — Consulta aos Resultados, s.n.t. Disponível em: <http://enade2005.inep.gov.br>. Acesso em: 9 ago. 2008.

KOTONYA, G.; SOMMERVILLE, I. *Requirements Engineering*: Processes and Techniques. Chichester, UK: John Wiley & Sons, 2000.

PONTIFÍCIA UNIVERSIDADE CATÓLICA DO RIO DE JANEIRO (PUC--Rio). Ensino e Pesquisa — Graduação, s.n.t. Disponível em: <http://www. puc-rio.br/ensinopesq>. Acesso em: 20 jan. 2009.

RAMOS, M. A pedagogia das competências e a psicologização das questões sociais. *Boletim Técnico do Senac*, Rio de Janeiro, v. 27, n. 3, p. 27-35, set./dez., 2001.

STEFFEN, I. Modelos de competência profissional. In: SERVIÇO NACIO-NAL DE APRENDIZAGEM COMERCIAL (SENAC). *A construção da proposta pedagógica do Senac Rio*. Rio de Janeiro: Senac Rio, 2000. p 57-81.

TENORIO, F. G. *Tem razão a administração?* Ensaios de teoria organizacional. Ijuí: Editora Unijuí, 2004.

UNIVERSIDADE DO ESTADO DO RIO DE JANEIRO (UERJ). Instituto de Matemática e Estatística (IME). Site oficial. Disponível em: <http:// www.ime.uerj.br>. Acesso em: 18 ago. 2008.

UNIVERSIDADE FEDERAL DO RIO DE JANEIRO (UFRJ). Sistema de Gestão Acadêmica (Siga). Site oficial. Disponível em: http://www.siga. ufrj.br. Acesso em: 16 ago. 2008.

UNIVERSIDADE GAMA FILHO (UGF). Pró-Reitoria de Ciências Exatas e Tecnologia. *Grade Curricular do Curso de Ciência da Computação*. Rio de Janeiro: UGF, 2008.

VALLE, R. A. B. et al. (org.). *O conhecimento em ação*: novas competências para o trabalho no contexto da reestruturação produtiva. Rio de Janeiro: Relume-Dumará, 2003.

WOOD JR., T. Fordismo, toyotismo e volvismo: os caminhos da indústria em busca do tempo perdido. *Revista de Administração de Empresas*, São Paulo, FGV/Eaesp, v. 32, n. 4, set/out. 1992.

CAPÍTULO VII

A contribuição da fábrica de software e de seus produtos para o processo de flexibilização organizacional na empresa cliente

Risoleide de Freitas Almeida

INTRODUÇÃO AO ESTUDO DE CASO

A tecnologia da informação como um paradigma econômico e tecnológico transformou as organizações e a sociedade graças, entre outros aspectos, à alta penetrabilidade de seus efeitos e à sua capacidade de flexibilização. As constantes mudanças no mundo empresarial são suportadas pela tecnologia que permite reconfigurar os processos organizacionais com menor risco para as regras de negócio. Porém, essa flexibilização produzida pelos avanços tecnológicos não necessariamente se traduz em compromisso social ou em ações sociais voltadas para o entendimento dentro das organizações. A introdução de novas tecnologias por vezes é objeto de conflitos empresariais devido às mudanças que produz na forma de trabalho e consequentemente na configuração do quadro de pessoal das organizações, exigindo qualificações diferenciadas, mudanças de comportamento e adaptações na vida das pessoas que não são acompanhadas na mesma velocidade pelo desenvolvimento educacional do país.

Tenório (2002) utilizou os estudos dos frankfurtianos sobre a racionalidade instrumental como uma referência para a análise das técnicas de gestão organizacional em que o surgimento do paradigma pós-fordista é visto como uma possibilidade na evolução do modelo fordista, cujas técnicas racionalizadoras trouxeram consequências nefastas às relações sociais, dado o acelerado ritmo de vida imposto pelo modelo, que ultrapassou o âmbito organizacional, interferindo em todo o contexto social. Esse novo paradigma propõe a criação de mecanismos para a promoção de condições democratizadoras nas organizações, flexibilizando o processo de produção e, consequentemente, as relações de trabalho.

Ao considerar o paradigma fordista semelhante à rigidez organizacional e o pós-fordista como flexibilização organizacional, e ainda considerando as várias possibilidades existentes nesse continuum, a flexibilidade produzida pela tecnologia aparece como um fator que modifica o sentido da metáfora fábrica de software. A expressão "fábrica de software" aponta para o desenvolvimento de produtos em massa, com tarefas divididas e executadas de forma automatizada, reduzindo a participação intelectual do trabalhador no processo de desenvolvimento dos produtos. Porém, o software é um produto intangível que exige capacidade intelectual para que forneça a qualidade necessária ao atendimento das necessidades do cliente.

O compartilhamento de informações proporcionado pelos produtos de software requer a integração de funções e responsabilidades organizacionais decorrentes do uso da informação. O trabalho individual exige entendimento mais amplo de todo o processo e interação com as pessoas e as outras atividades na organização, proporcionando maior comunicação tanto no processo de desenvolvimento dos sistemas quanto no uso dessas ferramentas na vida de trabalho do indivíduo.

A CONTRIBUIÇÃO DA FÁBRICA DE SOFTWARE E DE SEUS PRODUTOS... | 261

Nesse sentido, os produtos de software são um fator importante na flexibilização da gestão nas organizações, considerando que, apesar de seu planejamento como fábrica ainda estar direcionado ao ajustamento do empregado a um processo de produção independente de seu potencial racional-substantivo, o seu desenvolvimento exige o compartilhamento de ideias e decisões que o diferencia de um produto manufaturado.

Tendo em vista a importância que se dá à utilização da tecnologia para a melhoria da produtividade e sua capacidade de restringir modelos organizacionais existentes, bem como sua influência na vida das pessoas no trabalho, este estudo procurou responder à seguinte questão: com base na perspectiva do continuum fordismo (0) ------ (1) pós-fordismo, qual a contribuição da fábrica de software e de seus produtos para o processo de flexibilização organizacional?

Objetivo do estudo de caso

O objetivo deste estudo é analisar os impactos da inserção de produtos de software no processo de flexibilização organizacional em uma grande empresa integrante de um grupo de empresas do setor elétrico brasileiro, que utiliza produtos de software na maioria de suas atividades, com base nos conceitos da perspectiva fordista para a pós-fordista dos processos organizacionais.

O estudo abordou, à luz dos paradigmas técnico-gerenciais do fordismo e do pós-fordismo, a perspectiva de flexibilização organizacional que os produtos de software oferecem à organização do trabalho e à vida dos indivíduos no trabalho.

Considerando que no continuum fordismo (0) ------ (1) pós-fordismo, tratado em Tenório (2002), há várias possibilidades intermediárias, o estudo objetivou contribuir criticamente para o debate sobre o impacto da tecnologia, em particular da utilização de sistemas de informação na rotina do trabalho, na mudança de paradigma das fábricas de software, baseada na filosofia do modo de produção fabril para um modo de produção mais flexível, pela necessidade e pelas características inerentes ao seu produto.

Assim, a abordagem do estudo não pretendeu analisar o processo de desenvolvimento de produtos de software e da estrutura das fábricas de software. A análise que foi realizada é restrita à contribuição destas para as transformações organizacionais e os impactos de seus produtos para os processos organizacionais na empresa cliente, sob a perspectiva de flexibilização do trabalho. A investigação teve também como delimitador as características de uma organização privada, brasileira, de grande porte, que é parte de uma holding no setor elétrico e utiliza como cliente produtos de software na maioria de suas atividades, sendo esse caráter corporativo uma particularidade importante e que foi considerada na pesquisa.

Muitos são os benefícios propagados e de grande porte são os gastos envolvidos na implantação de sistemas de informação. O uso desses sistemas contribui para o estabelecimento de novas formas de organização, mudanças na hierarquia, no controle organizacional e na natureza do trabalho. Motta (2001) considera que as inovações tecnológicas mudaram significativamente a produção e a vida das pessoas. A utilização de sistemas informatizados para integrar a gestão visa melhorar a qualidade dos produtos e serviços por meio da eficiência. Isso cria a possibilidade de melhorias também em relação ao bem-estar das pessoas na organização. Na opinião de Gouillart e Kelly (1995), a TI pode facilitar ou dificultar a vida das pessoas, dependendo de como ela é vista. Aproveitar os recursos de TI em benefício não apenas da eficiência organizacional, mas também da melhoria na qualidade de vida das pessoas é um desafio para as organizações.

Pela importância do assunto no contexto atual das organizações e na vida das pessoas no trabalho, este estudo objetiva contribuir para a

A CONTRIBUIÇÃO DA FÁBRICA DE SOFTWARE E DE SEUS PRODUTOS... | 263

identificação de subsídios que permitam a análise das mudanças organizacionais decorrentes da utilização de produtos de software e do impacto desses produtos no desenvolvimento de novas habilidades, na disseminação de conhecimentos e na interação entre as pessoas no processo produtivo. Esses subsídios permitiram avaliar ainda a contribuição dos produtos de software para a flexibilização organizacional, percebendo-a como um processo que favorece a valorização do trabalhador como cidadão.

O caso estudado

A pesquisa foi realizada em uma grande empresa privada, concessionária de energia elétrica da região Norte do Brasil. A empresa atende a mais de 1,5 milhão de unidades consumidoras em todos os municípios do estado em que atua.

A empresa conta com uma força de trabalho de aproximadamente 4.300 funcionários, entre próprios e terceirizados. Adota o modelo de gestão por processos e possui uma estrutura organizacional baseada nesse modelo, com níveis hierárquicos reduzidos, com o objetivo de aproximar mais os colaboradores do processo decisório da empresa. Sua estrutura é dividida em três níveis hierárquicos: estratégico, tático e operacional.

O universo da pesquisa de campo é composto pelo corpo gerencial de nível tático e coordenadores — a média gerência da empresa — e demais usuários de produtos de software.

A amostra foi definida pelo critério da estratificação, com base na classificação dos grupos da população pesquisada, sendo composta por 90 usuários de sistemas, o que representa aproximadamente 10% do total de usuários da empresa, divididos em 26 usuários gerentes e 64 usuários de nível operacional.

Os sujeitos da pesquisa foram selecionados pelo critério de acessibilidade e assim agrupados:

- usuários gerentes: responsáveis pelas atividades em suas áreas de atuação e participantes do processo de definição e validação de sistemas relacionados à sua área;
- usuários operacionais: colaboradores que operam os sistemas informatizados utilizados na rotina da empresa em suas diversas áreas de atuação.

Os dados foram coletados por meio de pesquisa bibliográfica em livros, artigos, teses e dissertações sobre o assunto pesquisado, com o objetivo de obter um quadro de referência que permita avaliar o estágio de desenvolvimento da teoria sobre o tema, e mediante pesquisa de campo, com a aplicação de questionários semiestruturados, com perguntas objetivas e respostas modeladas em escala Likert e uma pergunta aberta, aplicados aos grupos de usuários operacionais, gerentes e coordenadores.

Para minimizar as dificuldades de entendimento das perguntas os questionários foram aplicados previamente, em forma de teste, a um grupo que não fez parte da amostra.

Na pergunta aberta foi solicitado aos usuários que exprimissem suas opiniões sobre a influência dos produtos de software no seu modo de produção para permitir a compreensão de seus impactos na vida no trabalho e no processo de flexibilização organizacional.

Os dados levantados na pesquisa bibliográfica foram selecionados e agrupados em seções para serem analisados e confrontados nas várias posições teóricas sobre o assunto. Esse referencial teórico foi utilizado para auxiliar na interpretação dos dados e na formulação do entendimento sobre as opiniões dos sujeitos da pesquisa.

Os dados coletados em campo foram tratados de duas formas distintas: os dados obtidos por meio das respostas objetivas tiveram trata-

A CONTRIBUIÇÃO DA FÁBRICA DE SOFTWARE E DE SEUS PRODUTOS... | 265

mento quantitativo e foram analisados com base na frequência de sua ocorrência. Os dados obtidos por meio da pergunta aberta foram tratados qualitativamente, pelo método de análise de conteúdo apoiada em procedimentos estatísticos e interpretativos, a fim de buscar na análise qualitativa um sentido para os dados quantitativos.

Ao final foi realizada a análise dos resultados apurados em busca de conclusões que possam responder ao problema da pesquisa.

Os problemas de pesquisa admitem uma diversidade de métodos de tratamento e nem sempre é possível, antecipadamente, definir com segurança qual o método mais adequado, conforme Castro (2006). O método escolhido teve a intenção de permitir a visão dos sujeitos em relação ao objeto da pesquisa.

Limitações da pesquisa

As limitações encontradas na realização da pesquisa foram:
- o entendimento dos sujeitos em relação ao significado das perguntas do questionário, que pode ter interferido na qualidade das respostas;
- a interpretação padrão dos conceitos estabelecida pelo mercado relacionada ao tema da pesquisa pode ter sido assumida pelo sujeito da pesquisa, interferindo na real opinião do pesquisado;
- o fato de a pesquisa estar restrita a apenas uma empresa não permitirá que os resultados sejam imediatamente generalizados, considerando a diversidade inerente às organizações.

A pesquisa foi realizada por meio de questionário aplicado a 90 usuários de sistemas em 27 áreas da empresa pesquisada, que corresponde a 10% do total de usuários e a 73% do total de áreas da empresa. O nível de mensuração utilizado no instrumento de pesquisa foi a escala Likert,

266 | FÁBRICA DE SOFTWARE

na qual a avaliação dos respondentes variou em uma escala de cinco alternativas, sendo uma delas um ponto neutro para permitir ao respondente a possibilidade de não saber opinar sobre algum item da pesquisa.

ASPECTOS TEÓRICOS SOBRE FLEXIBILIZAÇÃO E RELAÇÃO COM CLIENTES NA INDÚSTRIA DE SOFTWARE

O papel da TI

No final do século XX um novo paradigma tecnológico se organiza em torno da tecnologia da informação. Castells (2007:67) conceitua tecnologia como "o uso de conhecimentos científicos para especificar as vias de se fazerem as coisas de uma maneira reproduzível". Segundo esse autor, entre as tecnologias da informação estão incluídos o conjunto convergente de tecnologias em microeletrônica, computação (hardware e software), telecomunicações, radiodifusão e optoeletrônica. Porém, o cerne da transformação está relacionado às tecnologias da informação e comunicação. A TI, por sua alta penetrabilidade e seu domínio em toda atividade humana, amplia seu poder à medida que os usuários dela se apropriam e estabelecem uma relação muito próxima entre processos sociais e culturais e a capacidade de produzir e distribuir bens e serviços.

O uso dessas tecnologias passa por três estágios de forma muito acelerada, com base na terminologia de Rozemberg (apud Castells, 2007); nos dois primeiros aprende-se usando e no terceiro aprende-se fazendo. Esse processo resulta numa reconfiguração de redes e na descoberta de novas aplicações num ciclo muito rápido em que usuários e criadores podem ter o mesmo papel nos processos de desenvolvimento de novos produtos. As descobertas tecnológicas ocorrem na interação entre grupos, não se dá de forma isolada, sendo a tecnologia, nesse sentido, um fator democratizador das relações sociais.

A CONTRIBUIÇÃO DA FÁBRICA DE SOFTWARE E DE SEUS PRODUTOS... | 267

Os efeitos sinérgicos entre as várias tecnologias emergentes nos anos de 1970 a 1990 e o funcionamento em rede de todos esses processos aumentam seu poder e sua flexibilidade. Apesar da liderança norte-americana, a distinção por nacionalidade se tornou menos importante no que diz respeito à inovação e ao desenvolvimento de novas tecnologias. É indiscutível a contribuição cada vez maior de empresas do continente asiático e europeias na biotecnologia e telecomunicações. Esse novo paradigma sociotécnico formado, entre outras coisas, pela rede de colaboração entre empresas é a base da chamada sociedade da informação.

Para a Clegg et al. (2005: 320) "tecnologia da informação compreende tecnologias mecânicas (isto é, hardware baseado em computador), humanas e de conhecimento, coexistindo em maior ou menor grau em diferentes sistemas e organizações, com maior ou menor impacto sobre o desempenho". Nesse sentido, a TI não é apenas um auxílio, mas um fator estratégico a ser considerado no modelo organizacional. Utilizada para automatizar processos, está associada à redução de custos, porém os seus resultados são questionados.

A informação é considerada, na era da informação, um requisito para a sobrevivência. O computador passou a ser um fator tão importante quanto foi a mecanização para a Revolução Industrial. O compartilhamento instantâneo de informações aumentou o conhecimento quantitativo e também o qualitativo. Segundo os teóricos da sociedade da informação, a TI produz mudanças fundamentais na sociedade, alterando os fatores determinantes da produção. Conforme analisa Kumar (2006), o trabalho e o capital são substituídos pela informação e pelo conhecimento.

Castells (2007) enfatiza cinco características desse novo paradigma: a informação como a matéria-prima principal; a penetrabilidade dos efeitos dessa nova tecnologia, visto que a informação faz parte de todas as atividades humanas; a utilização da "lógica de redes", que é necessária para estruturar o não estruturado, mantendo a flexibilidade; a flexibilidade, que permite a reconfiguração dos sistemas para responder às mudanças e à fluidez organizacional (dependendo dos poderes constituídos, essa característica pode ser uma força libertadora ou repressora); e a convergência de tecnologias para um sistema altamente integrado. A crescente integração entre empresas por meio de alianças estratégicas e projetos de cooperação demonstra que a convergência tecnológica criou uma interdependência entre os diversos avanços em pesquisas na biologia e na microeletrônica.

No que se refere à informação como matéria-prima principal desse novo paradigma, há que se avaliar o impacto dessa característica nas redefinições das concepções humanas. Os computadores e as tecnologias estão se tornando autônomos e totalitários. Segundo Capra (1996:69), "todas as formas de cultura estão, cada vez mais, ficando subordinadas à tecnologia, e a inovação tecnológica, em vez de aumentar o bem-estar humano, está-se tornando um sinônimo de progresso". Essa ideia traz consigo a perda da diversidade cultural, quando os computadores são utilizados como um substituto da mente humana. O autor ressalta que é errôneo colocar a informação como a base do pensamento, visto que a mente humana pensa com ideias e não com informação. Segundo Roszak (1988:143), "ideias são padrões integradores que satisfazem a mente quando ela pergunta: o que isso significa?". Desse modo, ideias derivam da experiência e cada pessoa tem padrões diferentes para um mesmo conjunto de fatos.

Por ser flexível, apesar de forte e impositiva, a TI é adaptável ao desenvolvimento histórico. Kranzberg (apud Castells, 2007:113) avalia que a "tecnologia não é boa, nem ruim e também não é neutra". É, portanto, uma força, no atual paradigma tecnológico, que atua de forma profunda na vida e na mente das pessoas.

Apesar dos problemas decorrentes do uso da tecnologia, a sociedade da informação é bem recebida não apenas como um novo modo de produção, mas também como um estilo de vida. Esse novo modo de viver afeta também as estruturas organizacionais, pois o fluxo de comunicação dentro da empresa promove alterações na hierarquia e na estrutura de poder, desverticalizando as organizações. Entretanto, há estudos que demonstram pouca evidência de que a TI possa agir como substituto para a comunicação humana, menos ainda para fazê-la melhor, segundo Clegg et al. (2006:399), indicando que a tecnologia proporciona oportunidades melhores e mais rápidas para a comunicação, mas como consequência acelera a ocorrência de mal-entendidos.

A complexidade e as rápidas transformações que ocorrem no ambiente organizacional exigem flexibilidade na operação dos processos empresariais. Os modelos e a forma de gestão estão intimamente ligados aos sistemas de informação. Porém, embora a TI permita o surgimento de novas formas de gestão, a hierarquia ainda tem sido a forma natural de estrutura organizacional. A tecnologia facilita a comunicação, estreitando os relacionamentos e promovendo a interação entre os níveis hierárquicos, derrubando parte da concepção verticalizada de gestão baseada na tradicional pirâmide, mas não modifica totalmente as culturas corporativas, nas quais a tecnologia pode agravar os problemas de burocracia e rigidez.

A inserção do computador na vida do trabalho foi considerada por muitos uma forma de libertar os trabalhadores do trabalho tedioso e cansativo, oferecendo oportunidades para o desenvolvimento de tarefas mais interessantes e criativas. Entretanto, isso ainda não é uma prática geral. Para muitos trabalhadores, a nova tecnologia deu seguimento ao processo de desqualificação e de controle rígido, baseado nos mesmos princípios tayloristas utilizados na linha de montagem da fábrica fordista. O trabalhador, principalmente de escritório, passou a ser um preenchedor de formulários, perdendo a visão e o objetivo geral do trabalho. A padronização das rotinas exige pouco conhecimento ou treinamento para sua execução, e as decisões foram realocadas para os níveis mais altos da organização, mantendo dessa forma a separação entre planejamento e execução.

Os produtos de software são desenvolvidos seguindo o padrão conhecido de decomposição de tarefas, o que resulta, para o usuário, em trabalho cada vez mais rotinizado, similar às práticas fordistas. A criatividade fica no planejamento e na preparação de "pacotes" de programas.

É certo que a TI substituiu alguns trabalhadores, mas também criou novos cargos. Porém, como o taylorismo continua sendo um princípio dominante, permanecem dúvidas sobre a capacidade de a TI promover o aumento do conhecimento e da autonomia da força de trabalho. No entanto, essa avaliação ainda não pode ser generalizada, dado o uso relativamente recente dessa tecnologia.

A diversidade de abordagens existente em torno das transformações organizacionais causadas pela dinâmica tecnológica tem em comum, segundo Castells (2007), alguns pontos, tais como: a divisão na organização da produção entre "industrial e outra"; a difusão da TI; a necessidade das organizações em se adequar às incertezas causadas pelas mudanças no ambiente econômico, institucional e tecnológico; a necessidade de reduzir custos que encontrou na automação um dos recursos importantes; e a valorização do conhecimento como elemento essencial para a inserção das organizações na economia global. Esses fatores contribuem para o processo de transição da rigidez da produção em massa para a flexibilização, do fordismo para o pós-fordismo.

Tenório (2004) aponta três elementos que contribuem para o processo de flexibilização organizacional: a revolução científica, a globalização da economia e a valorização da cidadania. A revolução científica promovida em especial pela TI influencia decisivamente na gestão da organização e, consequentemente, no modo de produção. As facilidades de comunicação e a globalização contribuem para a maior interação entre os níveis hierárquicos, facilitando a participação de todos na gestão e no processo decisório e entre empresas, como estratégia de sobrevivência.

A valorização da cidadania, segundo Tenório (2004:184), deve ser concebida como uma ação política deliberativa, na qual o indivíduo

A CONTRIBUIÇÃO DA FÁBRICA DE SOFTWARE E DE SEUS PRODUTOS... | 271

deve participar de um procedimento democrático, decidindo, nas diferentes instâncias de uma sociedade e em diferentes papéis, o seu destino social como pessoa humana, quer como eleitor, trabalhador ou consumidor, ou seja, a sua autodeterminação não se dá sob a lógica do mercado, mas da democracia social: igualdade política e decisória.

Sem este último elemento, conforme Tenório (2004), as mudanças no processo de flexibilização organizacional seriam implementadas apenas sob a perspectiva neofordista.

Uma das grandes mudanças observadas nas organizações introduzidas pelas rápidas transformações econômica e tecnológica é a mudança no modelo da estrutura organizacional. Segundo Gouillart e Kelly (1995:269), a integração dos processos por meio da TI "requer a integração das funções e responsabilidades organizacionais necessárias ao uso daquelas informações compartilhadas". A TI possibilita a livre circulação da informação, que é um requisito da chamada organização horizontal. Nas organizações verticalizadas há concentração de poder e, presume-se, do conhecimento nos níveis superiores, em função de a informação também estar concentrada nesses níveis. A desverticalização da organização cria uma nova configuração, reduzindo os níveis hierárquicos, fazendo com que os empregados fiquem mais próximos do cliente. Essa aproximação favorece a inclusão das pessoas no processo decisório, o que pode promover maior envolvimento dos trabalhadores nos objetivos da organização.

A TI é um elemento que muda consideravelmente as regras do jogo nas organizações. Como afirma Gouillart e Kelly (1995:267), ela conecta as várias partes do corpo numa rede integrada de compartilhamento de informação e tomada de decisão e interliga partes separadas da organização, permitindo que se encaminhem rumo a um objetivo comum, em vez de deixá-las irremediavelmente desconectadas.

Essas conexões ultrapassam as fronteiras da organização, ampliando o alcance de suas competências centrais, redefinindo seu campo de atuação. Isso modifica a estrutura de poder e autoridade para garantir o alcance dos objetivos organizacionais. A TI promove a chamada virtualidade organizacional que, segundo Motta (2001:89), "insere a empresa na variedade e instabilidade do mundo, capacitando-a à flexibilidade de visão, de estrutura e de ação", exigindo habilidade para conviver com mudança permanente.

Embora a desverticalização das estruturas seja um fator que contribui para o processo de flexibilização organizacional, Castells (2007:229) afirma que

> o obstáculo mais importante na adaptação da empresa vertical às exigências de flexibilidade da economia global era a rigidez das culturas corporativas tradicionais. Ademais, no momento de sua difusão maciça nos anos 1980, supunha-se que a tecnologia da informação fosse a ferramenta mágica para reformar e transformar a empresa industrial. Mas sua introdução, na ausência da necessária transformação organizacional, de fato, agravou os problemas de burocratização e rigidez.

Muitos controles foram criados para medir e avaliar a eficácia dos processos informatizados e garantir os ganhos propagados pela inserção dos produtos de software nas organizações. O chamado "informacionalismo" é um novo modelo de desenvolvimento, mas não substitui o modo de produção, que continua sendo capitalista. As novas ferramentas tecnológicas possibilitam conexões on-line a qualquer tempo e espaço, ligando funções e pessoas em torno de tarefas e desempenho para a obtenção dos resultados esperados. A concorrência exige redefinições constantes em produtos, processos e insumos, entre os quais a informação tem sido um dos mais importantes.

Ao ser comparada à Revolução Industrial, a revolução causada pela tecnologia da informação tem sido objeto de contínuas pesquisas e debates, e suas vantagens em relação ao aumento da produtividade é ques-

A CONTRIBUIÇÃO DA FÁBRICA DE SOFTWARE E DE SEUS PRODUTOS... | 273

tionada por vários estudiosos no assunto. Com base nos estudos de Alain Touraine, Serge Mallet e Benjamin Coriat, Castells (2007:305) conclui que "a automação, que só se completou com o desenvolvimento da tecnologia da informação, aumenta enormemente a importância dos recursos do cérebro humano no processo de trabalho", considerando que as tecnologias da informação promovem maior liberdade e flexibilidade ao processo produtivo, aumentando a capacidade para atingir o nível de produtividade prometida. Entretanto, os estudos de Levine e Moreland, citados por Clegg et al. (2006:395) sobre os impactos das tecnologias da informação sobre o desempenho de grupos de trabalho concluem que "há pouca evidência de que a comunicação eletrônica melhore a produtividade" e que pouca importância tem sido dada à influência da tecnologia sobre o desempenho de grupos de trabalho. Um dos argumentos mais fortes nesses estudos é a importância da comunicação humana no processo produtivo, pois, conforme afirmam Clegg et al. (2006:405),

> quando conceitos técnicos inadequados, tais como causalidade, continuam sendo usados para entender o mundo humano, os problemas reais nunca serão abordados, quanto mais resolvidos. E os problemas reais nunca podem ser abordados até que descartemos a visão técnica e instrumental da comunicação.

Segundo estudos de Penman (apud Clegg et al., 2006), além do aspecto técnico da revolução causada pela TI, há que se considerar a participação efetiva do elemento humano nesse processo, pois suas implicações vão além do mundo material, atingem a esfera da moral. Essas implicações são potencialmente revolucionárias em todas as esferas da vida, aumentando o desafio das organizações no que se refere ao controle dos parâmetros de negócio do mundo globalizado, onde uma conexão telefônica com a internet pode fornecer orientações sobre diversos assuntos alheios aos objetivos do negócio que produzem efeitos culturais, legais, políticos, econômicos e sociais. Embora não haja consenso sobre o que é globalização ou sobre o que ela significa, não se pode negar que o mundo globalizado tem um efeito revolucionário na vida e no trabalho. Clegg et al. (2006: 399) destacam que "alguns autores analisaram a globalização como o processo de romper fronteiras nacionais", outros enfatizaram "as mudanças no interior das organizações à medida que fronteiras verticais de nível e posição vêm sendo achatadas ao passo que as fronteiras horizontais de função e disciplina vêm sendo fundidas". No sentido da ausência de fronteiras, tanto externas quanto internas, cresce uma tendência paradoxal de homogeneidade e padronização aliada ao conhecimento e à compreensão da diversidade cultural.

Um aspecto que deve ser considerado ao analisar o papel da TI na sociedade é a importância que se tem dado à informação, como um conceito associado à tecnologia. As expressões "economia informacional" e "sociedade da informação" são difundidas com um culto e, nesse sentido, podem distorcer o significado do pensamento. A capacidade de armazenar grande quantidade de informações e a de processá-las são dois elementos considerados os pontos-chave que associam o computador ao pensamento humano. Porém, segundo Roszak (1988:14), "há uma distinção fundamental entre aquilo que faz a máquina, ao processar informação, e o que faz a mente, quando pensa". Como a TI tem uma grande capacidade de concentrar poder político e criar novas formas de dominação, os usos do computador devem ser avaliados com cuidado para evitar consequências desastrosas. A informação é considerada hoje uma mercadoria valiosa para os negócios. Os computadores possuem a capacidade de utilizar os resultados de seu processamento como informação autorreguladora. Essa habilidade foi denominada pela cibernética como feedback. Para Norbert Wiener (apud Kumar, 2006:46), um dos fundadores da cibernética (Roszak, 1988:26), "tudo que é vivo pratica alguma forma de feedback, à medida que se adapta ao meio ambiente". Essa característica dos computadores fez os teóricos da ciber-

A CONTRIBUIÇÃO DA FÁBRICA DE SOFTWARE E DE SEUS PRODUTOS... | 275

nética apostarem no funcionamento da máquina como algo semelhante ao funcionamento do indivíduo.

Outro campo de estudo baseado em filosofia, linguística, matemática e engenharia elétrica, denominado inteligência artificial, também contribuiu para o culto do computador como um "solucionador de problemas humanos", nas palavras de seus fundadores Alan Newell e Herbert Simon. A ideia de produzir com pouquíssima participação humana desencadeou, conforme Roszak (1988), o despotismo tecnocrático controlado por técnicos da informação e administradores da corporação.

Para Roszak (1988), o grande passo do computador rumo a sua antropomorfização se deu quando a palavra memória foi usada para designar sua capacidade de armazenamento. A memória, ao ser "concedida" às máquinas (e, segundo os teóricos da sociedade da informação, com muito maior capacidade de armazenamento e processamento de informações), poderia fazer com que no futuro elas tenham mais conhecimento do que os seres humanos. É certo que os computadores corroboram com Alvin Tofler (1985), no sentido de que ninguém pode lembrar-se de tanta complexidade enquanto tenta pensar na solução de um problema, e também é fato que os computadores auxiliam as pessoas e as organizações com a capacidade de selecionar amostras de dados para encontrar padrões e sugerir soluções para problemas através do estabelecimento de relações inusitadas. Entretanto, segundo Roszak (1988), deve-se ter cuidado para não cair em uma espécie de idolatria tecnológica, que pode conduzir a uma inversão de valores, em que o produto das mãos do homem venha a dominar o entendimento sobre o próprio homem e a natureza que o rodeia.

Não há dúvida em relação à importância da informação no contexto atual. A civilização tecnológica precisa cada vez mais de dados atualizados e confiáveis. Os inúmeros serviços decorrentes do uso dos computadores e as bibliotecas digitais são exemplos da grande participação da tecnologia no desenvolvimento humano. No entanto, Roszak defende (1988:140) que a informação, mesmo quando se move à velocidade da luz, não deixa de ser o que sempre foi: pequenos pacotes de fatos, descontínuos, que podem ser úteis ou triviais, mas nunca são a essência do pensamento. [...] A mente pensa com ideias, não com informação. [...] Ideias só podem ser criadas, alteradas e suplantadas por outras ideias. A cultura sobrevive graças ao poder, plasticidade e fertilidade de suas ideias. Elas vêm primeiro porque definem, contêm e, algumas vezes, produzem informação.

Há que se considerar ainda a questão do excesso de informação, muito comum na atualidade, atuando como um fator negativo que pode confundir as ideias e distrair a mente.

Um dos principais elementos que aproximam o computador da mente humana, segundo Roszak (1988:151), é a memória, "o registro da experiência onde o fluxo da vida diária toma a forma de padrões de guia e de conduta". O computador "memoriza" dados como entradas distintas que são retomadas da forma como foram armazenadas. A memória humana é diferente à medida que mantém a identidade do indivíduo a cada momento. Ela é requisitada utilizando não apenas a mente, mas também as emoções e os sentidos. A grande diferença entre o processamento do computador em relação ao processamento da mente humana está na experiência que, conforme Nabokov (apud Roszak, 1988:154), "está mais próxima de uma efervescência do que de um arquivo organizado". A experiência humana conduz a combinações inimagináveis, ideias e momentos verdadeiramente originais. Os resultados obtidos pelo computador com base em elementos aleatórios, por serem imprevisíveis, não são criativos, no sentido restrito da palavra, embora alguns cientistas da computação os considerem como tais.

A tecnologia da informação e a comunicação global permitem o compartilhamento de normas, valores e comportamentos de diversas culturas, promovendo a criação desde uma linguagem global até a proliferação de hábitos, preferências e valores que revolucionam as relações entre as pessoas e organizações. O uso de tecnologias baseadas na informação torna as pessoas um recurso crítico para o negócio, pois são elas que detêm o conhecimento, considerado atualmente a força motriz de desenvolvimento das organizações. Essa revolução do conhecimento associada à globalização possibilita formas mais flexíveis de trabalho à medida que supera barreiras geográficas e desafia as estruturas tradicionais de gestão com a realização de trabalhos fora dos espaços físicos da empresa. Whitaler (apud Clegg et al., 2006 et al.:423) avalia que, embora toda essa revolução seja benéfica ao crescimento das empresas e à redução de diferenças, como a maior participação das mulheres na esfera empresarial, "a organização global não representa uma transformação na organização do trabalho", pois os velhos princípios de lucro e serviço com o menor custo ainda são imperativos.

O uso da TI como um importante fator de competitividade desencadeou programas visando ao aumento da produtividade com a participação de todos os trabalhadores, visto que as novas tecnologias da informação não são apenas ferramentas, mas também processos a serem desenvolvidos por usuários e criadores de sistemas. Nesse sentido, as estruturas rígidas dão lugar a desenhos organizacionais mais horizontalizados para tentar harmonizar um maior grau de autonomia com a necessidade de controles da produção. A flexibilidade na organização do negócio e nos processos de trabalho passou a ser um requisito para a adoção de um novo modelo de gestão.

As inovações tecnológicas
e o modelo de gestão flexível

Diversas são as concepções existentes na literatura sobre a reestruturação do capitalismo rumo ao chamado informacionalismo. Para alguns

278 | FÁBRICA DE SOFTWARE

analistas citados em Castells (2007), como Piore e Sabel, essa transformação é decorrente da crise econômica da década de 1970, que evidenciou a exaustão do sistema de produção em massa da forma como vinha sendo praticado.

Essa análise é combatida por Graciolli (2001:9), que considera que a flexibilização dos processos produtivos, mercados de trabalho, padrões de consumo e direitos sociais — estes últimos, na verdade, alvos de intenso combate na direção da sua supressão ou, no mínimo, da sua progressiva redução — deve ser entendida como parte da estratégia da ofensiva do capital sobre o trabalho, e não como o que Piore e Sabel chamaram de uma especialização flexível.

Para Graciolli, a especialização flexível não é universalmente aceita, pois, citando Clarke (apud Graciolli, 2001:10), "a especialização flexível não rompeu com traços importantes do fordismo (como a intensificação do trabalho, a sua desqualificação e a sua desorganização)".

Outros corroboram essa análise, como Herrison e Storper (apud Castells, 2007), em que as novas formas organizacionais foram uma resposta à crise da lucratividade do processo de acumulação do capital. Outros ainda, como Coriat (apud Castells, 2007), sugerem uma evolução do "fordismo" ao "pós-fordismo" como uma transformação histórica das relações entre produção e produtividade versus consumo e concorrência. De acordo com Castells (2007), os pontos comuns nessas abordagens são:

- a evidência de uma importante divisão na organização da produção e dos mercados na economia global;
- a interação das transformações organizacionais com a difusão da TI;
- o objetivo principal dessas transformações organizacionais, que era lidar com a incerteza causada pela velocidade no ritmo das mudanças;
- a necessidade de redução de custos que deu origem a muitas dessas transformações ao redefinir processos de trabalho e práticas de emprego;

A CONTRIBUIÇÃO DA FÁBRICA DE SOFTWARE E DE SEUS PRODUTOS... | 279

- o reconhecimento da importância da administração do conhecimento como fonte de vantagem competitiva.

A tendência da evolução organizacional que indica uma transição do fordismo para o pós-fordismo, ou seja, da produção em massa para a produção flexível, é resultado da imprevisibilidade observada nos mercados, que ficaram mundialmente diversificados e difíceis de controlar. O sistema de produção em massa vigente se tornou dispendioso para a nova economia. A necessidade de produção em massa permaneceu, mas passou a exigir flexibilidade para atender a demandas personalizadas. As variações de mercado introduziram um caráter de flexibilidade na demanda de produtos que resultou em transformações tecnológicas que interferiram e exigiram flexibilidade também no processo.

Harvey (2007), analisando as posições que considera relevantes em relação à chamada acumulação flexível, destaca três grupos:

- na opinião de Piore e Sabel (apud Harvey, 2007:177), "as novas tecnologias abrem a possibilidade de uma reconstituição das relações de trabalho e dos sistemas de produção em bases sociais, econômicas e geográficas inteiramente distintas";
- para Pollert, Gordon, Sayer e Scott (apud Harvey, 2007:178), a ideia de flexibilidade é vista como um "termo extremamente poderoso que legitima um conjunto de práticas políticas (principalmente reacionárias e contrárias ao trabalhador)";
- a terceira posição, que é mais aceita por Harvey (2007:179), considera que "a ideia de uma transição do fordismo para a acumulação flexível situa-se em algum ponto entre esses dois extremos".

Harvey admite a combinação da produção fordista em algumas regiões, onde prevalece a eficiência exigida por alguns setores como o de produção de carros (Estados Unidos, Japão e Coreia do Sul), e os sistemas tradicionais que se apoiam em relações de trabalho artesanais, como os de Cingapura, Taiwan e Hong Kong.

Entre esses extremos não se pode deixar de considerar as mudanças efetivas nas relações de trabalho e nas estruturas das organizações.

Os modelos organizacionais baseados em estruturas rígidas departamentalizadas têm-se mostrado inadequados à velocidade das mudanças do mundo empresarial. Segundo Toffler (1985:145), "as estruturas organizacionais existentes na maioria das companhias estão projetadas para produzirem repetitivamente uns poucos tipos básicos de decisão". A estrutura tradicional que considera funções específicas para cada departamento e, consequentemente, atribui um modelo de solução restrito a essas funções divide os problemas e as decisões. No entanto, os problemas atuais têm naturezas diversas e não se encaixam em apenas uma dessas funções, e, às vezes, em qualquer delas. O resultado dessa inadequação organizacional é a proliferação de comitês e grupos de trabalho criados para tratar assuntos que não se identificam com as funções e divisões preestabelecidas. Essa ineficiência reduz o tempo de vida dos organogramas e das estruturas formais da empresa. Os processos de reestruturação são muito frequentes nas organizações atuais devido a sua incapacidade para solucionar problemas utilizando o modelo de gestão baseado na divisão por departamentos. Os problemas são cada vez mais individualizados, diferentes e temporários. Essa efemeridade torna as estruturas, criadas para serem permanentes, incapazes de atender às necessidades do negócio.

Toffler (1985:147) argumenta que "a hierarquia vertical rígida está perdendo a sua eficiência, porque as duas condições fundamentais para o seu sucesso estão desaparecendo". Ou seja, as decisões não se limitam mais ao conjunto de funções que estão sob a responsabilidade das áreas, e a comunicação não se dá mais apenas no sentido vertical, de cima para baixo, mas em todos os sentidos e níveis da organização. A deficiência na comunicação decorrente da rigidez hierárquica vem exigindo a to-

A CONTRIBUIÇÃO DA FÁBRICA DE SOFTWARE E DE SEUS PRODUTOS... | 281

mada de decisões em níveis cada vez mais baixos da estrutura organizacional. Não há tempo para que uma decisão percorra toda a cadeia de comando. Com isso, as demandas de participação não acontecem por ideologia, mas por necessidade, para reagir às rápidas transformações do mercado e das empresas.

Considerando o investimento que representa e a dependência cada vez maior das organizações em relação ao suporte da TI, os administradores têm procurado conhecer seu valor estratégico e o impacto dessas ferramentas em processos organizacionais. A tecnologia é um forte aliado no tratamento de grande volume de informações e no suporte a operações geograficamente dispersas. A TI é um fator importante na definição das estratégias competitivas. Na avaliação de Albertin (2001), cada vez mais é requerido dessa área o entendimento do negócio da empresa para definição da aplicação dos produtos e serviços oferecidos pela tecnologia da informação, assim como a alta gerência e as demais áreas da empresa precisam conhecer a TI para entender e aproveitar ao máximo suas potencialidades. Para que haja sucesso na implementação de projetos de TI nas organizações, deve ser entendida a sua importância por todos os envolvidos, pois o ambiente organizacional é refletido na tecnologia que é adotada. Havendo conflitos não solucionados, a TI sofrerá os impactos da situação da empresa.

Os resultados analisados por Albertin (2001) sobre a pesquisa realizada em 1999 em 99 empresas privadas de diversos setores da economia apontam os itens considerados mais importantes nos quais é identificado o valor estratégico da TI. Os principais fatores indicados pelos pesquisados foram, em primeiro lugar, a estratégia do negócio, em segundo lugar a economia direta e em terceiro o relacionamento com clientes. Esse resultado demonstra o valor significativo da TI para as estratégias de negócio e para o sucesso organizacional. Os sistemas de informação têm maior contribuição nos itens de serviços oferecidos pela TI, evidenciando a dependência das organizações em relação aos

282 | FÁBRICA DE SOFTWARE

produtos de software. É inegável a significativa participação da TI nas transformações organizacionais e sociais. No que se refere ao impacto social da TI, para Werthein (2000), a flexibilidade é o elemento que mais caracteriza a chamada sociedade da informação, sendo também o que fundamenta as necessidades de contínuo aprendizado dos trabalhadores e consumidores.

O discurso de que "viver efetivamente é viver com informação adequada" (Wiener, 1968, apud Kumar, 2006:46) inclui a informação como um requisito essencial para a sobrevivência. A TI, como passou a ser denominada a tecnologia da informação, está relacionada ao desenvolvimento do computador e atendeu oportunamente às necessidades militares durante a II Guerra Mundial. As dificuldades de comando e controle enfrentadas pelas empresas norte-americanas e as necessidades de ferramentas para cálculos balísticos e outros usos militares desencadearam o desenvolvimento dos sistemas de TI, principalmente no que se refere à comunicação. A internacionalização das empresas fez da TI um serviço essencial.

A convergência do computador e das telecomunicações introduziu um marco na sociedade moderna. Para os teóricos da sociedade da informação essa convergência gera mudanças fundamentais na sociedade e inicia um novo modo de produção, mudando a própria fonte de criação da riqueza e os fatores de produção. Trabalho e capital são substituídos por informação e conhecimento, conforme afirma Kumar (2006). Assim como o modo de produção na sociedade industrial influenciou radicalmente o mundo, a sociedade da informação não criou apenas um novo modo de produção, mas sua revolução tem sido vista também como um estilo de vida. Há expectativas inclusive de que a informação seja um fator nivelador e democratizador. Segundo Naisbitt (apud Kumar, 2006:53), "o computador destruiu a pirâmide". O modelo de redes que torna disponível a informação em todos os níveis abre espaço para reestruturar as organizações, agora de forma horizontal.

A CONTRIBUIÇÃO DA FÁBRICA DE SOFTWARE E DE SEUS PRODUTOS... | 283

O acelerado desenvolvimento tecnológico altera todos os processos que afetam a vida individual e coletiva. Muitos desses avanços produzem benefícios sociais como a educação a distância, as bibliotecas digitais, serviços de banco on-line, comércio e trabalho a distância, entre outros. Há, entretanto, fatores de riscos e desafios associados à TI, como o baixo acesso aos recursos tecnológicos nos países em desenvolvimento, denominado "exclusão digital", a perda da qualificação e o desemprego. Esses aspectos negativos têm sido transformados com o avanço do novo paradigma, porém muitos movimentos sociais são desenvolvidos para reagir às implicações socialmente inaceitáveis. Conforme avalia Werthein (2000:76), "a perda do sentimento de controle sobre a própria vida e a perda de identidade são temas que continuam preocupantes e que estão ainda por merecer estratégias eficientes de intervenção".

O pós-fordismo ou modelo flexível de gestão, de acordo com Tenório (2002:131), é caracterizado pela "diferenciação integrada da organização da produção e do trabalho sob a trajetória de inovações tecnológicas em direção à democratização das relações sociais nos sistemas-empresa". Ao colocar à disposição do mercado sistemas informatizados para apoiar a gestão das organizações, as fábricas de software têm transformado o conteúdo das rotinas de trabalho e a estrutura das empresas, favorecendo maior aproximação entre a execução e o planejamento e promovendo a disseminação de conhecimentos entre as áreas integradas pelos sistemas.

Nonaka e Takeuchi (1997) classificam conhecimento como tácito e explícito. O explícito é aquele que pode ser representado formalmente e transmitido por meio de um processo sistêmico; e o conhecimento tácito é classificado como pessoal, em que existe a dificuldade de representação e transmissão. Os produtos de software pretendem converter conhecimentos tácitos em conhecimentos explícitos por meio da interação interna e externa (na fábrica de software e com o cliente) e do compartilhamento de habilidades entre todos os envolvidos no processo de desenvolvimento e implantação dos produtos.

De acordo com Teixeira Filho (2000:103), a gestão do conhecimento é "uma coleção de processos que governa a criação, a disseminação e a utilização do conhecimento para atingir plenamente os objetivos da organização", e, nesse sentido, a TI tem apoiado de forma expressiva tanto a transformação do conhecimento tácito para o explícito quanto a disseminação do conhecimento por meio dos sistemas de informação. Ao permitir a integração das pessoas e a superação de fronteiras funcionais entre as unidades de negócio, os produtos de software abrem caminhos para aumentar o conhecimento das pessoas na organização.

Seguindo uma perspectiva pós-fordista de produção para avaliar a flexibilização decorrente da introdução de produtos de software nas organizações, vários aspectos podem ser considerados, entre eles a necessidade cada vez maior de flexibilidade dos produtos para atender às constantes mudanças em processos e estruturas, a imprescindível colaboração do cliente no processo de desenvolvimento dos produtos, que permite o compartilhamento e a disseminação de conhecimentos. Ainda nessa perspectiva, DeMarco (apud Pressman, 2002:190) afirma que "a qualidade de um produto é função de quanto ele muda o mundo para melhor". Considerando a flexibilização um processo que visa à melhoria nas relações de trabalho e na qualidade de vida do trabalhador, os produtos de software, se adequados às necessidades do cliente, contribuem para aspectos importantes da organização, como a comunicação, a interação entre as áreas e a inovação.

Na análise de Galbraith e Lawler III (1995) os avanços tecnológicos da informática não conhecem fronteiras organizacionais e, para atender às necessidades dos clientes, o controle burocrático é substituído pelo controle do cliente. Essa substituição aumenta as possibilidades de interação e de envolvimento de todos nos processos e nas decisões, para que a organização possa reagir de forma rápida às mudanças do ambiente e

A CONTRIBUIÇÃO DA FÁBRICA DE SOFTWARE E DE SEUS PRODUTOS... | 285

das exigências dos clientes. Nesse sentido, aprimorar-se continuamente é uma das grandes habilidades que as organizações que se manterão no futuro devem desenvolver.

Apesar de todos os benefícios decorrentes da introdução da TI nos processos de negócio, a questão de sua contribuição efetiva para a evolução do continuum fordismo (0) ----- (1) pós-fordismo ainda é um assunto em discussão. A questão que se mantém em análise é se a TI contribui efetivamente para essa evolução rumo à democratização das relações de trabalho ou se é apenas mais um elemento que modificou o sistema capitalista, que exigiu modelos flexíveis de produção para manter o processo de acumulação, agora denominado "acumulação flexível".

Baseada na crítica de Maurício Tragtenberg, Paes de Paula (2000) considera que as novas teorias e práticas administrativas mantêm a lógica da acumulação do capital, porém com uma nova roupagem. A mudança de estratégia das novas práticas administrativas foi uma alternativa para adaptar as organizações às novas necessidades de produtividade. Segundo a autora, as soluções pós-fordistas, oriundas do modelo de produção implantado na indústria automobilística nos anos 1970 e, em especial, na Toyota se sobressaíram devido à sua adequação à nova situação histórica. O modelo toyotista se opôs à massificação fordista e possibilitou o aumento da produção personalizada, para atender às necessidades com flexibilidade, menor custo e qualidade, de acordo com as demandas do mercado.

Conforme relata Paes de Paula (2000), essas novas práticas recorrem às ideias de cooperação, consenso e participação da Escola das Relações Humanas, em que a flexibilidade para trabalhar e a maior participação do trabalhador seriam vistas como melhoria na qualidade de vida no trabalho. Segundo Tragtenberg (2006:108), "as categorias básicas da Teoria Geral da Administração são históricas, isto é, respondem a necessidades específicas do sistema social". Assim, as teorias, do século XIX, de Saint-Simon, Fourier e Marx respondem aos problemas da

286 | FÁBRICA DE SOFTWARE

era da eletricidade e as da Escola das Relações Humanas, aos problemas atuais. Para Tragtenberg (2006), as teorias administrativas são um elemento de mediação entre a macrossociedade e a micro-organização, sendo as heranças de uma teoria um fator condicionante na introdução de novas teorias, visto a necessidade de manutenção e de representação dos interesses de determinados setores da sociedade que possuem poder econômico ou político.

A burocracia, segundo Tragtenberg (2006:28), "pressupõe, pelo menos, o espírito corporativo" e protege interesses particulares. O toyotismo, paradigma baseado no modelo de produção japonês que surpreendeu o mundo ocidental nos anos 1970 devido à eficiência do seu sistema, é um exemplo de teoria que recorreu às ideias das teorias anteriores, em especial à Escola das Relações Humanas, para criar um modo de produção que preconiza a melhoria na qualidade de vida no trabalho. Entretanto, os métodos toyotistas, segundo Antunes (1999), intensificam o trabalho e se apropriam dos conhecimentos dos trabalhadores. A intensificação do trabalho se dá devido às rápidas transformações do mercado que exigem retorno de curto prazo, acelerando os processos, tornando-os um fator crítico. A automação e as novas ferramentas de comunicação criam eficientes formas de controle e disciplina que distorcem os objetivos da condição pós-fordista associada a esse modelo de produção. A burocracia, como um instrumento de mediação, estabelece nesse novo modelo alternativas de controle organizacional. O trabalho em equipe enfatizou a competição como forma de melhoria na produtividade e se tornou um forte aliado para substituir a figura do supervisor no processo de vigilância.

Embora a questão da liberdade venha ganhando mais espaço nas organizações e a valorização do conhecimento iniciada no toyotismo seja uma ferramenta para redesenhar a hierarquia e conferir maior autoridade aos trabalhadores, há dúvidas sobre a real possibilidade de democratização das relações sociais no processo de produção devido à

A CONTRIBUIÇÃO DA FÁBRICA DE SOFTWARE E DE SEUS PRODUTOS... | 287

combinação ainda existente entre rigidez e flexibilidade nas novas práticas administrativas.

Os produtos de software fazem parte das diversas tecnologias que revolucionam as relações entre as pessoas e alteram a natureza do trabalho. Além dos inegáveis impactos que os sistemas informatizados produzem nas organizações, a forma de desenvolvimento desses produtos também sofreu alterações significativas, transformando-se em produtos padronizados com modo de produção semelhante ao de produtos manufaturados, surgindo a partir dessa concepção a fábrica de software.

Relacionamento com o cliente

Entre os benefícios da tecnologia está o de integrar os processos de negócios, porém, na prática, isso não é muito simples, pois, ao utilizar o mesmo software em organizações e áreas diferentes, não são observadas as peculiaridades não atendidas por sistemas padronizados.

Segundo Gouillart e Kelly (1995:278), "embora o aplicativo devesse ser adaptado aos processos que supostamente viria a servir, o que acontece na prática é que muitos proprietários de processos ficam intimidados pelo software e começam a adaptar seu processo à tecnologia".

Para Nonaka e Takeuchi (1997:274),

> muitas das necessidades dos clientes são tácitas, isto é, eles não sabem dizer de forma exata ou explícita do que precisam ou desejam. [...] a maioria dos clientes tende a responder à pergunta a partir do seu conhecimento explícito limitado sobre os produtos ou serviço adquiridos no passado.

Do ponto de vista dos estudiosos do movimento pela qualidade total, a qualidade está relacionada diretamente com a satisfação do cliente.

288 | FÁBRICA DE SOFTWARE

Campos (1992) define que um produto ou serviço de qualidade é aquele que atende perfeitamente, de forma confiável, acessível, segura e no tempo devido às necessidades do cliente.

Segundo Gil (1995), o grande problema que se destaca no desenvolvimento e na utilização de produtos de software é até que nível os usuários devem conhecer informática e até que ponto os profissionais de informática devem conhecer as atividades empresariais e suas linhas de negócios, produtos e serviços. No passado as áreas de informática tinham certa independência em relação às áreas usuárias. Hoje o foco de atuação das atividades dos profissionais de informática é orientado para assessorar os usuários na aplicação da tecnologia e na transferência de conhecimentos para otimizar as atividades da organização.

Nesse processo de melhoria em busca de resultados e competitividade e em decorrência do aumento da complexidade das organizações, algumas atividades têm sido direcionadas para empresas especializadas. A TI é uma das áreas em que a terceirização tem amplo domínio. O processo acelerado de avanço da tecnologia exige habilidade gerencial para aplicar as competências diferenciadas em áreas que são objeto de grandes e frequentes mudanças e que necessitam se adaptar rapidamente às condições do mercado. Mas uma parceria bem-sucedida gira em torno do relacionamento entre cliente e provedor.

Os problemas mais típicos identificados por Saad (2006) no relacionamento cliente/provedor, que prejudicam a eficácia do negócio, são: ineficácia no processo de comunicação para solicitação de serviços, em que a falta de controle pode gerar solicitações indevidas e, consequentemente, o aumento no custo dos serviços; dificuldades surgidas em consequência de uma crescente resistência interna ao provedor. Nessa situação há incidência de criação de processos paralelos, que geram retrabalho, problemas de interface e, como resultado, má relação de custo/benefício — dificuldade de coordenação entre múltiplos provedores. A gestão de relacionamento deve exercer liderança para garantir comunicação transparente e definição clara de requisitos.

Para minimizar os problemas de relacionamento com o cliente e garantir um nível de excelência dos serviços prestados, além de demonstrar capacidade técnica para tornar os processos de negócio mais eficazes, o provedor deve ser capaz de atestar essa capacidade, comprometendo-se, em contrato, com o cumprimento de acordos de níveis de serviço progressivamente mais rígidos, para evidenciar o processo de melhoria contínua. O acordo de nível de Serviço (ANS) — *service level agreement* (SLA) em inglês —, segundo Saad (2006), pode ser considerado um fator crítico para o sucesso de um projeto de terceirização de TI, pois contempla o detalhamento dos requisitos operacionais e de suporte dos serviços prestados. O ANS identifica também a métrica utilizada para avaliar o desempenho do provedor, que poderá ser ajustado para atender às necessidades e prioridades dos negócios da contratante.

Os níveis de serviço devem definir as expectativas do cliente, os padrões de qualidade pelos quais o provedor será avaliado, os indicadores de desempenho e as penalidades pelo não cumprimento dos acordos associados a cada um dos indicadores de desempenho definidos. Vale lembrar que os níveis de serviços exigidos guardam relação proporcional com o preço praticado pelo provedor. Quanto maior a exigência, maior o custo do serviço. Por isso, a definição desses níveis de serviço deve ser realizada de forma consciente para que não sejam muito rígidos, onerando desnecessariamente o serviço, nem benevolentes a ponto de comprometer a operação dos negócios por eles suportados.

Os indicadores, segundo Saad (2006), devem refletir as seguintes características do serviço prestado: qualidade, velocidade, disponibilidade, capacidade, confiabilidade, amigabilidade ao usuário, agilidade, conformidade, eficiência e eficácia.

O processo de medição, para que produza um bom indicador, deve possuir, como características, alta precisão, baixo custo e alta visibilidade. Esse processo deve ser evidenciado por meio de relatórios com conteúdo claro, preciso e auditável, deve incluir um glossário para indicação dos significados dos termos e itens do relatório, evidenciar as condições de exceção e conter uma análise de causa-efeito que apresente soluções para os problemas identificados.

O investimento contínuo na gestão dos níveis de serviço prestados ao cliente é decorrente da crescente pressão por serviços cada vez mais confiáveis. A Gerência de Nível de Serviço é um fator crítico para o sucesso do negócio, pois tem por objetivos satisfazer os clientes, administrar expectativas, otimizar a utilização dos recursos e controlar custos. Itens fundamentais para a manutenção do bom relacionamento cliente/provedor.

RESULTADOS

Características dos usuários pesquisados

Figura 1: Participação por nível do cargo

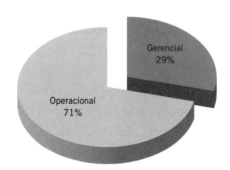

Fonte: Elaborada pela autora.

Figura 2: Participação por tempo na empresa

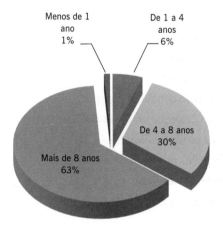

Fonte: Elaborada pela autora.

Nível de utilização de sistemas informatizados

Figura 3: Percentual de utilização de sistemas nas atividades

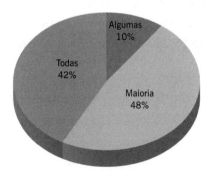

Fonte: Elaborada pela autora.

Dados da pesquisa do ponto de vista do cliente de produtos de software

O estudo dos resultados obtidos por meio do questionário aplicado aos usuários de sistemas considerou os seguintes temas para análise:

- comunicação na empresa;
- disseminação de conhecimentos;
- participação dos colaboradores nas decisões;
- melhoria na produtividade;
- flexibilidade dos produtos de software;
- flexibilidade no trabalho;
- satisfação com o trabalho realizado.

No item comunicação as respostas revelam que os sistemas informatizados melhoram a qualidade da comunicação na empresa e facilitam o relacionamento entre as pessoas que executam as tarefas e as gerências. Porém, quanto à interação entre os usuários de sistemas e a fábrica de software, há uma clara divisão de opiniões entre os entrevistados, sendo observado um percentual significativo de indiferentes e de pessoas que discordam da existência dessa interação.

No que se refere à comunicação, pode-se afirmar que a tecnologia estreita os relacionamentos e promove maior interação entre os níveis hierárquicos, contribuindo para o achatamento das estruturas organizacionais.

Figura 4: Avaliação da melhoria na qualidade da comunicação

Os sistemas melhoram a qualidade da comunicação entre as pessoas na empresa?

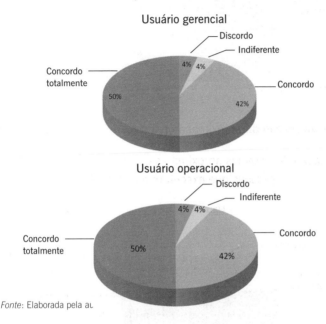

Fonte: Elaborada pela au

Figura 5: Avaliação do acesso e relacionamento entre níveis hierárquicos

Os sistemas que utilizo facilitam o acesso e o relacionamento entre as pessoas que executam as tarefas e as gerências formais da empresa?

294 | FÁBRICA DE SOFTWARE

Usuário operacional

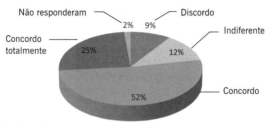

Fonte: Elaborada pela autora.

Figura 6: Avaliação da aproximação entre planejamento e execução

A utilização de sistemas aproxima as pessoas que planejam das pessoas que executam as tarefas?

Usuário gerencial

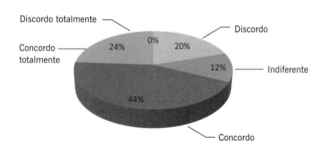

Usuário operacional

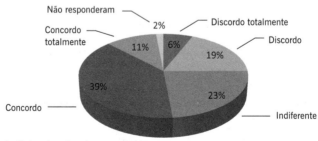

Fonte: Elaborada pela autora.

Figura 7: Avaliação da interação do usuário
com a fábrica de software

Durante o desenvolvimento de um sistema há interação do usuário com a equipe de desenvolvimento do produto?

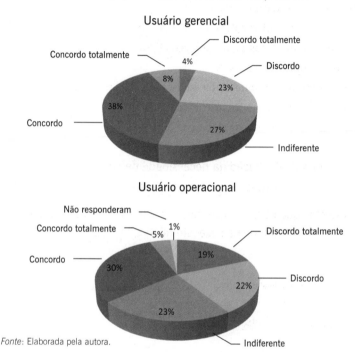

Fonte: Elaborada pela autora.

No que se refere à disseminação de conhecimentos proporcionada pelo uso de produtos de software, o estudo indica que esses produtos ensejam maior conhecimento dos usuários, tanto de suas tarefas quanto especificamente de informática para uso de sistemas, bem como para participar de sua definição, sendo considerada mais significativa a necessidade de conhecimentos de informática em maior grau entre os usuários operacionais.

A pesquisa demonstra que, na prática, é exigido dos profissionais de informática conhecimento sobre o negócio da empresa em que atuam, e dos usuários de sistemas, o conhecimento sobre a tecnologia aplicada, caracterizando dependência entre fornecedor dos produtos e áreas usuárias na aplicação da tecnologia assim como na transferência de conhecimentos para otimizar as atividades da organização.

A pesquisa não revela o uso desses sistemas para a realização de tarefas repetitivas, com características fordistas. Os dados demonstram que o uso de sistemas informatizados auxilia o usuário na identificação de seu papel nos processos a que está relacionado, bem como permite uma visão mais ampla do processo.

Os resultados apontam ainda um considerável nível de contribuição do serviço de suporte ao usuário para a troca de experiências que visam à melhoria dos produtos de software.

Figura 8: Avaliação da necessidade de conhecimentos específicos para uso de sistemas

Os sistemas que utilizo exigem pouco conhecimento ou treinamento para que eu execute minhas tarefas?

Fonte: Elaborada pela autora.

Figura 9: Avaliação da necessidade de conhecimentos
de informática para uso de sistemas

É necessário ter conhecimentos sobre informática para participar do
processo de definição de um novo sistema?

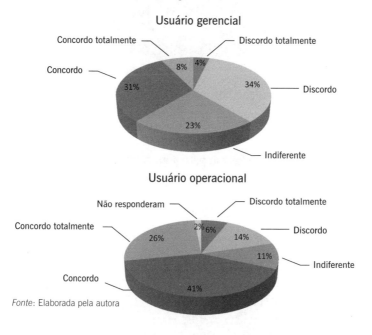

Fonte: Elaborada pela autora

Figura 10: Contribuição dos sistemas para a identificação
de papéis e responsabilidades

Os sistemas informatizados que utilizo auxiliam na identificação do
meu papel em cada processo?

298 | FÁBRICA DE SOFTWARE

Fonte: Elaborada pela autora.

Figura 11: Contribuição dos sistemas para o conhecimento do processo como um todo

Os sistemas informatizados me permitem conhecer todo o processo no qual minhas atividades estão envolvidas?

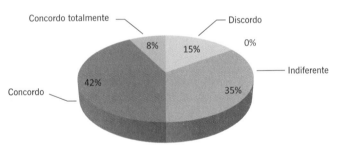
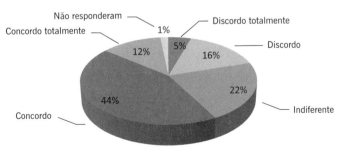

Fonte: Elaborada pela autora.

Figura 12: Participação do serviço de suporte
na troca de experiências

O serviço de suporte ao usuário de sistemas é utilizado também para troca de experiências e para compartilhar sugestões de melhoria?

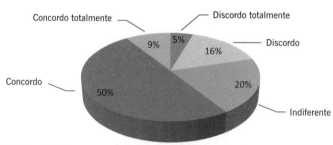

Fonte: Elaborada pela autora.

Quanto à participação dos colaboradores no processo de decisão, a pesquisa avaliou o item em dois aspectos: decisão no processo de realização da tarefa e decisão sobre a definição dos produtos de software. No que se refere à decisão sobre a tarefa, para 96% dos usuários gerentes e para 63% dos usuários operacionais pesquisados, os sistemas permitem tomar decisões em relação às tarefas que executam. Essa possibilidade auxilia na desverticalização das decisões, não restringindo o uso de sistemas apenas à digitação de dados.

Figura 13: Contribuição dos sistemas para flexibilizar o processo de decisão

Os sistemas que utilizo me permitem tomar decisões em relação às tarefas que executo?

Usuário gerencial

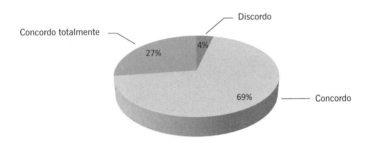

Usuário operacional

Fonte: Elaborada pela autora.

A pesquisa demonstra que, na empresa em análise, a participação nas decisões para definição de um novo sistema exige da equipe conhecimentos avançados sobre a atividade que o sistema atenderá. Dos usuários pesquisados, 66% apontam a necessidade de conhecimentos avançados sobre a atividade para participar da equipe que define os sistemas informatizados. Entretanto, 35% dos usuários gerentes e apenas

11% dos usuários operacionais informaram que participam das equipes que definem os sistemas. Vale ressaltar que, entre os usuários gerentes, 50% revelaram ter poder de decisão sobre o que será necessário no sistema para atender aos requisitos das tarefas quando participam da equipe de definição dos sistemas, e apenas 24% dos usuários operacionais sentem-se com essa prerrogativa, embora 53% dos usuários operacionais pesquisados apontem para a participação das gerências na liderança das equipes que definem os sistemas informatizados. Essa opinião não é compartilhada pelos usuários gerentes, pois apenas 35% desses usuários indicaram que o líder da equipe de definição do sistema é sempre alguém com função de chefia na empresa.

O percentual significativo de indiferentes e daqueles que discordam da participação das gerências como um requisito para a liderança das equipes de definição dos sistemas, 65% dos usuários gerentes e 45% dos usuários operacionais, aponta para o reconhecimento da distribuição do processo decisório mais baseado no conhecimento do que na hierarquia da empresa.

Figura 14: Participação do usuário na equipe de definição de sistemas informatizados

Quando há necessidade de um novo sistema, eu participo da equipe que definirá o produto a ser desenvolvido?

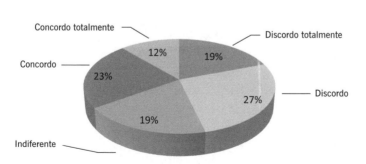

302 | FÁBRICA DE SOFTWARE

Fonte: Elaborada pela autora.

Figura 15: Participação do usuário nas decisões
sobre os requisitos dos sistemas

Quando participo da equipe que definirá um novo sistema, posso decidir o que é necessário para atender aos requisitos das tarefas?

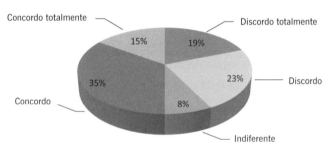

Fonte: Elaborada pela autora.

A CONTRIBUIÇÃO DA FÁBRICA DE SOFTWARE E DE SEUS PRODUTOS... | 303

Figura 16: Nível do cargo do líder da equipe que define os sistemas

O líder da equipe que define um sistema é sempre alguém com cargo de chefia na empresa?

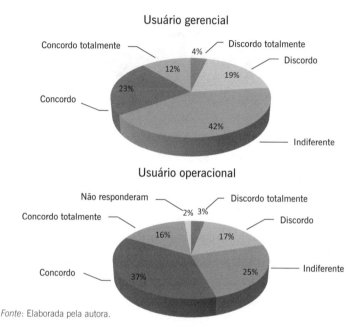

Fonte: Elaborada pela autora.

Figura 17: Avaliação da necessidade de conhecimentos sobre o negócio da empresa na definição dos sistemas informatizados

É necessário ter conhecimentos avançados sobre a atividade que o sistema atenderá para participar da definição de um novo sistema?

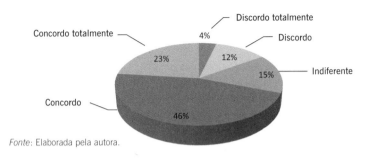

Fonte: Elaborada pela autora.

No item referente à melhoria da produtividade proporcionada pelo uso de produtos de software, a pesquisa revelou que, para 92% dos usuários gerentes e 78% dos usuários operacionais pesquisados, a utilização de sistemas informatizados melhora a produtividade no trabalho. A resposta dos serviços de suporte aos produtos de software é considerada rápida para 31% dos usuários gerenciais e 48% dos usuários operacionais pesquisados, revelando maior insatisfação ou maior exigência em relação ao serviço entre os gerentes, embora menos da metade dos usuários operacionais aponte para a agilidade desse serviço.

Figura 18: Percepção sobre a qualidade e produtividade promovida pelo uso de sistemas

Os sistemas que utilizo melhoram a produtividade do meu trabalho e promovem maior qualidade na realização de minhas tarefas?

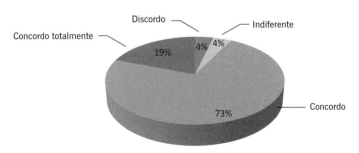

Usuário operacional

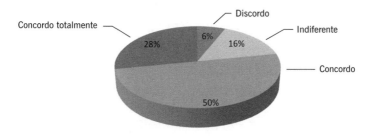

Fonte: Elaborada pela autora.

Vale ressaltar que na empresa pesquisada há acordo de nível de serviço (SLA) contratado com a prestadora de serviços, o que pressupõe a existência de uma expectativa de atendimento predefinida segundo os contratos de prestação de serviços firmados.

Figura 19: Percepção sobre a agilidade
do serviço de suporte

Os problemas que ocorrem com os sistemas são resolvidos
rapidamente pela área de suporte?

Usuário gerencial

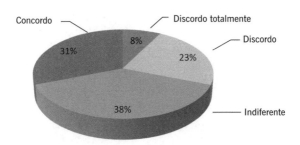

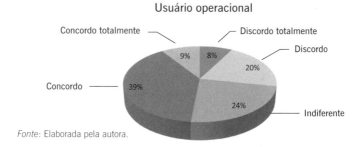

Usuário operacional

Fonte: Elaborada pela autora.

Quanto à flexibilidade dos produtos de software para se adaptar às mudanças ocorridas nos processos, 54% dos usuários concordam que os sistemas são flexíveis para acompanhar as mudanças. Ficaram neutros 22% dos pesquisados e outros 22% discordaram de que os sistemas possuam essa flexibilidade. Nesse item não foram verificadas diferenças significativas entre a percepção dos usuários gerentes em relação aos usuários operacionais, merecendo destaque a maior participação (25%) dos usuários operacionais na discordância em relação à flexibilidade dos sistemas.

Figura 20: Avaliação da flexibilidade dos sistemas para se adaptarem aos processos organizacionais

Os sistemas são desenvolvidos de forma que possam ser adaptados às mudanças ocorridas nos processos?

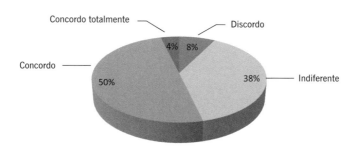

Usuário gerencial

Usuário operacional

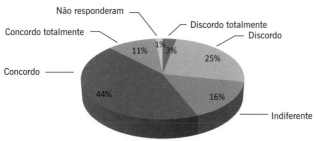

Fonte: Elaborada pela autora.

Entretanto, a flexibilidade observada na reconfiguração dos sistemas não contribui de forma significativa para a introdução de mudanças em todos os aspectos da organização, como pode ser observado nas respostas às perguntas apresentadas nas figuras 21 e 22, nas quais se verifica menor nível de flexibilidade organizacional nos aspectos relacionados a locais e horários de trabalho. Segundo os dados, os fundamentos teóricos que apontam para a dependência dos poderes constituídos para o aumento da fluidez organizacional são confirmados na pesquisa.

No que se refere à flexibilidade nos horários e nos locais de trabalho, a pesquisa revelou que a utilização de produtos de software ainda não é um fator determinante na definição do modelo de organização do trabalho, pois para a maioria dos colaboradores da empresa a estrutura de horários e locais de trabalho ainda é rígida. No nível gerencial, a possibilidade de realização das tarefas, por meio de sistemas, fora do local de trabalho é uma realidade para 39% dos pesquisados, enquanto no nível operacional apenas 22% têm essa possibilidade.

Quanto à realização das atividades em horário diferenciado do horário padrão de trabalho, apenas 22% dos pesquisados concordam que têm flexibilidade em seu horário de trabalho graças à utilização de sistemas informatizados. No nível gerencial, 19% dos pesquisados concordam com a possibilidade de flexibilização do horário de trabalho gerada pelo uso de sistemas, enquanto no nível operacional esse índice é de 23%.

Figura 21: Flexibilidade para realização de tarefas fora do local de trabalho

Com as facilidades promovidas pelos sistemas, posso realizar minhas tarefas fora das dependências da empresa?

Usuário gerencial

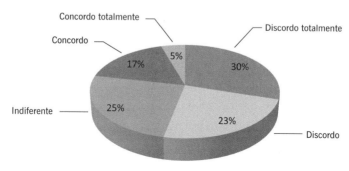

Usuário operacional

Fonte: Elaborada pela autora.

Figura 22: Flexibilidade em relação aos horários de trabalho

Posso utilizar a facilidade promovida pelos sistemas para flexibilizar meu horário de trabalho?

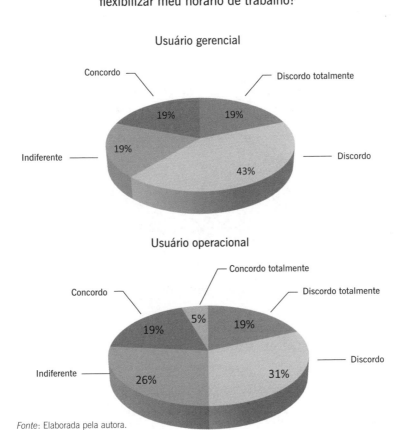

Fonte: Elaborada pela autora.

Quanto à satisfação com o trabalho realizado, a pesquisa apontou um elevado nível de satisfação dos usuários com o trabalho por meio de sistemas informatizados, tanto no nível gerencial quanto no nível operacional. No nível gerencial, 92% do pesquisados sentem-se satisfeitos com a utilização de produtos de software. No nível operacional esse índice é de 88%.

Figura 23: Satisfação com o trabalho realizado
com o uso de sistemas informatizados

Sinto-me satisfeito com o meu trabalho quando realizado com o auxílio de sistemas informatizados?

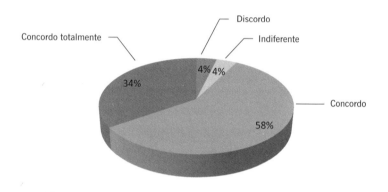

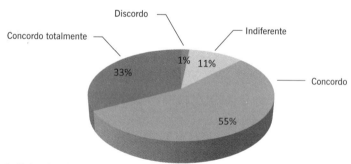

Fonte: Elaborada pela autora.

Quando questionada sobre a contribuição dos sistemas informatizados para a flexibilização no trabalho, a maioria dos usuários pesquisados (66%) acredita que o uso dessas ferramentas auxilia nesse processo.

Figura 24: Contribuição para a flexibilidade no trabalho

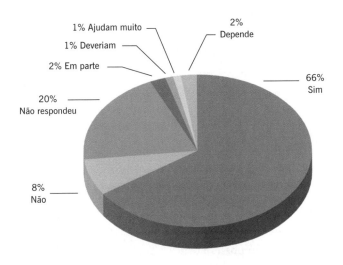

Fonte: Elaborada pela autora.

As respostas à pergunta aberta "você acredita que os sistemas informatizados ajudam a aumentar a flexibilidade no trabalho?" foram submetidas a análise de conteúdo. A análise tomou como base para avaliação os motivos identificados no texto, destacados pelos pesquisados, para justificar a resposta. Para as respostas positivas, esses motivos foram agrupados nas seguintes categorias: confiabilidade no processo; qualidade do processo; qualidade do sistema; flexibilidade de acesso ao superior hierárquico; flexibilidade na comunicação; participação do empregado.

Os resultados apurados foram os seguintes, conforme tabela 1:

312 | FÁBRICA DE SOFTWARE

Tabela 1: Avaliação de conteúdo

Categorias para análise	Quantidade	%
Qualidade do processo	22	38
Flexibilidade na comunicação	10	17
Facilidade de acesso ao superior	7	12
Confiabilidade no processo	2	3
Participação do empregado	2	3
Qualidade do sistema	1	2
Total	**58**	**100**

Fonte: Elaborada pela autora.

O motivo mais citado pelos respondentes para justificar a contribuição dos produtos de software para a flexibilização organizacional foi a qualidade que esses produtos promovem nos processos. No entendimento dos usuários, quanto maior for a qualidade do processo, maior será a possibilidade de flexibilização no trabalho em seus diversos níveis, pois a agilidade e a facilidade na execução das tarefas proporcionadas pelos sistemas criam possibilidades e oportunidades de melhorias no relacionamento entre níveis hierárquicos e entre as diversas áreas.

No que diz respeito à flexibilidade na comunicação, segundo fator mais apontado pelos respondentes, os sistemas informatizados auxiliam na desverticalização da hierarquia, pois a comunicação ocorre de forma mais efetiva, facilitando a participação dos colaboradores nos processos de decisão e o entendimento de papéis e responsabilidades dentro da organização.

Outro fator considerado importante pelos usuários para a contribuição dos sistemas no processo de flexibilização organizacional é a aproximação dos níveis operacionais à gerência da empresa proporcionada pelo uso de produtos de software. A facilidade de acesso ao superior hierárquico reduz a rigidez da hierarquia mesmo em uma empresa com estrutura organizacional clássica. Embora a empresa em análise esteja

A CONTRIBUIÇÃO DA FÁBRICA DE SOFTWARE E DE SEUS PRODUTOS... | 313

buscando um modelo de gestão por processos, a cultura da estrutura vertical departamentalizada ainda é presente.

Os demais fatores identificados nas respostas indicam que a contribuição dos produtos de software para a flexibilização depende da participação dos colaboradores no desenvolvimento dos produtos, da confiabilidade do processo e da qualidade dos sistemas.

Quanto às respostas negativas, um fator relevante a ser considerado no resultado da pesquisa refere-se ao motivo mais apontado pelos usuários que responderam "não" à pergunta. Todos os usuários que não acreditam na contribuição dos produtos de software para o processo de flexibilização organizacional apontaram como motivo a rigidez na hierarquia da empresa. Esses usuários veem nos sistemas informatizados uma forma adicional de controle da gerência sobre os demais colaboradores, e na padronização das atividades por meio de sistemas, uma maneira de limitar a atuação das pessoas nos processos de decisão.

As respostas que denotam indefinição sobre a questão condicionam a contribuição dos sistemas para o processo de flexibilização a diversos fatores, como: o regime de trabalho adotado pela empresa; a educação dos usuários para uso das ferramentas; a necessidade de adequação da estrutura organizacional à proposta dos sistemas; a redução da rigidez hierárquica; e a flexibilização de normas e procedimentos internos. Sem o ajuste dessas questões, com base no discurso desses usuários, há poucas possibilidades de contribuição dos produtos de software para a flexibilização organizacional no sentido do paradigma fordista versus pós-fordista, objeto deste estudo.

Conclusões

A evolução do paradigma fordista para o pós-fordista como um direcionamento rumo ao processo de democratização das relações de trabalho e uma possibilidade de evolução social, e não apenas tecnológica a partir da TI, e em especial da fábrica de software, foram os elementos que serviram de base para este estudo. A utilização de produtos de software como um dos principais componentes da TI foi o objeto da pesquisa para subsidiar a análise sobre a contribuição desses produtos para o processo de flexibilização organizacional.

A partir dos dados obtidos na pesquisa de campo pode-se concluir que os produtos de software têm uma participação significativa na mudança que tem sido observada na estrutura organizacional, pois interfere nos modelos de gestão e auxilia no processo de desverticalização das organizações. A facilidade de comunicação proporcionada pela TI promove o relacionamento entre os níveis hierárquicos e, consequentemente, aproxima a execução do planejamento, flexibilizando a forma de interação entre as pessoas em todos os níveis da organização. Embora o processo de comunicação seja favorecido pela TI, não foi identificada uma interação significativa entre usuários e fábrica de software, demonstrando que ainda é incipiente essa relação, do ponto de vista da participação efetiva dos usuários nas ações que interferem diretamente em suas atividades.

A inserção de produtos de software cria novas funções e proporciona oportunidades de crescimento e aprendizado. De acordo com os dados da pesquisa, pode-se verificar, no que se refere à disseminação de conhecimentos — um dos pontos que contribuem para o processo de flexibilização organizacional —, que a utilização de produtos de software contribui para a ampliação dos conhecimentos e auxilia na visão dos processos como um todo. As atividades realizadas com o apoio de produtos de software não foram consideradas pelos usuários pesquisados tarefas repetitivas, pois permitem a introdução de novos conhecimentos e a ampliação da capacidade de identificação do papel de cada pessoa no processo de trabalho. O serviço de suporte corrobora a filosofia da terceirização dos serviços de TI, em que o foco de atuação

A CONTRIBUIÇÃO DA FÁBRICA DE SOFTWARE E DE SEUS PRODUTOS... | 315

dos profissionais é orientado para auxiliar os usuários na aplicação da tecnologia e na transferência de conhecimentos para melhorar as atividades e facilitar a execução das tarefas, pois os sistemas informatizados impõem a necessidade de mais conhecimento por parte dos usuários em relação às tarefas e à organização.

A participação das pessoas nas decisões, embora seja possibilitada no momento da realização das tarefas, não é percebida de forma significativa na definição dos produtos de software. Esse dado nos permite concluir que a liderança da empresa ainda é a principal responsável pelos produtos que os usuários utilizam em suas tarefas. A tradicional e criticada separação entre trabalho intelectual e operacional não é superada no modelo adotado pela empresa para o envolvimento dos usuários nas definições dos produtos de software.

Considerando que a definição dos sistemas exige conhecimentos mais profundos em relação ao negócio e à TI, e que a utilização da TI é um aspecto relativamente recente nas organizações, a participação nas decisões que definem os produtos que são utilizados na empresa pesquisada fica a cargo da liderança da empresa, com participação pouco significativa dos usuários. Há envolvimento de usuários de nível operacional e de nível gerencial nas equipes de definição dos sistemas, porém, a decisão sobre o que será desenvolvido ainda é uma definição restrita ao nível estratégico da organização.

Os sistemas contribuem efetivamente para a melhoria da qualidade dos processos e grande parte dos usuários demonstrou satisfação em relação aos resultados do trabalho realizado com o uso de produtos de software. Pelos dados obtidos na pesquisa, os produtos de software utilizados na empresa são considerados flexíveis para a maioria dos usuários e permitem adequações de acordo com as variações ocorridas nos processos.

O resultado da pesquisa com menor representatividade no processo de flexibilização organizacional está relacionado à possibilidade de variações nos horários e locais de trabalho. Por envolver questões tra-

316 | FÁBRICA DE SOFTWARE

balhistas, esse aspecto não é influenciado de forma significativa pelo uso dos produtos de software, visto que a empresa possui uma estrutura formal mista, em que a estrutura clássica convive com uma estrutura matricial em processo de implementação. A rigidez hierárquica ainda é vista por uma minoria de usuários como uma característica da organização. Frases como "os perfis dos usuários são predefinidos justamente para impedir esta flexibilidade, onde a hierarquia é que define até onde o usuário pode operar", ou "o sistema é uma ferramenta utilizada para monitorar e melhorar o desempenho da tarefa, [...] geralmente é utilizada de acordo com o gestor do processo que dita as regras" ou ainda "os sistemas informatizados são ferramentas operacionais e não decisórias para interferir na hierarquia" ainda são ditas por usuários que não acreditam na contribuição dos produtos de software para flexibilizar o processo de gestão da organização.

Pode-se concluir ainda que as oportunidades promovidas pelo uso de produtos de software no processo de flexibilização organizacional dependem significativamente do perfil gerencial e do direcionamento estratégico da empresa. Os pontos de vista opostos identificados na pesquisa nos permitem concluir que a participação da gerência na condução da implementação e da utilização de produtos de software contribui significativamente para facilitar ou dificultar o processo de flexibilização organizacional. Assim como os resultados do uso das diversas tecnologias de gestão dependem de quem o implementa, a introdução de produtos de software é também uma ferramenta que pode contribuir significativamente para flexibilizar as relações de trabalho, caso seja objetivo e estratégia da organização utilizá-la para esse fim.

A importância da estratégia e da filosofia adotadas para a condução dos negócios na organização é um fator observado na pesquisa como um ponto importante a ser considerado no processo de flexibilização organizacional. A incorporação de tecnologias, quando adotadas para esse fim, ajuda a organização a mudar as regras de negócio, porém, a

A CONTRIBUIÇÃO DA FÁBRICA DE SOFTWARE E DE SEUS PRODUTOS... | 317

complexidade dessas mudanças implica preparação do ambiente interno e capacitação das pessoas, principalmente da liderança.

Sugestões e recomendações

O estudo realizado abriu espaço para outros questionamentos que podem vir a ser objeto de pesquisas complementares ao trabalho. As limitações da pesquisa impediram a avaliação de aspectos importantes que surgiram como fatores que influenciam diretamente o processo de flexibilização organizacional, como, por exemplo, o perfil e as características individuais dos gestores. Esses fatores foram observados com base nas respostas dos usuários em que foi verificada uma variação significativa devido à influência do comportamento e das características do gestor.

Dessa forma, como parte do trabalho realizado, algumas sugestões foram consideradas temas para futuras pesquisas. São elas:

- a influência dos princípios e valores individuais dos gestores no processo de flexibilização das organizações;
- quais os impactos da velocidade e da diversidade das mudanças ocorridas na tecnologia no processo de flexibilização organizacional e na preparação das equipes para se adaptarem a essas mudanças;
- como as organizações poderão utilizar os benefícios da TI, em particular dos produtos de software, para direcionar seu modelo de gestão rumo ao pós-fordismo.

Tais assuntos objetivam analisar o quanto o uso da tecnologia da informação é visto apenas como um meio útil à solução e ao controle dos problemas organizacionais e o quanto a TI pode ser utilizada para atividades sinérgicas entre indivíduos que cooperam funcionalmente para um objetivo comum — uma sociedade baseada em ajuda mútua.

REFERÊNCIAS

ALBERTIN, A. L. Valor estratégico dos projetos de tecnologia da informação. *Revista de Administração de Empresas*, São Paulo, v. 41, n. 3, p. 42-50, jul./set. 2001.

ANTUNES, R. *Os sentidos do trabalho*: ensaio sobre a afirmação e a negação do trabalho. São Paulo: Boitempo, 1999.

CAMPOS, V. F. *Controle da qualidade total (no estilo japonês)*. Belo Horizonte: Fundação Christiano Ottoni/Escola de Engenharia da UFMG; Rio de Janeiro: Bloch, 1992.

CAPRA, F. *A teia da vida*. São Paulo: Cultrix, 1996.

CASTELLS, M. *A sociedade em rede*. 10. ed. São Paulo: Paz e Terra, 2007. V. 1.

CASTRO, C. M. *A prática da pesquisa*. 2. ed. São Paulo: Pearson Prentice Hall, 2006.

CLEGG, S. R. et al. (org.). *Handbook de estudos organizacionais*. São Paulo: Atlas, 2006.

FERNANDES, A. A.; TEIXEIRA, D. S. *Fábrica de software*: implantação e gestão de operações. São Paulo: Atlas, 2004.

GALBRAITH, J. R; LAWLER III, E. E. *Organizando para competir no futuro*. São Paulo: Makron Books, 1995.

GIL, A. L. *Qualidade total em informática*. 2. ed. São Paulo: Atlas, 1995.

GOUILLART, F.; KELLY, J. N. *Transformando a organização*. São Paulo: Makron Books, 1995.

GRACIOLLI, E. J. *Reestruturação produtiva e movimento sindical*. S.l.: s.n., 2001. Disponível em: <http://globalization.sites.uol.com.br/CROMOS.pdf>. Acesso em: 16 dez. 2008.

HARVEY, D. *Condição pós-moderna*. São Paulo: Loyola, 2007.

KUMAR, K. *Da sociedade pós-industrial à pós-moderna*: novas teorias sobre o mundo contemporâneo. 2. ed. Rio de Janeiro: Jorge Zahar, 2006.

MOTTA, P. R. *Transformação organizacional*: a teoria e a prática de inovar. Rio de Janeiro: Qualitymark, 2001.

A CONTRIBUIÇÃO DA FÁBRICA DE SOFTWARE E DE SEUS PRODUTOS... | 319

NONAKA, I; TAKEUCHI, H. *Criação de conhecimento na empresa*. Rio de Janeiro: Elsevier, 1997.

PAES DE PAULA, A. P. Tragtenberg revisitado: as inexoráveis harmonias administrativas. In: ENCONTRO ANUAL DA ANPAD, 24, Florianópolis, 2000. *Anais...* Florianópolis; Rio de Janeiro: Anpad, 2000. p. 1-15.

PRESSMAN, R. S. *Engenharia de software*. 5. ed. São Paulo: Mc Graw-Hill, 2002.

ROSZAK, T. *O culto da informação*. São Paulo: Brasiliense, 1988.

SAAD, A. C. *Terceirização de serviços de TI*. Rio de Janeiro: Brasport, 2006.

TEIXEIRA FILHO, J. *Gerenciando conhecimento*. Rio de Janeiro: Senac, 2000.

TENÓRIO, F. G. *Flexibilização organizacional*: mito ou realidade? 2. ed. Rio de Janeiro: FGV, 2002.

_____. *Tem razão a administração?* Rio de Janeiro: FGV, 2004.

TOFFLER, A. *A empresa flexível*. Rio de Janeiro: Record, 1985.

TRAGTENBERG, M. *Burocracia e ideologia*. São Paulo: Unesp, 2006.

WERTHEIN, J. W. A sociedade da informação e seus desafios. *Revista Ciência da Informação*, Brasília, v. 29, n. 2, p. 71-77, maio/ago. 2000.

Conclusão

Por perseguirem o mesmo objetivo de produção em massa a baixo custo, as fábricas de software podem ser encaixadas, metaforicamente, no modelo geral de fábricas fordistas, embora — e aí reside a limitação da metáfora — possuam características que as diferenciem, notadamente pela tecnologia utilizada. Por exemplo, as ferramentas de controle utilizadas numa fábrica de software assumem o papel de "supervisor virtual", um substituto menos intrusivo que o supervisor de manufaturas, porém mais eficiente, dado que reúne as qualidades da imparcialidade, da permanente atividade sem repouso e da não rejeição a falhas. E há ainda, em forte contraste com as linhas de montagem da fábrica fordista clássica, a utilização exclusiva de uma força de trabalho bem qualificada, organizada por vezes em equipes definidas pelas competências de cada profissional.

Contudo, tal estruturação das equipes segundo as competências individuais conduz à mesmíssima especialização e à mesmíssima repetitividade das tarefas que caracterizam o modelo fordista. Some-se a elas a presença inequívoca de uma esteira de produção virtual, que percorre tais competências e pela qual trafegam os produtos em construção ou manutenção. Acrescente-se, sobretudo, o velho controle detalhado do tempo de trabalho. O resultado que surge é um nítido contraponto

322 | FÁBRICA DE SOFTWARE

ao atual movimento geral em busca da flexibilização pós-fordista. Esse contraponto leva qualquer profissional atuando em fábricas de software (principalmente naquelas estruturadas em competências) a se sentir como um "operário da indústria da tecnologia da informação", em perfeita analogia à mais caricatural das imagens do operário da indústria metalúrgica fordista.

Apesar das semelhanças, há uma diferença fundamental e decisiva entre as linhas de produção tipicamente fordistas e as linhas de produção das fábricas de software: o software é um produto único, em termos de objetivos, escopo e contexto. As fábricas de softwares não se destinam à produção repetida de um mesmo produto em larga escala. Em suas "esteiras virtuais de produção", os processos são em larga medida padronizados, mas os produtos que circulam (os softwares) são distintos.

Uma consequência capital dessa uniformidade dos processos, mas não dos produtos, é que, por mais que o processo de desenvolvimento tenha sido decomposto em unidades menores e automatizado, quanto mais inicial o estágio na esteira virtual de produção, mais imaterial e criativo é o trabalho requerido para sua execução.

Surgem assim questões relacionadas à gestão do conhecimento, inteiramente desconhecidas no modelo fordista, que podem afetar o bom funcionamento da esteira virtual de produção e, assim, limitar seus benefícios:

- Nas manufaturas fordistas, apenas artefatos trafegam pela esteira. Nas fábricas de softwares, porém, cada etapa da esteira virtual não apenas processa um artefato, como ainda gera novos conhecimentos e informações que precisam ser transmitidos às estações seguintes. Frequentemente, equipes alocadas numa etapa precisam interromper o trabalho de equipes de etapas anteriores em busca de conhecimentos e informações que se perderam na esteira virtual.

- Devido a essa geração de conhecimentos ao longo de toda a esteira virtual, muitas vezes os defeitos do artefato só se tornam

CONCLUSÃO | 323

visíveis numa etapa posterior, obrigando seu retorno às estações anteriores.

- Embora as descrições dos processos definam formalmente os limites de cada etapa de produção, na prática não é viável verificar se eles foram efetivamente alcançados ou, ao contrário, ultrapassados (quer o artefato previsto tenha sido gerado ou não). Como já assinalamos, cada etapa embute um conhecimento imprescindível para a execução das seguintes; porém, é impossível saber a real extensão desse conhecimento necessário à realização das tarefas subsequentes. Não há como medir, objetivamente, se o conhecimento transmitido adiante está ou não completo e, mesmo que esteja, caso ele não tenha sido registrado com precisão (ou seja, se há especificações superficiais, incompletas ou inconsistentes), a qualidade da fase seguinte estará comprometida.

- Não se deve imaginar que, na linha de montagem de uma fábrica de softwares, o produto simplesmente "deslize" na esteira virtual para ser complementado na etapa seguinte. Uma vez que cada uma das etapas é estruturada em torno de determinadas competências, a especificação daquilo que deverá ser executado numa delas é dada pelo trabalho realizado na precedente. Às vezes, o produto de uma etapa não é outra coisa senão a especificação da etapa seguinte; mas, mesmo quando ele engloba outros resultados, precisa conter no mínimo informações determinantes para as tarefas seguintes.

- Quanto mais o executor de uma etapa conhece a fundo o produto que está sendo construído e não apenas o trecho do processo que lhe compete, mais pode validar o insumo que recebeu e maior a eficiência com a qual executa sua parte no todo.

- No entanto, as especificações geradas na etapa anterior não bastam para a execução de uma tarefa. O executante precisa recor-

324 | FÁBRICA DE SOFTWARE

rer também a um "banco de conhecimentos" dinâmico, compartilhado e utilizado por todos os "operários da esteira virtual".

- As tarefas em uma fábrica de software, embora repetitivas, embutem também processos eminentemente criativos. Muitas delas exigem discussões para determinação da solução a ser adotada em cada caso específico.

- Os controles adotados na esteira virtual exigem a disponibilidade permanente de sistemas informatizados de apoio à produção, bem como a colaboração do próprio executante.

- Devido às constantes alterações de regras e de escopo ocasionadas por mudanças ocorridas no ambiente de trabalho do próprio cliente, paralelamente ao desenvolvimento do software, não são raras as vezes em que o artefato precisa voltar a etapas anteriores na linha de montagem, quebrando o ciclo previsto e interferindo na cadência dessa linha.

- Dessa forma, podemos estabelecer os limites da metáfora "esteira de produção":

- Enquanto na esteira de manufatura fordista a fronteira entre as etapas de produção é bem definida e há, em cada etapa, especificações claras e precisas das transformações a serem executadas na peça, numa fábrica de software as especificações são mais imprecisas e, consequentemente, o trabalho imaterial impacta fortemente o ritmo da esteira e o conteúdo da tarefa subsequente. Isso se deve à intangibilidade do produto, durante a maior parte do seu percurso na esteira virtual. Como agravante, o trabalho ainda está sujeito a constantes mudanças e a circunstâncias inesperadas.

- No modelo fordista clássico, quem trafega na esteira é a peça em produção, que vai sendo modificada segundo padrões e processos predefinidos e repetitivos. Os produtos são processados um a um, mas são iguais entre si. Nas fábricas de software, os produtos não guardam perfeita similaridade entre si e trafegam junto com conhecimentos. Os procedimentos se repetem, mas os produtos são distintos, fato que confere singularidade a cada tarefa executada e, portanto, exige trabalho imaterial.

- Para o empregado de uma fábrica fordista executar sua tarefa, basta ao trabalhador conhecer as técnicas e ferramentas que lhe cabe utilizar e ter a habilidade requerida. Não lhe é exigido conhecer o produto final, muito menos conhecer o contexto da utilização do produto final. Já nas fábricas de software, todo o conhecimento que surge na esteira virtual precisa ser identificado, registrado e transmitido às etapas seguintes, e, mais ainda, internalizado pelos empregados.

- Nas fábricas de manufatura fordista, cada empregado precisa conhecer bem apenas a sua própria tarefa no processo de produção. Já nas fábricas de softwares, quanto mais uma equipe conhecer as etapas posteriores do processo, mais e melhor explicará esse conhecimento, dado que terá a sensibilidade de discernir o que é relevante e útil.

- Mais uma vez: no modelo fordista, além de seguir o procedimento preestabelecido, não cabia a um empregado repassar qualquer conhecimento adquirido durante a execução da sua tarefa para o próximo executante. Nas fábricas de softwares, ao contrário, o conhecimento gerado em uma etapa é insumo para a etapa seguinte, uma vez que trafegam na esteira tanto o artefato quanto o conhecimento.

- Os controles da produção na esteira fordista são objetivos e focados na execução do processo: cronometragem do tempo de execução da tarefa, métricas de produtividades individuais (metas) e verificação da aderência a padrões de qualidade adotados. Nas fábricas de softwares, apesar de os controles serem automáticos e virtuais, a posterior análise dos indicadores obtidos encerra a subjetividade decorrente da intangibilidade do produto.

- A esteira de linha de montagem fordista corre em mão única. Não se prevê o retorno da peça à etapa anterior, pela mesma esteira, para complementação de algum processo inacabado ou defeituoso. Porém, considerando que um software deve ser aderente ao mundo real do cliente e que este pode se alterar durante o desenvolvimento do software, sua concepção está sujeita a mudanças em pleno curso do trabalho. O retorno do artefato esteira virtual acima é inevitável. A necessidade de mão dupla é agravada pela percepção tardia de defeitos originados nas etapas iniciais. Assim, na esteira de uma fábrica de software, os retornos não podem ser tratados como exceção.

Portanto, é interessante constatar que numa fábrica de softwares a busca por flexibilidade não acarreta mudanças físicas, como numa manufatura, uma vez que:

- são processados produtos diferentes, muitas vezes simultaneamente, ao longo da mesma "esteira";
- são aceitas mudanças ou melhoramentos do produto ainda durante o seu processo de produção;
- são produzidas versões ou variantes diversas e em proporções diferentes.

Concluímos que tais fábricas, inicialmente concebidas para tirar o máximo proveito das vantagens oferecidas pelo modelo fordista manufatureiro (produção em massa a baixo custo, graças a uma forte intensificação do trabalho), na prática precisam ser flexíveis pelo menos o suficiente para tolerar inconvenientes sem interromper a produção. Cabe lembrar que, numa linha rígida de produção fordista, bastava o bloqueio de uma estação para parar toda a produção. Tal flexibilidade, além de garantir o fluxo de produção quando ocorrem falhas ou imprevistos, acaba permitindo um trabalho menos dependente de ritmos rígidos e repetitivos, dando lugar à criatividade. Isso acaba por liberar o supervisor para o desempenho de funções estratégicas, planificação do uso de recursos e até mesmo para a previsão de demandas. A onipresença da automação também concorre para a flexibilização do sistema de produção, uma vez que promove agilidade na transmissão de informações e no processo de comunicação.

Este livro foi impresso nas oficinas gráficas da Editora Vozes Ltda.,
Rua Frei Luís, 100 – Petrópolis, RJ.